인생이 즐거워지고 비즈니스가 풍요로워지는
SNS소통연구소 교육 소개

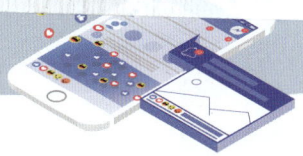

현재 전국에 수백 명의 스마트폰 활용지도사 자격증을 취득한 뉴미디어 마케팅 전문 강사들이 강사로 활동 중에 있습니다.

● **스마트폰 활용지도사 2급 및 1급 자격증**
  스마트폰 기본 활용부터 스마트폰 UCC, 스마트폰 카메라, 스마트워크, 스마트폰 마케팅 교육 등 스마트폰 전문강사를 양성하고 있습니다.

● **유튜브 크리에이터 전문지도사 2급 및 1급 자격증**
  유튜브 기본 활용부터 실전 유튜브 마케팅까지 실질적으로 도움이 되고 돈이 되는 교육을 실시하고 있습니다.

● **SNS마케팅 전문지도사 2급 및 1급 자격증**
  다양한 SNS채널을 활용해서 고객을 유혹하고 매출을 증대시킬 수 있는 실전 노하우와 SNS마케팅 효과를 극대화하기 위한 광고 전략 구축 노하우 교육을 하고 있습니다.

● **스마트워크 전문지도사 2급 및 1급 자격증**
  스마트폰 및 SNS를 활용해서 실전에 꼭 필요한 기능과 업무효율을 높일 수 있는 노하우에 대해서 교육을 진행하고 있습니다.

● **디지털문해교육 전문지도사 2급 및 1급 자격증**
  디지털문해교육 전문지도사가 초등학교부터 대기업 임원을 포함한 퇴직 예정자들까지 디지털 기술 활용에 대한 교육을 진행할 수 있도록 교육하고 있습니다.

● **디지털범죄예방전문지도사**
  4차 산업혁명시대! 디지털리터러시 시대에 어린아이들부터 성인들에게 이르기까 각종 디지털 범죄로 인해 입을 피해를 방지하고자 교육합니다.

● **AI 챗GPT 전문지도사 2급 및 1급 자격증**
  디지털 대전환시대에 누구나 배우고 익혀야 할 AI챗GPT 각 분야별 전문 강사를 양성하고 있습니다.

SNS소통연구소는

2010년 3월부터 **뉴미디어 마케팅 교육(스마트폰, SNS 마케팅, 유튜브 크리에이터, 프리젠테이션, 컴퓨터 활용 등)**을 진행해오고 있으며 4,000여 명의 스마트폰 활용지도사를 양성해오고 있으며 전국 70개의 지부 및 지국을 운영해오고 있습니다.

📞 **교육 문의**   02-747-3265 / 010-9967-6654
✉ **이메일**   snsforyou@gmail.com

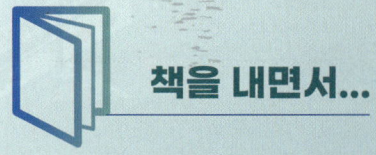

책을 내면서...

AI 챗GPT는 현대 연구 및 컨설팅 환경에서 필수적인 역량으로 자리 잡고 있습니다.

이는 빅데이터 분석, 자연어 처리, 기계 학습 등의 최신 기술을 활용하여 대학원생과 컨설턴트가 복잡한 정보를 신속하게 분석하고, 고도화된 연구 결과를 도출할 수 있도록 지원합니다.

특히, AI 챗GPT는 연구자료의 분석, 학술 논문 작성, 데이터 시각화, 그리고 심층적인 연구 문제 해결에 이르기까지 다양한 단계에서 맞춤형 솔루션을 제공합니다.

이 기술을 통해 사용자는 연구 주제에 대한 선진적인 인사이트를 얻고, 복잡한 데이터 세트를 쉽게 해석할 수 있으며, 연구 결과의 신뢰도를 높일 수 있습니다.

또한, AI 챗GPT는 연구 및 컨설팅 프로젝트의 기획과 실행 단계에서 전략적 결정을 내리는 데 중요한 데이터 기반의 근거를 제공합니다. 이는 프로젝트의 효율성을 극대화하고, 예상치 못한 문제에 대한 해결책을 제시하며, 결과적으로 프로젝트 성공률을 향상하는 데 기여합니다.

AI 챗GPT의 도입은 연구 및 컨설팅 작업의 질을 향상하는 동시에, 작업 시간을 단축하고, 연구 및 컨설팅 과정에서 발생할 수 있는 다양한 장애물을 극복할 수 있게 합니다.

본서는 AI 챗GPT의 고급 기능과 응용 방법을 소개함으로써, 대학원생과 컨설턴트가 자신의 전문 분야에서 AI의 무한한 가능성을 탐색하고 활용할 수 있도록 안내합니다.

이를 통해 독자는 AI 챗GPT를 사용하여 연구 문제를 정의하고 해결하는 방법, 데이터 분석 기술을 개선하는 방법, 그리고 연구 결과를 효과적으로 소통하는 방법 등을 학습할 수 있습니다.

더불어, AI 챗GPT의 활용은 연구 및 컨설팅 프로젝트의 성공률을 높이고, 전문적인 경쟁력을 강화하는 데 중요한 역할을 할 것입니다.

이 책은 AI 챗GPT의 이론적 배경과 실용적인 활용 사례를 통해, 대학원생과 컨설턴트가 자신의 연구 및 컨설팅 활동을 한 차원 높은 수준으로 발전시킬 수 있도록 구체적인 지침을 제공합니다.

또한, 실질적으로 결과물을 만들어 내는 데 있어 스마트워크를 실현할 수 있는 다양한 프로그램 활용을 통해 일의 효율성과 효과성을 극대화할 수 있는 노하우도 소개하고 있습니다.

독자는 이 책을 통해 AI 챗GPT와 스마트워크 프로그램 활용에 대한 기능을 깊이 있게 이해하고, 자신의 전문 분야에서 이를 효과적으로 적용하는 방법을 학습함으로써, 연구 및 컨설팅 업무에서 차별화된 가치를 창출할 수 있을 것입니다.

저자 소개

이종구

📞 010-9967-6654
🌐 digitalcontentgroup.com
🌐 dcgplatform.com

경력사항
- 현) ㈜디지털콘텐츠그룹 대표이사
- 현) 디지털콘텐츠 평생교육원장
- 현) 디지털콘텐츠 뉴스 발행인
- 현) 디지털콘텐츠 출판사 대표
- 현) SNS소통연구소 소장
- 현) SNS소통연구소 출판사 대표
- 현) 한성대학교 지식서비스&컨설팅학과 재학(박사)
- 전) 광운대학교 경영학과(학사)졸업
- 전) 한성대학교 지식서비스&컨설팅학과 졸업(석사)

주요 저서
- SNS길라잡이(2012년 5월) 외 스마트폰 및 SNS마케팅 관련 책 50권의 책 집필 및 직접 출판
- 석사논문 : 1인 SNS기업의 경영성과에 미치는 영향 요인 분석

주요 자격사항
- 국내 최초(最初) 국내 최고(最高) 스마트폰 강사 및 SNS마케팅 강사 자격증인 스마트폰활용지도사 발행인
  - 디지털콘텐츠큐레이터
  - 유튜브크리에이터전문지도사
  - 디지털문해교육전문지도사
  - AI챗GPT전문지도사
  - 컴퓨터활용전문지도사
  - SNS마케팅전문지도사
  - 스마트워크전문지도사
  - 디지털범죄예방전문지도사
  - 프리젠테이션전문지도사
  - 마케팅글쓰기전문지도사

※ 위 자격증들도 직접 교육 및 발행하고 있습니다.

이정화

📞 010-9490-7024
📝 blog.naver.com/wildcat-ljh
🌐 digitalcontentgroup.com
🌐 dcgplatform.com

경력사항
- 현) ㈜디지털콘텐츠그룹 이사
- 현) 디지털콘텐츠 평생교육원 부원장
- 현) 디지털콘텐츠 e-러닝평생교육원 교수
- 현) 디지털콘텐츠 뉴스 이사
- 현) SNS소통연구소 부소장
- 현) SNS소통연구소 출판사 기획이사
- 현) 소통대학교 부대표

주요 저서
- 스마트폰활용 교육전문가들을 위한 길라잡이
- 누구나 쉽게 따라하는 유튜브 크리에이터
- 고객을 유혹하고 매출이 증대되는 AI챗GPT 활용
- 컴맹! 스맹! 파맹! - 스마트한 강사를 위한 길라잡이
- 업무효율 200% 올려주는 스마트워크 시스템 구축 길라잡이
- 사이버 범죄예방 교과서
- 국가 공무원 필독서!
- 고객이 몰리고 매출이 증대되는 SNS마케팅 길라잡이 외 21권 집필

주요 자격사항
- 스마트폰활용지도사 2급 및 1급
- 유튜브크리에이터전문지도사 2급 및 1급
- SNS마케팅전문지도사 2급 및 1급
- 스마트워크전문지도사 2급 및 1급
- 디지털콘텐츠큐레이터 2급 및 1급
- 디지털문해교육전문지도사 2급 및 1급
- 디지털범죄예방전문지도사 2급 및 1급
- AI챗GPT전문지도사 2급 및 1급

김숙명

📞 010-9474-0992
📝 blog.naver.com/shuming061
🌐 digitalcontentgroup.com
🌐 dcgplatform.com

경력사항
- 현) ㈜디지털콘텐츠그룹 서울시 종로구 지국장
- 현) ㈜디지털콘텐츠그룹 디지털콘텐츠 큐레이터
- 현) 디지털콘텐츠 e-러닝평생교육원 교수
- 현) SNS소통연구소 서울시 종로구 지국장
- 현) 소통대학교 디지털콘텐츠 교육 전임강사
- 현) 복지관, 장애인기관, 청소년센터, 공공기관 등 스마트폰활용, 키오스크, 유튜브, SNS마케팅, 디지털콘텐츠디자인, 디지털 범죄예방, 챗GPT 등 디지털 리터러시강사
- 전) 광주대학교 산업대학원 졸업(의상학 석사)

주요 저서
- 나도 잘나가는 유튜브크리에이터
- 업무성과가 달라지는 스마트워크 꿀팁
- 디지털 교육 강사들의 필수 지침서
- 디지털 범죄예방 교육의 정석(定石)
- 메타버스 시대 가장 먼저 배우고 익혀야 할 스마트폰 활용
- 누구나 쉽게 따라하는 Ai 챗GPT
- 석사논문 : 인터넷 의류상품 마케팅믹스와 소비자 구매의도

주요 자격사항
- 디지털콘텐츠큐레이터 2급 및 1급
- 스마트폰활용지도사 2급 및 1급
- 유튜브크리에이터전문지도사 2급 및 1급
- 디지털범죄예방교육전문지도사 2급
- 스마트워크전문지도사 2급 및 1급
- SNS마케팅전문지도사 2급 및 1급
- 디지털문해교육전문지도사 2급 및 1급
- AI챗GPT전문지도사 2급 및 1급
- GTQ 1급(그래픽기술자격/포토샵) 외

부성아

📞 010-7739-9611
🌐 digitalcontentgroup.com

경력사항
- 현) ㈜디지털콘텐츠그룹 금산/논산 지국장
- 현) SNS소통연구소 금산/논산 지국장
- 현) 디지털콘텐츠평생교육원 스마트폰 교육 전임강사
- 현) 디지털콘텐츠평생교육원 SNS마케팅 교육 전임강사
- 현) 금산군 평생교육강사
- 현) 금산군 자치종합대학 스마트폰강사
- 현) 금산군 대한노인회 스마트폰, 키오스크강사
- 전) 금산군 행복교육지구 마을교사
- 전) 충남 디지털배움터 디지털강사

주요 저서
- 스마트폰 기초부터 UCC활용까지

주요 자격사항
- 평생교육사
- 스마트폰활용지도사 2급 및 1급
- 프레젠테이션전문지도사
- 퍼실리테이터 CF 2급
- 사회복지사
- 비대면강의교육전문지도사
- 메타버스콘텐츠전문지도사
- 디지털문해교육전문지도사 1급
- 디지털범죄예방전문지도사 2급
- 컴퓨터활용지도사2급
- ITQ O.A MASTER
- AI챗GPT전문지도사 2급 및 1급

최영수

📞 010-7736-1965

경력사항
- 현) LG전자 근무
- 현) 한성대학교 박사과정
- 전) 대우전자 근무
- 전) 서울대학교 사회학과(학사) 졸업
- 전) 서울대학교 환경대학원(석사) 졸업

주요저서
- 석사논문 : 외국인노동자 유입이 수도권지역 노동시장에 미치는 영향에 관한 연구
- 학술지 : 한성대 2023년 동계학술대회 "저소득층의 디지털 활용이 AI 만족도에 미치는 영향"
  - 디지털 효능감의 조절효과 중심으로

주요 자격사항
- 경영지도사
- ESG 컨설턴트(1급)
- 스마트워크전문지도사 2급 및 1급
- 디지털문해교육전문지도사 2급 및 1급
- AI챗GPT전문지도사 2급 및 1급

심경식

📞 010-7111-9180
🌐 digitalcontentgroup.com
🌐 dcgplatform.com

경력사항
- 현) ㈜디지털콘텐츠그룹 마케팅 팀장
- 현) 디지털콘텐츠 e-러닝평생교육원 교수
- 현) 디지털콘텐츠 평생교육원 홍보 마케팅 팀장
- 현) 디지털콘텐츠 뉴스 홍보 마케팅 팀장
- 현) 디지털콘텐츠 출판사 기획 팀장
- 현) SNS소통연구소 스마트폰활용지도사
- 현) SNS소통연구소 SNS마케팅전문지도사
- 현) SNS소통연구소 디지털문해교육전문지도사
- 현) 한성대학교 지식서비스&컨설팅 대학원 박사 과정
- 전) 성균관대학교 경영대학원 경영학 석사 졸업

주요 저서
- AI 챗 GPT는 마케팅 전문가
- 학술지 : 한성대 2023년 동계학술대회 "장애인의 디지털 활용이 삶의 만족도에 미치는 영향"
  - 사회적 자본 매개효과를 중심으로

주요 자격사항
- 스마트폰활용지도사 2급 및 1급
- SNS마케팅전문지도사 2급 및 1급
- 디지털문해교육전문지도사 1급
- 스마트워크전문지도사 2급 및 1급
- 유튜브크리에이터전문지도사 2급 및 1급
- AI챗GPT전문지도사 2급 및 1급

● **스마트폰 활용지도사 자격증에 대해서 아시나요?**
과학기술정보통신부가 검증하고 한국직업능력개발원이 관리하는 스마트폰 자격증 취득에 관심 있으신 분들은 살펴보세요.

상담 문의
이종구 010-9967-6654
E-mail : snsforyou@gmail.com
카톡 ID : snsforyou

스마트폰 활용지도사 1급

● **해당 등급의 직무내용**

초/중/고/대학생 및 성인 남녀노소 누구에게나 스마트폰 활용교육 및 SNS 기본 교육을 실시할 수 있습니다. 개인 및 소기업이 브랜딩 전략을 구축하는 데 있어 저렴한 비용을 들여 브랜딩 및 모바일 마케팅 전략을 구축할 수 있도록 필요한 교육을 할 수 있습니다.

스마트폰 활용지도사 2급

● **해당 등급의 직무내용**

시니어 실버분들에게 스마트는 활용교육을 실시할 수 있습니다. 개인 및 소기업이 모바일 마케팅 전략을 구축하는데 있어 기본적인 교육을 할 수 있습니다. 1인 기업 및 소기업이 스마트워크 시스템을 구축하는 데 제반 사항을 교육할 수 있습니다.

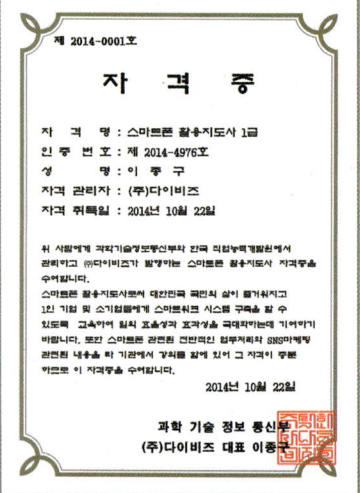

| **시험 응시료 : 3만원**
| **자격증 발급비 : 7만원**

● 일반 플라스틱 자격증
● 종이 자격증 및 우단 케이스 제공
● 스마트폰 활용지도사 강의자료 제공비 포함

● **시험 일시** : 매월 둘째 주, 넷째 주 일요일 5시부터 6시까지 1시간
● **시험 과목** : 2급 – 스마트폰 활용 분야 / 1급 – 스마트폰 SNS마케팅
● **합격점수**
  1급 – 80점 이상(총 50문제 각 2점씩, 100점 만점에 80점 이상)
  2급 – 80점 이상(총 50문제 각 2점씩, 100점 만점에 80점 이상)

시험대비 공부방법
① 스마트폰 활용지도사 2급 교재 구입 후 공부하기
② 정규수업 참여해서 공부하기
③ 네이버에서 [디씨플] 사이트 검색 후 상단 [자격증 강좌]에서 수강하기

시험대비 교육일정
① 매월 정규 교육을 SNS소통연구소 전국 지부에서 실시하고 있습니다.
② 스마트폰 활용지도사 **SNS소통연구소 블로그** (blog.naver.com/urisesang71) 참고하기
③ 디지털콘텐츠 e-러닝 평생교육원 사이트 참조(dcgplatform.com)
④ NAVER 검색창에 **(SNS소통연구소)**라고 검색하세요!

스마트폰 활용지도사 자격증 취득 시 혜택
① 디지털콘텐츠평생교육원 스마트폰 활용 교육 강사 위촉
② SNS소통연구소 스마트폰 활용 교육 강사 위촉
③ 스마트 소통 봉사단에서 교육받을 수 있는 자격부여
④ SNS 및 스마트폰 관련 자료 공유
⑤ 매월 1회 세미나 참여 (정보공유가 목적)
⑥ 향후 일정 수준이 도달하면 기업제 및 단체 출강 가능
⑦ 그 외 다양한 혜택 수여

유튜브 크리에이터 전문 지도사 시험

매월 첫째, 셋째 일요일 오후 5시~6시까지

유튜브 크리에이터 전문지도사가
즐거운 대한민국을 만들어갑니다!

유튜브 크리에이터 전문지도사 2급 및 1급

- ☑ **자격의 종류 :** 등록 민간자격
- ☑ **등록번호 :** 제 2020-003915호
- ☑ **자격 발급 기관 :** 에스엔에스소통연구소
- ☑ **총 비용 :** 100,000원
- ☑ **환불 규정**
  - • 접수 마감 전까지 100% 환불 가능 (시험일자 기준 7일전)
  - • 검정 당일 취소 시 30% 공제 후 환불 가능

시험 문의
SNS소통연구소 **이종구** 소장 (010-9967-6654)

SNS소통연구소
자격증 교육 교재 리스트

디지털 교육 강사들의 필수 지침서
스마트폰 활용지도사 2급 교재

SNS마케팅 교육 전문가 양성 과정 책
스마트폰 활용지도사 1급 교재

UCC제작과 유튜브크리에이터 양성을 위한 책
유튜브크리에이터전문지도사 2급 교재

스마트한 강사를 위한 길라잡이
프리젠테이션전문지도사 2급 교재
컴퓨터활용전문지도사 2급 교재

어르신들을 위한 스마트폰 교육 교재 리스트
전국 각 기관에서 가장 많이 교재로 선정된 책

어르신들을 위한 스마트폰 기초 교실(개정판)
스마트폰 기초부터 기본 UCC 활용 책

스마트폰 기본 활용 교육의 정석
스마트폰 기본 활용부터 카메라, UCC, 키오스크 등 스마트폰 기본 교재로 가장 많이 찾는 책

누구나 쉽게 따라하는 AI 챗GPT
스마트폰에서 활용하는 AI 서비스 활용
AI 챗GPT전문지도사 2급 교재

AI 챗GPT는 마케팅전문가
PC에서 활용하는 AI 서비스 활용
AI 챗GPT전문지도사 1급 교재

01 SNS소통연구소 주요 사업 콘텐츠

뉴미디어 마케팅 교육 문의
- 스마트폰 활용
- SNS마케팅
- 유튜브크리에이터
- 프리젠테이션
- 컴퓨터 활용 등
- 디지털범죄예방
- AI 챗GPT 활용

● **SNS소통연구소**(직통전화)
010-9967-6654

● **디지털콘텐츠그룹**(직통전화)
02-747-3265

SNS소통연구소 지부 및 지국 활성화

- 2010년 3월부터 교육을 시작한 SNS소통연구소는 현재 전국에 70개의 지부 및 지국을 운영 중

스마트폰 활용지도사
(국내 최초! 국내 최고!)

- 2014년 10월 스마트폰 활용지도사 민간 자격증 취득
- 2급과 1급 과정을 운영 중이며 현재 4,000여 명 이상 지도사 양성

실전에 필요한 전문 교육
(다양한 분야 실전 교육 중심)

- 일반 강사들에게도 꼭 필요한 전문 교육을 실시함
 (SNS마케팅, 스마트워크, 프리젠테이션, 컴퓨터 활용 등)

SNS소통연구소 출판사

- 2011년 11월부터 SNS소통연구소 출판사 운영
- 스마트폰 활용 및 SNS마케팅 관련된 책 49권 출판
- 강사들에게 필요한 다양한 분야의 책을 출간 진행 중

지역사회 발전을 위해 사회복지사처럼 스마트폰 활용지도사가 필요합니다! 02

● **사회복지사란?**
청소년, 노인, 가족, 여성, 장애인 등 사회적 약자에 대한 복지 정책 및 공공 복지 서비스가 증대함에 따라 사회적인 문제로 어려움을 겪는 이들을 돕는 직업

● **스마트폰 활용지도사란?**
개인이 즐거운 인생을 살아가는 데 도움을 드리고 소상공인들에게 풍요로운 비즈니스를 할 수 있도록 도움을 드리는 직업으로 스마트폰 활용지도사가 디지털 문맹 퇴치 운동에 앞장서고 즐거운 대한민국을 만들어가는데 초석이 되었으면 합니다.

SNS소통연구소 전국 지부 봉사단 현황

서울	울산지부	부산지부
스마트 소통 봉사단	**스폰지**	**모바일**
2018년 6월부터 매주 수요일 오후 2시부터 5시까지 스마트폰 활용지도사들이 소통대학교에 모여서 강사 트레이닝을 목적으로 운영되고 있음 (기관 및 단체 재능기부 교육도 진행)	매월 정기모임을 통해서 스마트폰 활용지도사의 역량개발과 지역주민들을 위해 스마트폰 활용 교육 봉사활동 진행	모든 것이 바라는 대로 이루어집니다! 매월 정기모임을 통해서 스마트폰 활용지도사의 역량개발과 지역주민들을 위해 스마트폰 활용 교육 봉사활동 진행
제주지부	**경북지부**	**경기북부**
제스봉	**스소사**	**펀펀 스마트 봉사단**
제주도 스마트폰 봉사단 매월 정기모임을 통해서 스마트폰 활용지도사의 역량개발과 지역주민들을 위해 스마트폰 활용 교육 봉사활동 진행	'스마트하게 소통하는 사람들' 경북지부 스마트폰 봉사단 매월 정기모임을 통해서 스마트폰 활용지도사의 역량개발과 지역주민들을 위해 스마트폰 활용 교육 봉사활동 진행	'배우면 즐거워져요~' 경기북부 스마트폰 봉사단 매월 정기모임을 통해서 스마트폰 활용지도사의 역량개발과 지역주민들을 위해 스마트폰 활용 교육 봉사활동 진행
경기동부	**경기서부**	**대구지부**
스마트 119 봉사단	**스마트 위드유**	**스마트 소통 약방**
'스마트한 사람들이 모여 지역주민들의 스마트한 인생을 도와드리는 봉사단' 매월 정기모임을 통해서 스마트폰 활용지도사의 역량개발과 지역주민들을 위해 스마트폰 활용 교육 봉사활동 진행	매월 정기모임을 통해서 스마트폰 활용지도사의 역량개발과 지역주민들을 위해 스마트폰 활용 교육 봉사활동 진행	매월 정기모임을 통해서 스마트폰 활용지도사의 역량개발과 지역주민들을 위해 스마트폰 활용 교육 봉사활동 진행

03 SNS소통연구소
출판 리스트 49권 (2024년도 2월 기준)

SNS소통연구소
베스트셀러!

SNS소통연구소 전국 지부 및 지국 현황 04

서울 (지부장-소통대)
- 강남구 (지국장-최영하)
- 강서구 (지국장-문정임)
- 관악구 (지국장-손희주)
- 강북구 (지국장-명다경)
- 강동구 (지국장-윤진숙)
- 노원구 (지국장-전윤이)
- 동작구 (지국장-최상국)
- 도봉구 (지국장-오영희)
- 마포구 (지국장-김용금)
- 송파구 (지국장-문윤영)
- 서초구 (지국장-조유진)
- 성북구 (지국장-조선아)
- 양천구 (지국장-송지열)
- 영등포구 (지국장-김은정)
- 용산구 (지국장-김수영)
- 은평구 (지국장-노승유)
- 중구 (지국장-유화순)
- 종로구 (지국장-김숙명)
- 금천구 (지국장-김명선)

경기북부 (지부장-이종구)
- 의정부 (지국장-한경희)
- 양주 (지국장-유은서)
- 동두천/포천 (지국장-김상기)
- 구리 (지국장-김용희)
- 남양주시 (지국장-정덕모)
- 고양시 (지국장-백종우)

경기동부 (지부장-이종구)
- 성남시 (지국장-노지영)
- 용인시 (지국장-김지태)

경기서부 (지부장-이종구)
- 시흥시 (지국장-윤정인)
- 부천시 (지국장-김남심)

경기남부 (지부장-이중현)
- 수원 (지국장-권미용)
- 이천/여주 (지국장-김찬곤)
- 평택시 (지국장-임계선)
- 안성시 (지국장-허진건)
- 화성시 (지국장-한금화)

인천광역시
- 서구 (지국장-어현경)
- 남동구 (지국장-장선경)
- 부평구 (지국장-최신만)
- 중구 (지국장-조미영)
- 계양구 (지국장-전혜정)
- 연수구 (지국장-조예윤)

강원도 (지부장-장해영)
- 강릉시 (지국장-임선강)
- 춘천시 (지국장-박준웅)

충청남도 (지부장-김미선)
- 청양/아산 (지국장-김경태)
- 금산/논산 (지국장-부성아)
- 천안시 (지국장-김숙)
- 홍성/예산 (지국장-김월선)

대구광역시 (지부장-임진영)

대전광역시
- 중구/유성구 (지국장-조대연)

경상북도 (지부장-남호정)
- 고령군 (지국장-김세희)
- 경주 (지국장-박은숙)

전라북도 (지부장-송병연)

전라남도 (지부장-장광완)

광주광역시
- 북구 (지국장-김인숙)

부산광역시 (지부장-손미연)
- 사상구 (지국장-박소순)
- 해운대구 (지국장-배재기)
- 기장군 (지국장-배재기)
- 연제구 (지국장-조환철)
- 진구 (지국장-김채완)
- 북구 (지국장-황연주)

울산광역시 (지부장-김상덕)
- 동구 (지국장-김상수)
- 남구 (지국장-박인완)
- 중구 (지국장-장동희)
- 북구 (지국장-이성일)

제주도 (지부장-여원식)

01강 Ai란 무엇인가?

- Ai의 기본 개념 … 18
- Ai의 주요 요소 (머신러닝과 딥러닝) … 20
- Ai의 윤리적 문제 … 23
- Ai 역기능 예방 서비스 … 24
- Ai 윤리 인식제고 … 31

02강 음성으로 타이핑하기

- 스마트폰에서 음성으로 타이핑하기 … 34
- PC에서 음성으로 타이핑하기 … 35
- 윈도우 11버전 마이크 사용법 … 37
- 구글 번역 … 38

03강 PowerToys를 활용한 논문 캡처 후 바로 텍스트로 추출

- 설치 및 사용 방법 … 42
- PowerToys 활용 예 … 45
- 구글렌즈 OCR기능 활용하기 … 46

04강 마이크로소프트 코파일럿을 활용한 논문 요약하기

- 개요 및 특징 / 장점 및 단점 … 50
- 주요 기능 … 51
- 실제 활용 방법 … 53

05강 구글 바드를 활용한 논문 작성하기

- 개요 및 특징 / 장점 및 단점 … 61
- 주요 기능 … 62
- 실제 활용 방법 … 63

구글 바드를 활용한 국내 및 해외 선행논문 찾기 … 68

Contents

06강 크롬 웹 스토어를 활용한 자료 수집 노하우
- 광고 없이 유튜브 시청하기(AdBlock)   72
- 동영상 검색하여 영상 및 오디오 파일 다운받기(유튜브)   74
- 드래그프리 - 마우스 우클릭 해제   76
- YouTube Summary with ChatGPT   78
- 프롬프트 지니 : ChatGPT 자동번역기   80

07강 광고 없이 유튜브 보기
- 애드블록   84
- 내가 원하는 영상에서 텍스트 추출하기(브루)   86
- 클로바 노트를 활용해서 자료 정리하기   91

08강 챗GPT 활용하기
- 챗GPT 유료버전 가입하고 제대로 활용하기   96
- 챗GPT를 활용한 논문 초안 작성하기   104
- 선행논문 찾는 노하우   117

09강 참고문헌 관리프로그램 활용해서 선행논문 정리하기
엔드노트(EndNote)
- 개요 및 특징 / 장점 및 단점   131
- 주요 기능   132
- 실제 활용 방법   133

10강 다이내믹하고 임팩트한 동적 그래프를 활용한 청중의 시선 모으기
Flourish.studio
- 개요 및 특징 / 장점 및 단점   140
- 주요 기능   141
- 실제 활용 방법   143

Contents

11강 **Ai프로그램을 활용하여 제안서에 필요한 이미지 쉽고 빠르게 만들기**

캔바(Canva)
- 개요 및 특징 / 장점 및 단점   158
- 활용 방법   159
- 수백만원짜리 UCC콘텐츠 무료로 사용하기   163
- Ai 이미지편집 프로그램 활용하기   165

12강 **Ai 프로그램을 활용한 전문가 부럽지 않은 프레젠테이션 자료 만들기**

캔바(Canva)
- 실제 활용 방법   169

13강 **Ai 추천 사이트**
- 연구와 교육에 도움이 되는 Ai 서비스   174
- 번역 / 프리젠테이션 도움이 되는 Ai 서비스   178
- 연구조사 / 이력서 작성에 도움이 되는 Ai 서비스   179
- 음성 생성 / 이미지 생성 인공지능 프로그램   180
- 동영상 생성 인공지능 프로그램   181
- 쉽고 간편한, 업무시간을 90% 이상 줄여주는 웹사이트   182
- 직장인을 위한 Ai 프로그램   183

1강
Ai란 무엇인가?

1강 Ai란 무엇인가?

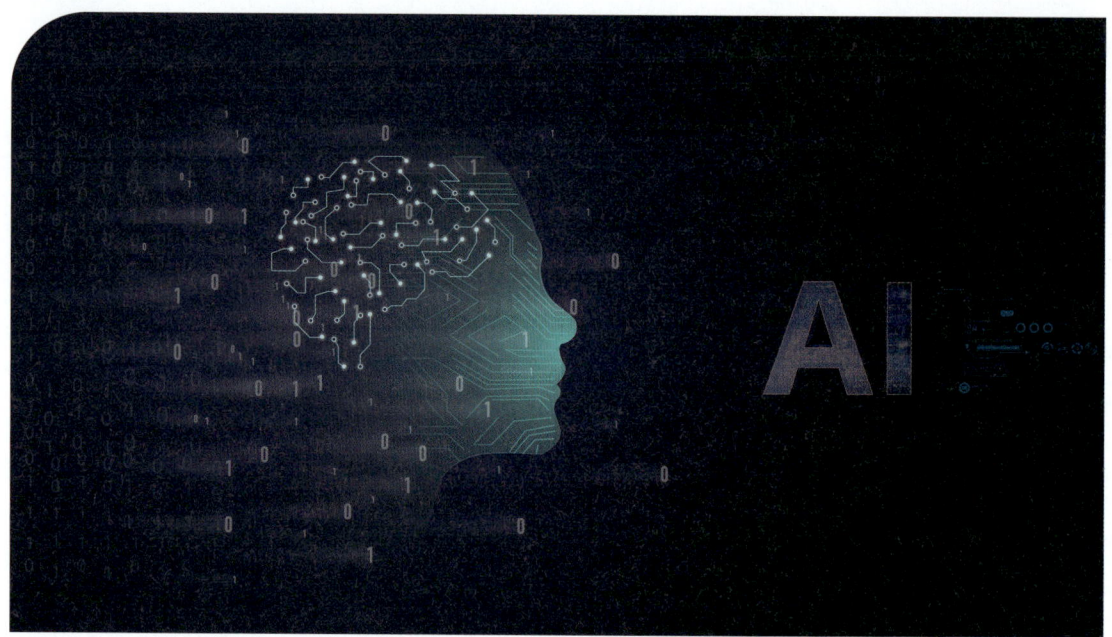

AI는 Artificial Intelligence의 약자로, '인공지능'이라고 읽습니다.
인공지능은 학습, 문제 해결, 패턴 인식 등과 같이 주로 인간 지능과 연결된 인지 문제를 해결하는 데 주력하는 컴퓨터 공학 분야입니다.
인간의 지능에는 학습 능력, 추론 능력, 지각 능력 등이 있는데, 인공지능은 이러한 능력을 컴퓨터에 구현하여 다양한 문제를 해결할 수 있도록 합니다.

AI, 즉 인공지능은 컴퓨터나 기계가 인간처럼 생각하고 학습할 수 있게 만든 기술입니다. 이 기술은 다양한 방식으로 우리 주변에 적용되고 있습니다.

예를 들면, 스마트폰의 음성인식 기능, 자동차의 자율주행 시스템, 인터넷 쇼핑몰에서 개인의 취향에 맞춘 상품 추천 등이 모두 AI 기술을 사용하고 있습니다.

인공지능은 다양한 분야에서 활용되고 있습니다. 대표적인 분야로는 다음과 같은 것들이 있습니다.

● **자율주행 자동차:** 자동차가 스스로 운전하는 기술에도 인공지능이 핵심적인 역할을 합니다. AI는 도로 상황, 교통 신호, 주변 차량을 인식하고 이해하여 안전한 운전을 가능하게 합니다.

● **의료:** 인공지능은 의료 이미지 분석, 예를 들어 X-레이나 MRI 스캔에서 질병을 감지하는 데 사용됩니다. AI 알고리즘은 이러한 이미지를 빠르고 정확하게 분석하여 의사가 진단을 내리는 데 도움을 줄 수 있습니다.

● **금융:** 은행과 금융 기관은 AI를 사용하여 사기 거래를 감지하고 위험 관리를 수행합니다. AI 시스템은 대량의 거래 데이터를 분석하여 이상 행동을 식별할 수 있습니다.

● **교육:** 인공지능은 학생들의 학습 스타일과 성취도를 분석하여 개인별 맞춤형 학습 경험을 제공할 수 있습니다. 예를 들어, AI가 학생의 약점을 파악하고 그에 맞는 추가 학습 자료를 제공함으로써 효과적인 학습을 돕습니다.

● **고객 서비스:** 많은 회사에서는 챗봇을 이용하여 고객 문의에 대응하고 있습니다. 이 챗봇들은 자연어 처리(NLP)라는 AI 기술을 사용하여 사람들의 질문을 이해하고 적절한 답변을 제공합니다.

● **추천 서비스:** 넷플릭스나 유튜브 같은 플랫폼은 사용자의 시청 이력과 선호도를 분석하여 맞춤형 콘텐츠를 추천합니다. 이러한 추천 시스템 뒤에는 사용자 데이터를 분석하고 학습하는 AI 알고리즘이 있습니다.

● **분석 서비스:** 기후 데이터를 분석하여 기후 변화의 원인과 영향을 연구하는 것으로, 기후 변화에 대응하기 위한 정책 수립에 기여합니다. 예를 들어, 미국 NASA는 인공지능을 활용하여 지구의 기후 변화를 연구하고 있습니다.

● **신약 개발:** 인공지능을 활용하여 신약 후보 물질을 발굴하고 개발하는 것으로, 신약 개발의 효율성과 성공률을 향상시키는 데 기여합니다. 예를 들어, 화이자는 인공지능을 활용하여 신약 개발을 진행하고 있습니다.

1강 Ai란 무엇인가?

Ai는 크게 두 가지 주요 요소로 구성됩니다.
머신러닝(Machine Learning)과 딥러닝(Deep Learning)

인공지능 ▶ 머신러닝 ▶ 딥러닝 관계

인공지능 | Artificial Intelligence
학습, 문제해결, 패턴 인식 등과 같이 주로 인간 지능과
연결된 인지 문제를 해결하는 데 주력하는 컴퓨터 공학 분야

머신러닝 | Machine Learnign
학습, 문제해결, 패턴 인식 등과 같이 주로 인간 지능과
연결된 인지 문제를 해결하는 데 주력하는 컴퓨터 공학 분야

딥러닝 | Deep Learning
인간의 뉴런과 비슷한 방식으로 심층 인공 신경망을
기반으로 학습 방식을 구현하는 머신러닝 기술

머신러닝(Machine Learning)은 컴퓨터에게 많은 데이터를 주고 그 안에서 패턴을 찾게 하는 방식입니다.

예를 들어, 수많은 고양이 사진을 컴퓨터에게 보여주면서 이것이 고양이라고 알려주면 컴퓨터는 점점 더 고양이를 잘 구별하게 됩니다.

딥러닝(Deep Learning)은 기계학습의 한 분야로, 인간의 뇌가 작동하는 방식을 모방한 신경망(Neural Networks)을 사용합니다. 이 신경망은 많은 계층과 노드로 구성되어 있어서, 복잡하고 추상적인 개념까지 학습할 수 있습니다.

기계학습(Machine Learning)과 딥러닝(Deep Learning)에 대해서 좀 더 자세히 알아보겠습니다.

머신러닝(Machine Learning)이란?

머신러닝(Machine Learning)은 컴퓨터가 데이터를 통해 스스로 학습하고, 그 결과를 통해 예측이나 결정을 내리게 하는 인공지능의 성능을 향상시킬 수 있도록 알고리즘과 기술을 개발하는 분야입니다.

이해를 돕기 위해 일상적인 예를 들어 설명해 드리겠습니다.

1 데이터를 통한 학습: 생각해보세요, 아이가 자전거를 배우는 것과 같습니다. 처음에는 넘어지고 흔들리지만, 시간이 지나면서 더 잘 탈 수 있게 됩니다. 이처럼 기계학습에서 컴퓨터는 많은 '데이터'를 통해 학습합니다.
예를 들어, 위에서 예를 든것처럼 수천 개의 고양이 사진을 보여주면서 '이것은 고양이야'라고 알려주는 것입니다.

2 패턴 인식: 컴퓨터는 이 데이터를 분석하여 패턴을 찾습니다. 고양이 사진에서 귀, 눈, 털의 모양 같은 특징들을 인식하게 되는 것입니다. 이런 패턴 인식은 단순한 이미지 분류 뿐만 아니라, 언어 번역, 음성 인식 등 다양한 분야에서 사용됩니다.

3 모델 학습: 이 과정에서 컴퓨터는 '모델'을 만듭니다. 모델은 데이터에서 학습한 패턴을 기반으로 새로운 데이터에 대해 예측하거나 결정을 내리는 데 사용됩니다. 예를 들어, 이전에 본 고양이 사진들을 바탕으로 새로운 사진 속 동물이 고양이인지 아닌지를 판단할 수 있게 되는 것입니다.

4 예측과 의사결정: 학습된 모델은 새로운 데이터에 적용되어 예측이나 의사결정을 합니다.
예를 들어, 이메일 스팸 필터는 수많은 이메일 데이터를 학습하여 어떤 이메일이 스팸인지 아닌지를 판별하게 됩니다.

5 지속적인 학습과 개선: 머신러닝은 지속적인 과정입니다. 새로운 데이터가 모델에 지속적으로 제공되면서, 모델은 더욱 정확하고 효율적으로 발전하게 됩니다.

간단히 말해서, 머신러닝은 컴퓨터에게 사람처럼 학습하는 능력을 주는 것입니다. 이를 통해 컴퓨터는 패턴을 인식하고, 예측하며, 결정을 내릴 수 있게 됩니다. 이 기술은 의료, 금융, 교육, 교통 등 우리 생활의 많은 부분에 이미 적용되고 있으며 앞으로 더 많은 분야에서 중요한 역할을 하게 될 것입니다.

딥러닝(Deep Learning)이란?

딥러닝(Deep Learning)은 인공지능의 한 분야로, 인간의 뉴런과 비슷한 방식으로 심층 인공 신경망을 기반으로 학습 방식을 구현하는 머신러닝 기술입니다.

이를 더 쉽게 이해하기 위해 몇 가지 핵심 요소와 일상적인 예를 들어 설명해 드리겠습니다.

1. **인공 신경망 (Artificial Neural Networks):** 딥러닝의 핵심은 '인공 신경망'입니다. 이는 인간의 뇌에 있는 신경세포(뉴런)들이 서로 정보를 주고받는 방식을 모방한 것입니다. 각 '노드'는 뉴런처럼 작동하며, 여러 층(layer)으로 구성되어 있습니다.

2. **층의 중요성:** 딥러닝에서 '깊다(deep)'는 것은 이러한 층이 많다는 의미입니다. 각 층은 다양한 특징을 학습하는데, 예를 들어 이미지를 인식하는 경우, 첫 번째 층은 가장자리 같은 간단한 특징을, 더 깊은 층은 객체의 형태나 복잡한 패턴을 학습합니다.

3. **학습 과정:** 딥러닝 모델은 대량의 데이터를 통해 학습합니다.
예를 들어, 고양이와 개의 사진을 수천 장 학습시키면, 모델은 고양이와 개를 구분하는 특징을 스스로 학습하게 됩니다. 이 과정에서 각 노드는 특정 특징에 반응하도록 조정됩니다.

4. **자동 특징 추출:** 전통적인 기계학습 모델과 달리, 딥러닝은 스스로 필요한 특징을 추출합니다. 즉, 고양이의 귀, 눈, 털의 모양 등을 스스로 학습하여 인식합니다.

5. **다양한 응용:** 딥러닝은 이미지와 음성 인식, 자연어 처리, 게임 플레이 등 다양한 분야에서 사용됩니다. 예를 들어, 페이스북의 얼굴 인식, 구글 번역기, 시리와 같은 음성 인식 시스템 등이 이 기술을 활용하고 있습니다.

딥러닝은 그 능력으로 인해 많은 기술적 발전을 이끌고 있습니다. 하지만, 많은 데이터와 강력한 컴퓨팅 파워를 요구하며, 때때로 '블랙 박스'처럼 어떻게 결정이 내려지는지 명확하지 않을 수 있습니다. 그럼에도 불구하고, 이 기술은 계속해서 발전하고 있으며, 우리의 일상 생활과 산업에 큰 변화를 가져오고 있습니다.

AI의 윤리적 문제

AI는 우리 삶에 다양한 방식으로 활용되고 있습니다. AI는 우리의 삶을 더욱 편리하고 안전하게 만들어 줄 수 있는 잠재력을 가지고 있지만, 그와 함께 윤리적 문제도 제기되고 있습니다.

AI의 윤리적 문제는 크게 다음과 같이 세 가지로 분류할 수 있습니다.

1. 개인정보 보호

AI는 많은 양의 개인정보를 수집하고 처리합니다. 이 개인정보는 얼굴 인식, 음성 인식, 위치 추적 등의 용도로 사용될 수 있습니다. 이러한 개인정보가 유출되거나 악용될 경우, 피해자는 심각한 피해를 입을 수 있습니다.

예를 들어, 얼굴 인식 기술을 사용하는 AI 시스템이 개인의 얼굴 정보를 유출할 경우, 그 개인은 범죄의 피해자가 되거나, 불이익을 받을 수 있습니다. 또한, 음성 인식 기술을 사용하는 AI 시스템이 개인의 음성 정보를 유출할 경우, 그 개인은 사생활 침해를 당하거나, 신분 도용의 피해자가 될 수 있습니다.

2. 차별

AI는 학습 데이터에 내재된 편향을 반영할 수 있습니다. 이로 인해 특정 집단에 대한 차별이 발생할 수 있습니다.

예를 들어, AI를 사용하여 채용 심사를 하는 경우, 학습 데이터에 남성에 대한 편향이 있다면, 남성 지원자에게 유리한 결과가 나올 수 있습니다. 또한, AI를 사용하여 범죄자를 예측하는 경우, 학습 데이터에 특정 인종에 대한 편향이 있다면, 그 인종에 속한 사람들이 부당한 피해를 입을 수 있습니다.

3. 책임 소재

AI는 인간의 개입 없이 스스로 판단하고 행동할 수 있습니다. 이로 인해 AI 시스템의 오류나 피해에 대한 책임 소재가 불분명해질 수 있습니다.

예를 들어, 자율주행 자동차가 사고를 낸 경우, 그 사고에 대한 책임은 누구에게 있는 것일까요? 자율주행 자동차의 제조사일까요? 아니면, 자율주행 자동차의 소유주일까요?

이러한 책임 소재에 대한 명확한 규정이 없기 때문에, 사고 피해자는 제대로 된 보상을 받지 못할 수도 있습니다.

Ai 역기능 예방 서비스

AI 역기능 예방 서비스는 AI 시스템의 윤리적 문제를 예방하기 위한 서비스입니다. 이러한 서비스는 AI 시스템의 개발, 구축, 운영, 활용 등 모든 단계에서 제공될 수 있습니다.

AI 역기능 예방 서비스는 크게 다음과 같이 기술적 서비스, 교육적 서비스, 제도적 서비스 세 가지로 분류할 수 있습니다.

첫번째_기술적 서비스

기술적 서비스는 AI 시스템의 개발, 구축, 운영 과정에서 발생할 수 있는 기술적 문제를 예방하기 위한 서비스입니다.

이러한 서비스는 **개인정보 보호 기술, 편향 방지 기술, 책임 소재 명확화 기술**과 같은 방법을 통해 제공될 수 있습니다.

1 개인정보 보호 기술

AI 시스템이 수집하고 처리하는 개인정보의 범위를 최소화하고, 개인정보의 안전한 보호를 위한 기술을 개발합니다.

● **개인정보 보호 기술 적용사례**

① **암호화**

- **예시:** 데이터 암호화는 개인정보를 저장하거나 전송할 때 사용되는 기본적인 기술입니다. 예를 들어, 민감한 사용자 데이터를 클라우드에 저장할 때, 이를 암호화하여 외부의 불법적 접근으로부터 보호합니다.

- **적용 사례:** 은행이나 금융 기관에서 고객의 금융 정보를 암호화하여 저장하고 관리하는 것이 대표적인 예입니다.

② 데이터 마스킹

- **예시:** 데이터 마스킹은 실제 데이터의 일부를 가리거나 대체하는 기술로, 주로 데이터베이스에서 사용됩니다. 예를 들어, 고객의 이름이나 주소와 같은 개인 정보를 일부 문자로 대체하여 보여줍니다.

- **적용 사례:** 온라인 쇼핑몰에서 주문 내역을 확인할 때, 고객의 전체 이름이 아닌 일부만 표시하는 것이 이 기술의 사례입니다.

③ 차등 프라이버시 (Differential Privacy)

- **예시:** 차등 프라이버시는 데이터 세트에서 개인을 식별할 수 없도록 하는 기술로, 통계적 방법을 사용하여 개인 데이터의 익명성을 유지합니다.

- **적용 사례:** 구글이나 애플 같은 대형 기술 기업이 사용자 데이터를 수집하고 처리할 때, 개인을 식별할 수 없도록 차등 프라이버시 기술을 사용합니다.

1강 Ai란 무엇인가?

2 편향 방지 기술

AI 시스템의 학습 데이터에 내재된 편향을 최소화하기 위한 기술을 개발합니다.

● **편향방지 기술 적용사례**

① 대표성 있는 데이터 세트

- **예시:** AI 시스템을 훈련시킬 때 사용되는 데이터 세트에 다양한 인구 집단이 골고루 포함되어 있어야 합니다. 이는 데이터 세트 내의 편향을 최소화하는 데 도움이 됩니다.

- **적용 사례:** 인공지능 기반의 채용 시스템을 개발할 때, 다양한 인종과 성별의 지원자 데이터를 포함시켜 편향을 줄이는 것입니다.

② 알고리즘 감사

- **예시:** AI 시스템의 결정 과정을 정기적으로 검토하여 편향이 있는지 확인하는 과정입니다.

- **적용 사례:** AI 기반 신용 평가 시스템에서 특정 인종이나 성별에 대해 불리한 결정을 내리는지 여부를 검토하는 것입니다.

③ 편향 감지 및 수정 알고리즘

- **예시:** 기계 학습 알고리즘에서 편향을 자동으로 탐지하고 수정하는 기술입니다.

- **적용 사례:** 얼굴 인식 기술에서 다양한 인종의 얼굴을 정확하게 인식하기 위해 편향을 수정하는 알고리즘을 적용하는 것입니다.

3 책임 소재 명확화 기술

AI 시스템의 오류나 피해에 대한 책임 소재를 명확히 하는 기술을 개발합니다.

● **책임 소재 명확화 기술 적용사례**

① 설명 가능한 AI (Explainable AI, XAI)

- **예시:** 설명 가능한 AI는 AI의 의사결정 과정을 사람이 이해할 수 있도록 만드는 기술입니다. 이는 AI가 어떤 데이터를 기반으로 결정을 내렸는지, 어떤 알고리즘을 사용했는지를 명확하게 설명할 수 있어야 합니다.

- **적용 사례 1:** ● 의료 분야 - AI가 환자의 진단이나 치료 계획을 제안할 때, 의사가 AI의 결정을 이해하고, 필요한 경우 조정할 수 있어야 합니다. 예를 들어, AI가 특정 암의 치료법을 제안할 때, 그 결정이 왜 이루어졌는지를 의사가 이해할 수 있어야 합니다.

- **적용 사례 2:** ● 금융 서비스 - AI가 신용 평가나 대출 승인 결정을 내릴 때, 해당 결정이 어떤 데이터와 알고리즘에 기반했는지 고객에게 설명할 수 있어야 합니다. 이는 고객이 자신의 신용 평가에 대해 의문을 제기할 때 중요합니다.

1강 Ai란 무엇인가?

② 책임 추적 시스템

- **예시:** 책임 추적 시스템은 AI 시스템 내에서 각 결정과 행동에 대한 책임을 추적하고 기록하는 기술입니다. 이는 AI의 결정 과정을 감사할 수 있는 기록을 남김으로써, 문제 발생 시 책임 소재를 명확히 합니다.

- **적용 사례:** ● **자율주행차** - 자율주행차가 사고를 일으켰을 때, 차량의 AI 시스템이 어떤 결정을 내렸는지, 왜 그런 결정을 내렸는지를 추적할 수 있어야 합니다. 이를 통해 사고의 원인 분석과 책임 소재를 명확히 할 수 있습니다.

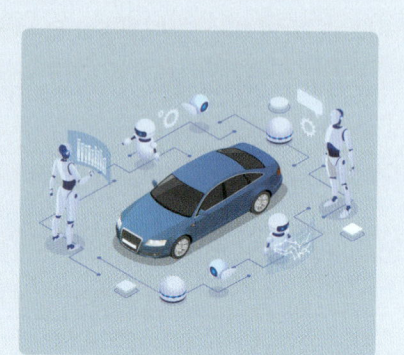

③ AI 감사 및 인증 프로토콜

- **예시:** AI 감사 및 인증 프로토콜은 AI 시스템이 특정 윤리적, 법적 기준에 부합하는지를 정기적으로 검토하고 인증하는 절차입니다.

- **적용 사례:** ● **정부 규제** - 정부나 규제 기관이 AI 시스템을 검토하여, 그 시스템이 사회적, 법적 기준을 준수하는지 확인합니다. 예를 들어, AI 기반의 고용 추천 시스템이 차별적이지 않고 공정한지를 평가하는 것이 해당됩니다.

 두번째_교육적 서비스

교육적 서비스는 AI 시스템의 개발자, 운영자, 사용자 등에게 AI의 윤리적 문제를 교육하기 위한 서비스입니다.

이러한 서비스는 다음과 같은 방법을 통해 제공될 수 있습니다.

1 AI 윤리 교육

- **개념** 이 교육은 AI를 사용하거나 개발하는 사람들에게 AI가 가져올 수 있는 윤리적 문제에 대해 가르치는 것입니다. 예를 들어, AI가 개인정보를 어떻게 다루어야 하는지, AI가 사람들에게 어떤 영향을 미칠 수 있는지 등에 대한 이해를 높이는 것입니다.

- **중요성** AI가 우리 삶의 많은 부분에 사용되기 때문에, 이 기술이 올바르게 사용되도록 하는 것이 중요합니다. 윤리 교육은 AI가 사람들에게 해를 끼치지 않고, 공정하게 작동하도록 하는 데 도움을 줍니다.

2 AI 윤리 설계

- **개념** 이것은 AI 시스템을 만드는 과정에서 윤리적인 고려를 통합하는 방법을 가르치는 것입니다. 즉, AI가 사람들에게 어떤 영향을 미칠지, 어떻게 공정하게 행동할 수 있는지를 고려하여 설계하는 방법입니다.

- **중요성** AI를 만드는 단계에서부터 윤리적인 고려를 함으로써, 나중에 발생할 수 있는 문제를 미연에 방지할 수 있습니다. 예를 들어, AI가 특정 그룹에 편향되지 않도록 만드는 것이 여기에 해당합니다.

3 AI 윤리 평가

- **개념** 이 교육은 AI가 실제로 사용되는 과정에서 그 윤리적 측면을 평가하는 방법을 가르치는 것입니다. 예를 들어, AI가 어떤 결정을 내리고, 그 결정이 모든 사람에게 공정한지 평가하는 것입니다.

- **중요성** AI가 계속해서 윤리적으로 적절하게 작동하고 있는지 확인하는 것은 중요합니다. 시간이 지나면서 AI가 부정적인 방향으로 변할 수도 있기 때문에, 지속적인 윤리 평가는 필수적입니다.

1강 Ai란 무엇인가?

🤖 세번째_제도적 서비스

제도적 서비스는 AI 시스템의 개발, 구축, 운영, 활용을 규제하는 법적, 제도적 장치를 마련하기 위한 서비스입니다. 이러한 서비스는 다음과 같은 방법을 통해 제공될 수 있습니다.

1 법률 제정

- **개념**: 이것은 AI와 관련된 활동을 규제하기 위해 새로운 법률을 만드는 것을 의미합니다. 이 법률은 AI가 어떻게 개발되고 사용되어야 하는지에 대한 규칙을 설정합니다.

- **중요성**: AI 기술은 매우 빠르게 발전하고 있고, 이에 따른 다양한 윤리적, 사회적 문제가 발생할 수 있습니다. 법률을 통해 이러한 문제를 예방하고, AI가 안전하고 책임감 있게 사용되도록 보장하는 것이 중요합니다. 예를 들어, 개인정보 보호나 AI 결정에 대한 책임 소재를 명확히 하는 법률이 여기에 해당됩니다.

2 규정 마련

- **개념**: 이것은 AI 기술의 개발 및 사용과 관련된 구체적인 규칙이나 지침을 설정하는 것입니다. 법률이 더 넓은 범위의 규칙을 제공한다면, 규정은 보다 세부적인 사항들을 다룹니다.

- **중요성**: 규정은 AI 개발자와 사용자가 따라야 할 구체적인 지침을 제공합니다. 이를 통해 AI가 예측 가능하고 일관된 방식으로 사용될 수 있도록 합니다. 예를 들어, AI를 이용한 데이터 처리 방법이나, 사용자의 개인정보를 어떻게 보호할지에 대한 세부 규칙 등이 있습니다.

3 인증제도 도입

- **개념**: 이것은 AI 시스템이 특정 윤리적 기준이나 규정을 준수하고 있는지를 평가하고, 그 결과에 따라 인증을 부여하는 제도입니다.

- **중요성**: 인증제도는 AI 시스템이 안전하고 윤리적으로 적절하게 작동하고 있는지 확인하는 데 도움을 줍니다. 인증을 받은 AI 시스템은 사용자들에게 더 신뢰받을 수 있으며, 윤리적으로 책임 있는 AI 개발을 장려하는 역할을 합니다. 예를 들어, 특정 기준을 충족하는 AI 시스템에만 '윤리적 AI 인증 마크'를 부여하는 것이 해당됩니다.

Ai 윤리 인식제고

AI 윤리 인식제고를 위해서는 교육, 홍보, 제도적 장치 마련과 같은 방안이 필요합니다.

 교육

1 학교에서의 교육: 학생들에게 AI 윤리를 가르칠 때, 현실 세계에서 AI가 어떻게 사용되고 있는지에 대한 구체적인 예시를 포함하는 것이 중요합니다.

예를 들어, 소셜 미디어에서의 AI 사용, 자율주행차의 도입 등 실제 사례를 들어 설명하면 학생들이 AI 윤리의 중요성을 더 잘 이해할 수 있습니다.

2 기업에서의 교육: 직원들에게 AI 윤리 교육을 할 때, 실제 직무와 관련된 윤리적 상황을 시뮬레이션하는 것이 도움이 됩니다.

예를 들어, 데이터 분석가들에게 어떻게 데이터를 책임감 있게 처리할 것인지, 소프트웨어 엔지니어들에게는 공정한 알고리즘 설계의 중요성을 가르치는 것입니다.

3 정부에서의 교육: 정부는 국민들에게 AI 윤리 정책을 알릴 때, 일상생활에서 AI가 어떤 영향을 끼칠 수 있는지 구체적인 예를 들어 설명하는 것이 좋습니다.
이를 통해 정책의 필요성과 영향을 더 잘 이해할 수 있습니다.

 홍보

홍보 전략에서는 AI 윤리가 일반인의 일상에 어떤 영향을 끼치는지 강조하는 것이 중요합니다.

예를 들어, AI가 어떻게 개인의 개인정보를 보호하고, 일자리에 어떤 영향을 끼치는지 등을 쉽게 설명하는 내용을 포함할 수 있습니다.
또한, 실생활 사례를 들어 AI 윤리의 중요성을 강조하는 스토리텔링 방식을 사용하면, 사람들이 더 쉽게 관심을 가지고 이해할 수 있습니다.

1강 Ai란 무엇인가?

 제도적 장치 마련

법률, 규정, 인증제도와 같은 제도적 장치를 설명할 때는, 이러한 장치가 왜 필요한지와 이들이 일반인의 생활에 어떤 긍정적인 영향을 끼치는지를 강조하는 것이 중요합니다. 예를 들어, 인증제도가 어떻게 소비자들에게 더 안전하고 신뢰할 수 있는 AI 제품을 보장하는지 설명할 수 있습니다.

전반적으로, AI 윤리에 대한 교육과 홍보는 구체적인 예시와 실생활 연결점을 강조하며, 복잡한 개념을 쉽고 이해하기 쉬운 언어로 전달하는 것이 중요합니다. 이를 통해 일반인들이 AI 윤리의 중요성을 더 잘 인식하고, 관련 정책과 기술에 대해 더 적극적으로 참여할 수 있습니다.

MEMO

2강
음성으로 타이핑하기

2강 음성으로 타이핑하기

스마트폰에서 음성으로 타이핑하기

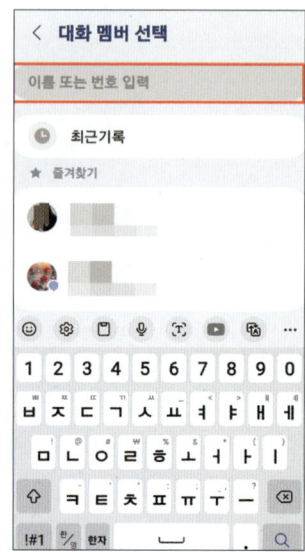

1 스마트폰 화면에서 [메시지]를 터치합니다. **2** 하단 [말풍선] 아이콘을 터치후 1:1 대화를 터치합니다.
3 문자를 받을 사람 이름이나 전화번호를 입력합니다.

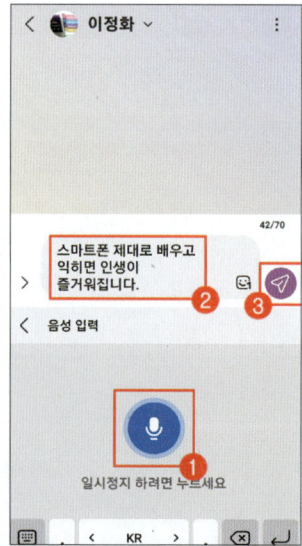

1 ① 입력한 이름이나 전화번호 기준으로 검색됩니다. ② 받을 사람을 선택합니다.
2 ① 문자 입력란에 커서를 놓고 ② [마이크] 아이콘을 터치합니다.
3 ① 마이크가 파랗게 활성화된 상태에서 말을 합니다. ② 말할 때마다 텍스트가 입력되는 것을 확인 할 수 있습니다. ③ 대화창의 글을 확인 후 [보내기]를 터치하여 문자를 전송합니다.

PC에서 음성으로 타이핑하기

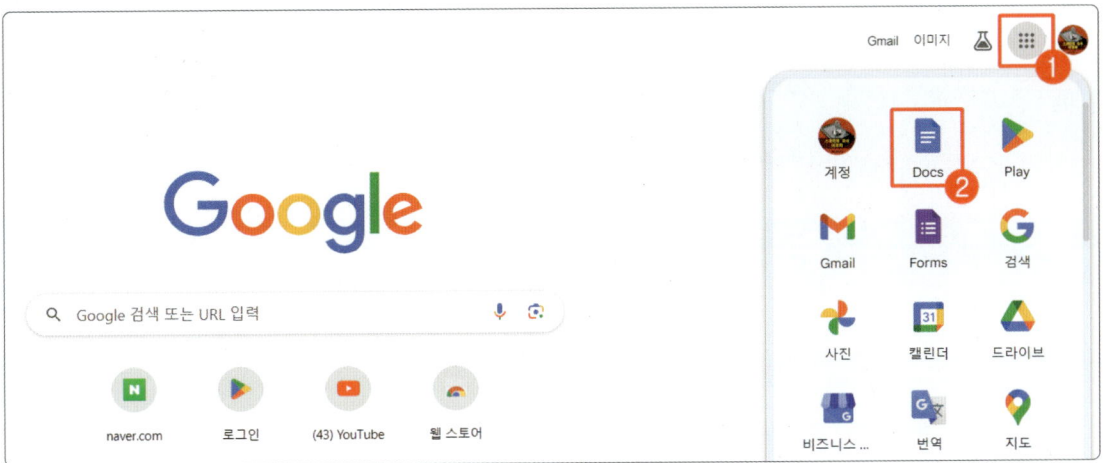

PC에서 [크롬] 브라우저를 클릭합니다. 구글 문서를 사용하기 위해 구글 계정 로그인을 확인합니다.
① [구글 앱]을 클릭합니다. ② [Docs]를 클릭합니다.

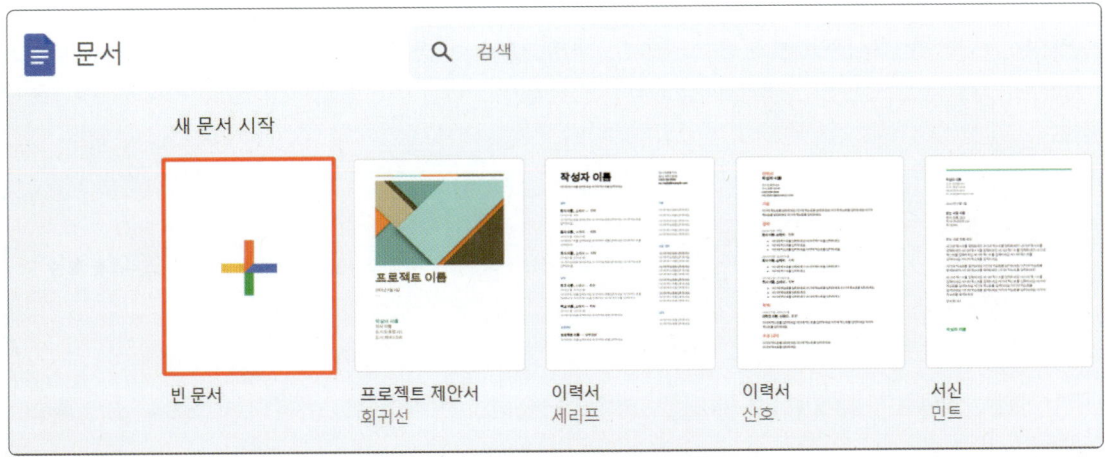

docs 화면에서 [+] 아이콘을 클릭하여 새 문서를 열어줍니다.

2강 음성으로 타이핑하기

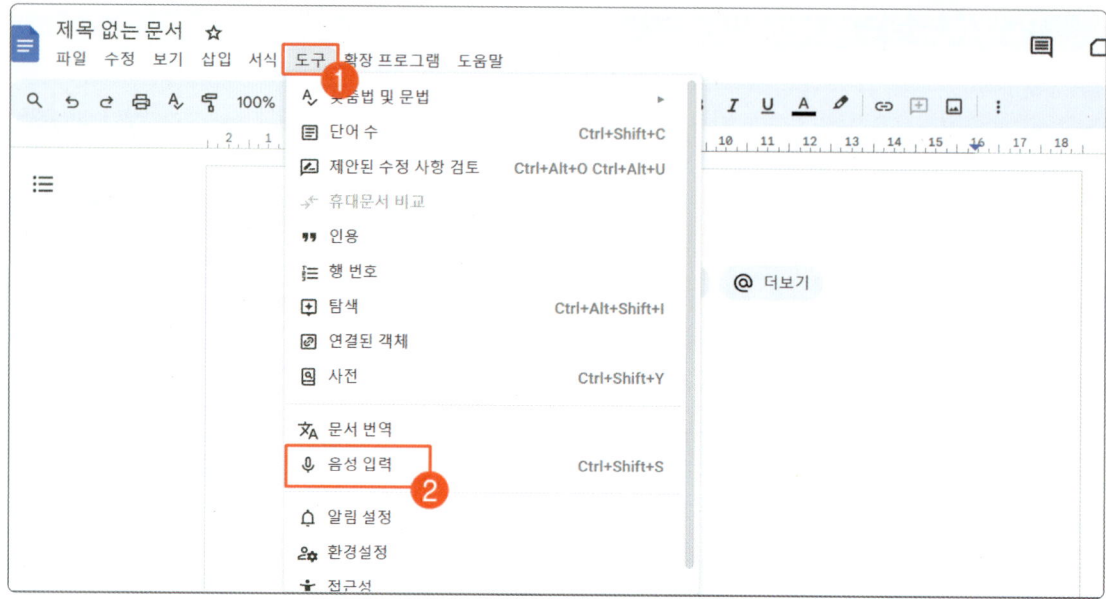

문서 제목을 정할 수 있고 제목 아래 메뉴에서 ① [도구]를 클릭합니다.
② 하위메뉴에서 [음성입력]을 클릭합니다.

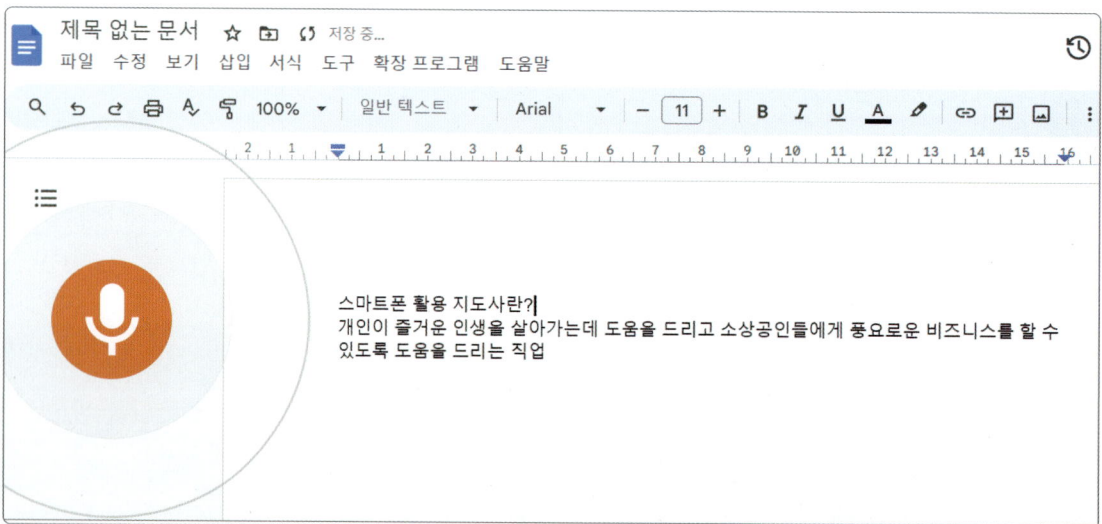

화면 좌측에 마이크를 클릭하면 붉은색 마이크로 변하면서 음성을 입력할 준비가 되었음을 알 수가 있습니다. 이 상태에서 이야기하면 텍스트로 변환되는 것을 볼 수 있습니다.

윈도우 11버전 마이크 사용법

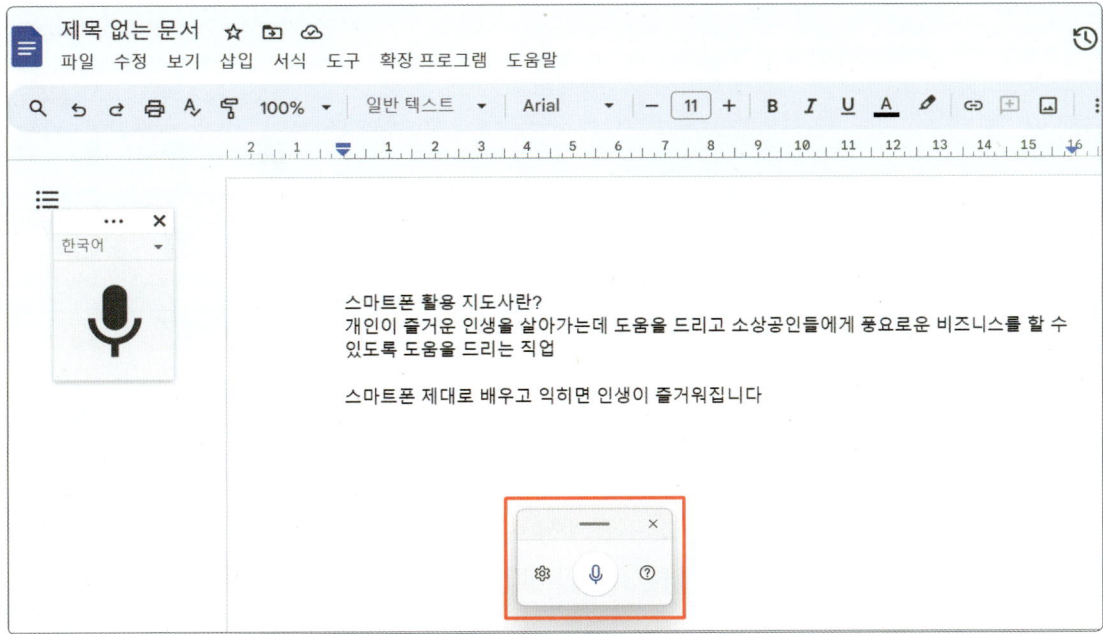

윈도우 11에서는 텍스트를 입력할 수 있는 환경으로서 단축키를 통해 음성 인식창을 활성화 시켜 바로 텍스트로 전환할 수 있습니다. [윈도우키 + H]를 누르는 동시에 마이크가 활성화되고 이 상태에서 바로 마이크를 이용해서 말을 하면 됩니다.

구글 번역

● 영어 논문 파일 1분 만에 한글로 바로 번역하기

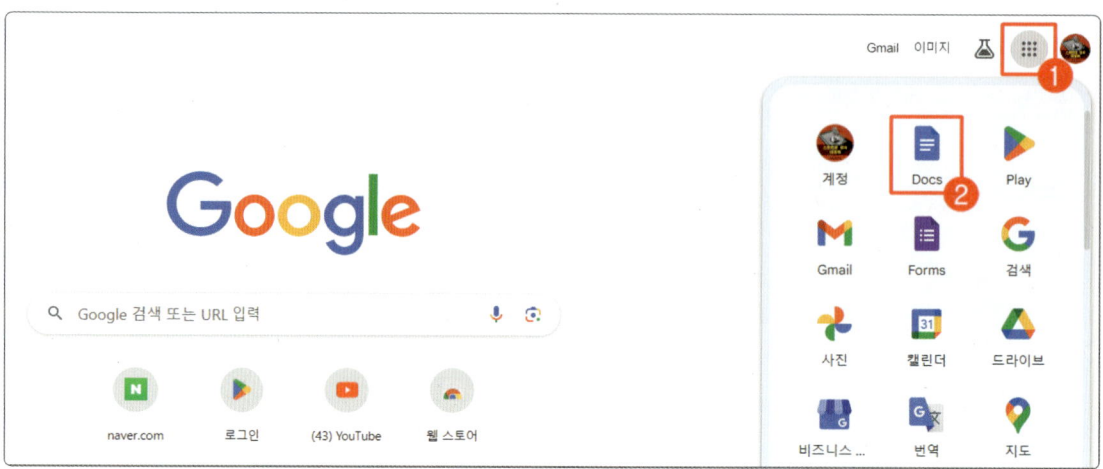

PC에서 [크롬] 브라우저를 클릭합니다. 구글 계정 로그인을 확인합니다.
① [구글 앱]을 클릭합니다. ② [번역]를 클릭합니다.

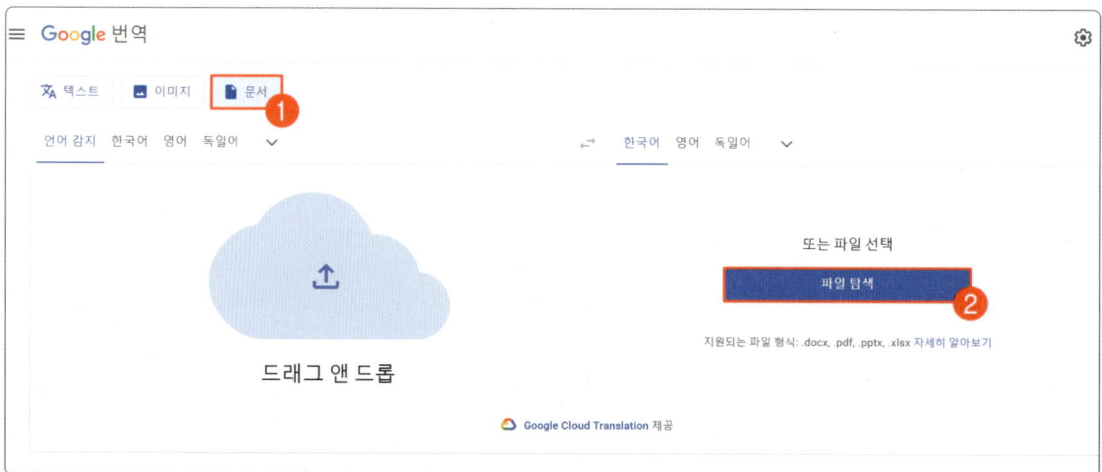

사용자가 직접 입력한 텍스트로 번역이 가능하며, 이미지, 문서를 불러와 번역할 수 있습니다.
① [문서]를 클릭합니다. ② [파일 탐색]을 통해 내 PC에 있는 파일을 불러올 수 있습니다.

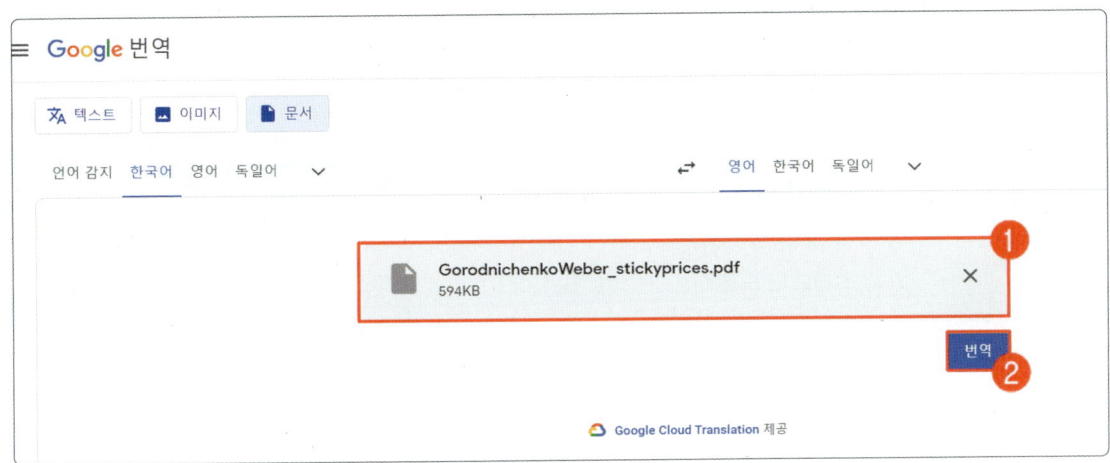

① 불러온 파일을 확인 후 ② [번역]을 클릭합니다.

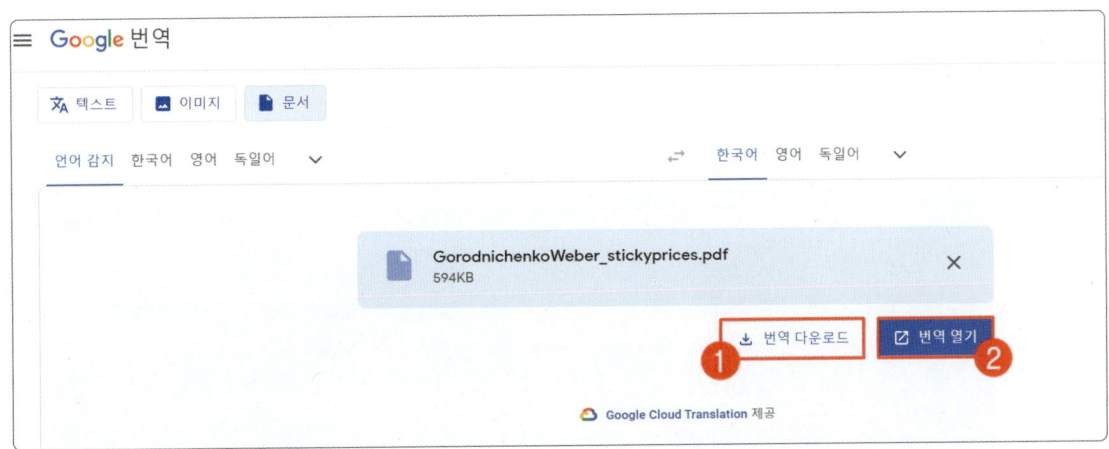

① 번역된 내용을 다운로드할 수 있습니다. ② 번역된 내용을 바로 열기 할 수 있습니다.

2강 음성으로 타이핑하기

이미지로도 번역할 수 있습니다. ① [이미지]를 클릭합니다. ② 이미지 언어를 선택할 수 있습니다.
③ 번역할 언어를 선택할 수 있습니다. ④ [파일 탐색]을 통해 내 PC에 있는 이미지 파일을 불러옵니다.

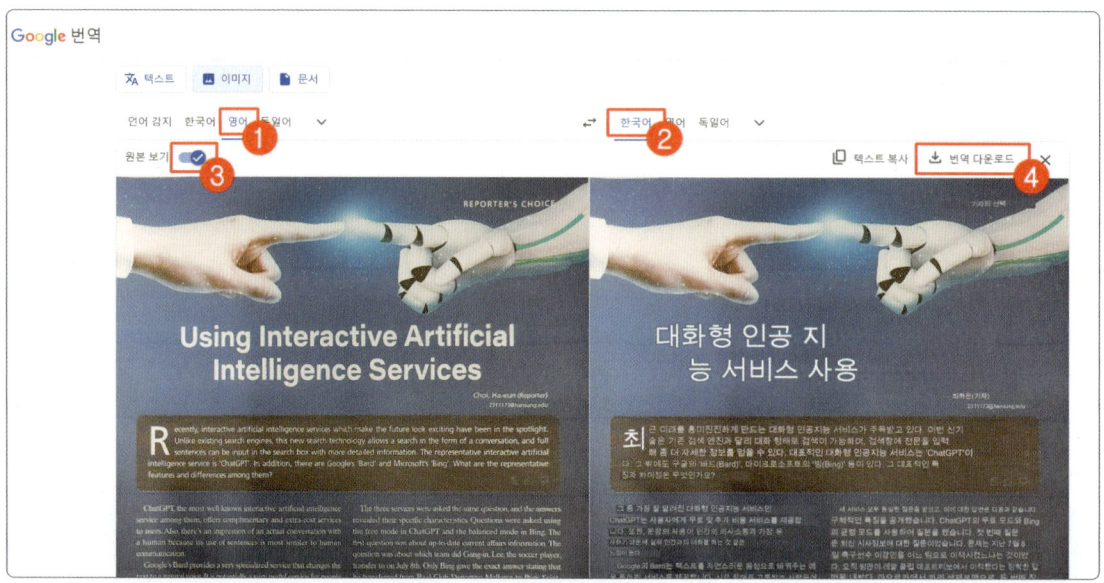

① 이미지의 언어를 확인합니다. ② 번역된 이미지의 언어도 확인합니다. 번역된 이미지만 보입니다.
③ [원본 보기]를 활성화하면 원본과 번역된 이미지를 비교해서 볼 수 있습니다.
④ 번역된 이미지를 다운로드 할 수 있습니다.

3강

PowerToys를 활용한 논문 캡처 후 바로 텍스트로 추출

3강 PowerToys를 활용한 논문 캡처 후 바로 텍스트로 추출

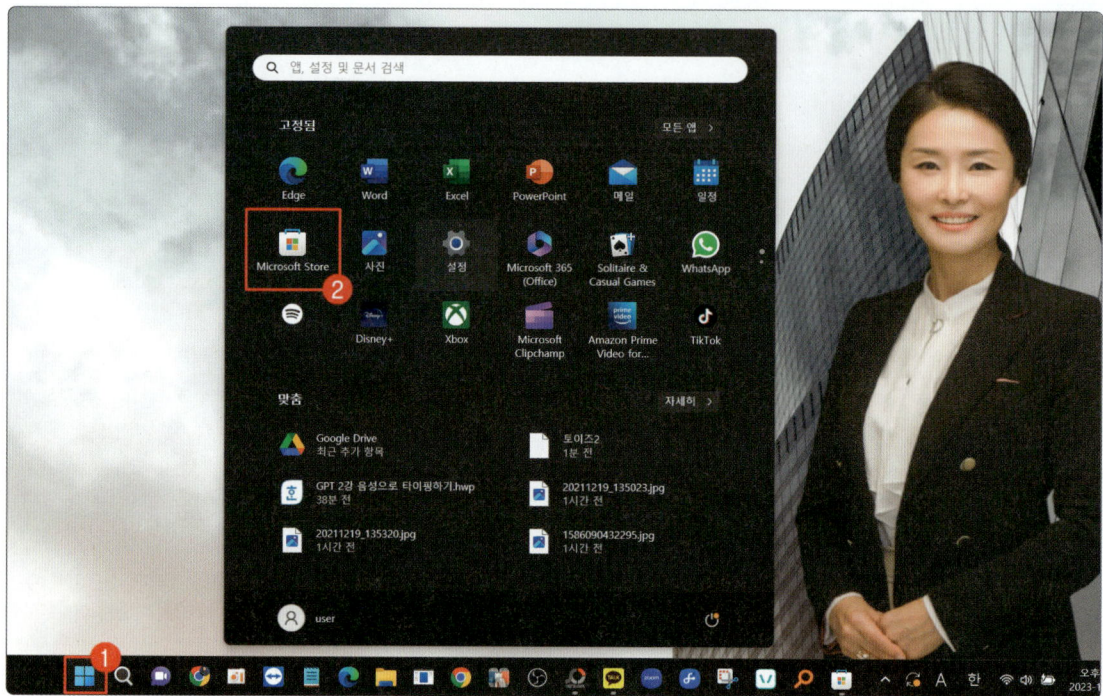

① PC 하단 작업표시줄에 윈도우 메뉴 창을 클릭합니다. ② [Microsoft Store]를 찾아 클릭합니다.

① Microsoft Store에 로그인합니다. ② 검색창에 [Microsoft powerToys]를 검색합니다.
③ Microsoft powerToys를 클릭합니다.

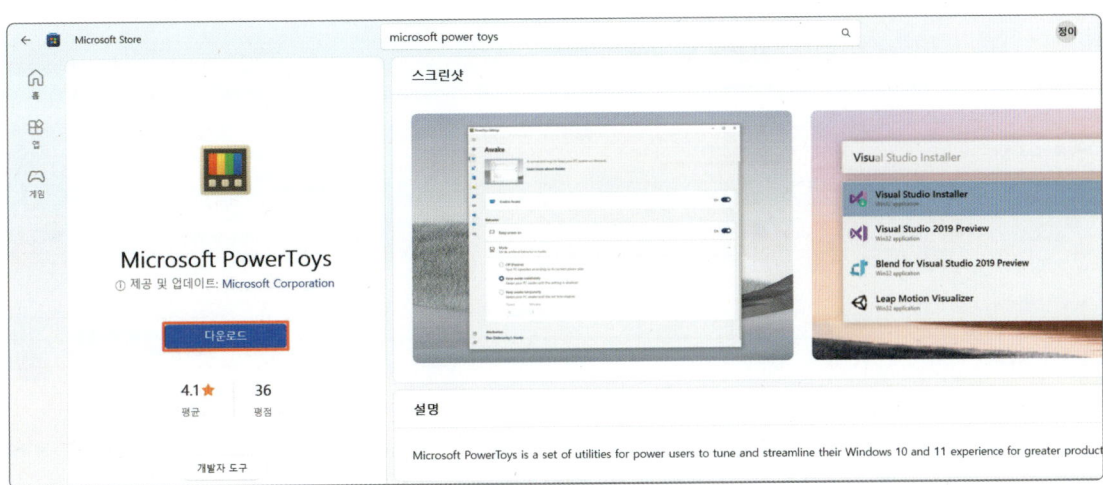

다음 화면에서 Microsoft powerToys를 [다운로드] 합니다.

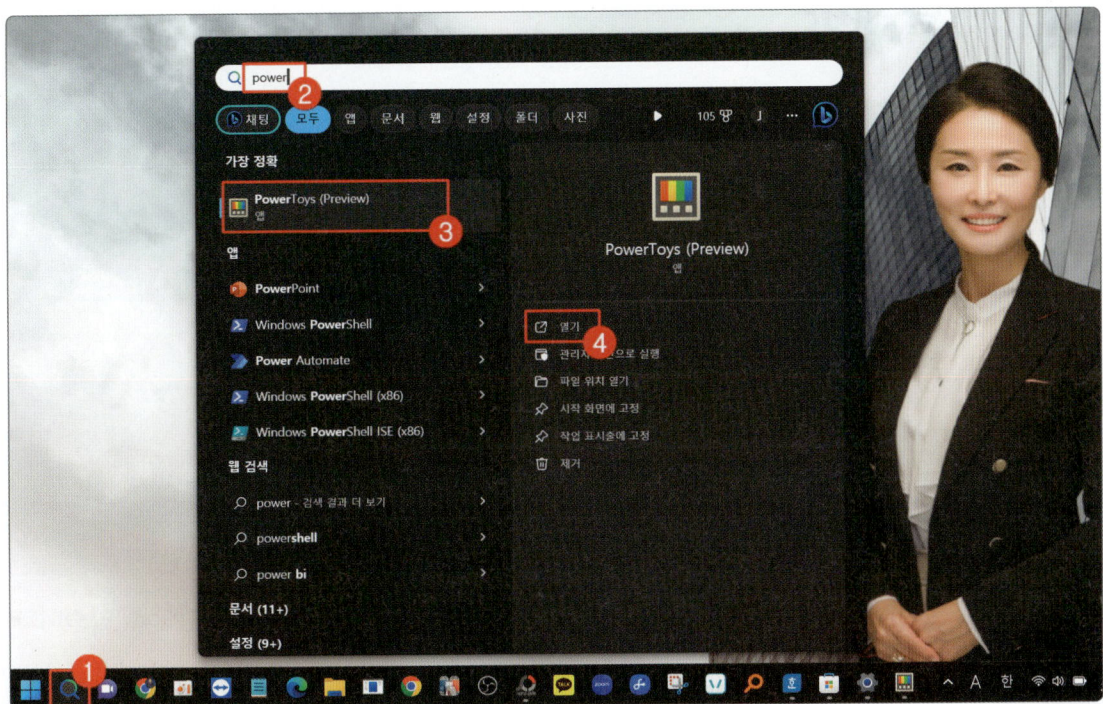

다음 작업을 위해 다시 작업표시줄에 ① 검색 아이콘을 클릭합니다.

② [powerToys]를 검색합니다. ③ powerToys를 클릭 후 ④ [열기]를 클릭합니다.

3강 PowerToys 활용

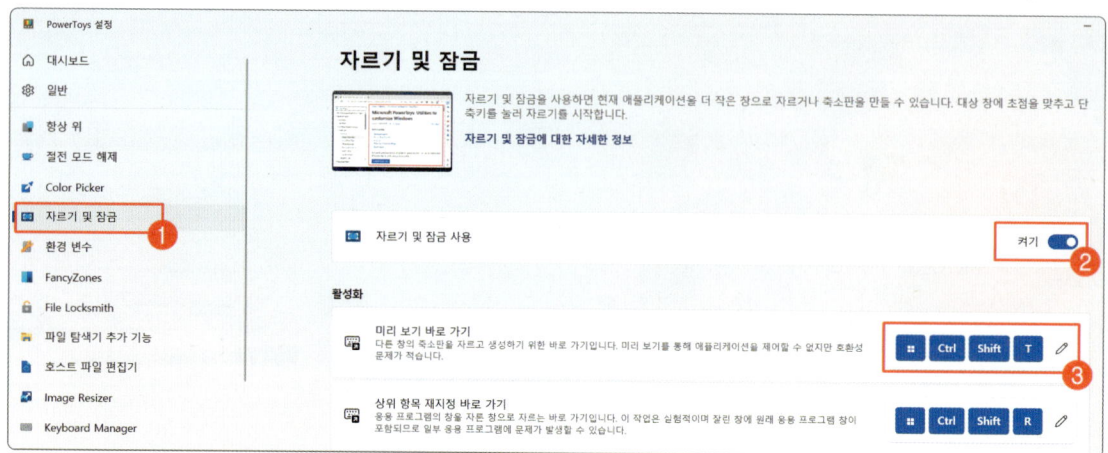

powerToys 설정 화면입니다. ① [자르기 및 잠금]을 클릭합니다.
② 자르기 및 잠금 사용이 켜져있는지 확인합니다.
③ 기존 셋팅 값은 [윈도우 + Ctrl + Shift + T]를 누르면 캡처하기 메뉴가 나옵니다.

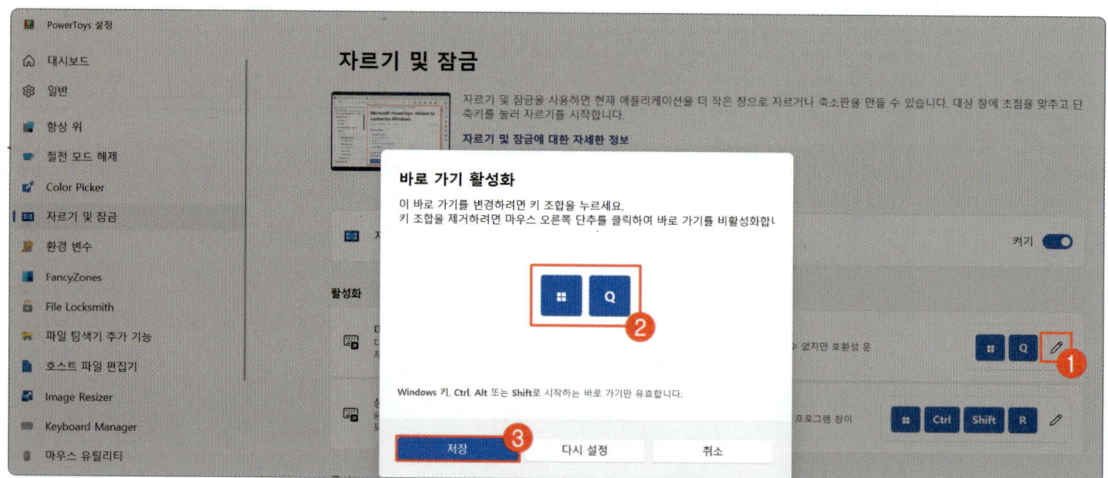

자르기 및 잠금 실행 경로 단축키가 너무 복잡하다면 사용자가 원하는 단축키로 수정할 수 있습니다.
① [수정] 아이콘을 클릭합니다.
② 사용자가 원하는 단축키를 설정합니다.
③ [저장]을 클릭하여 완료합니다.

PowerToys 활용 예

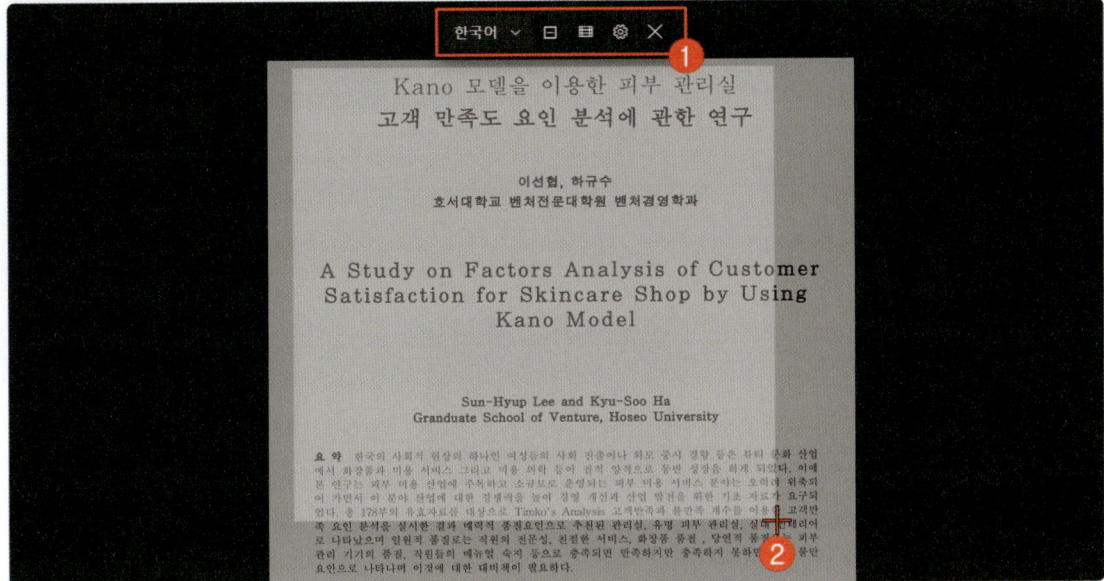

인용할 논문 파일을 열어 놓은 화면에서 위에서 설정한 [윈도우 + Q]를 동시에 누릅니다.
① 도구창이 나타나면 ② 인용할 내용의 영역을 마우스로 드래그하여 선택합니다.

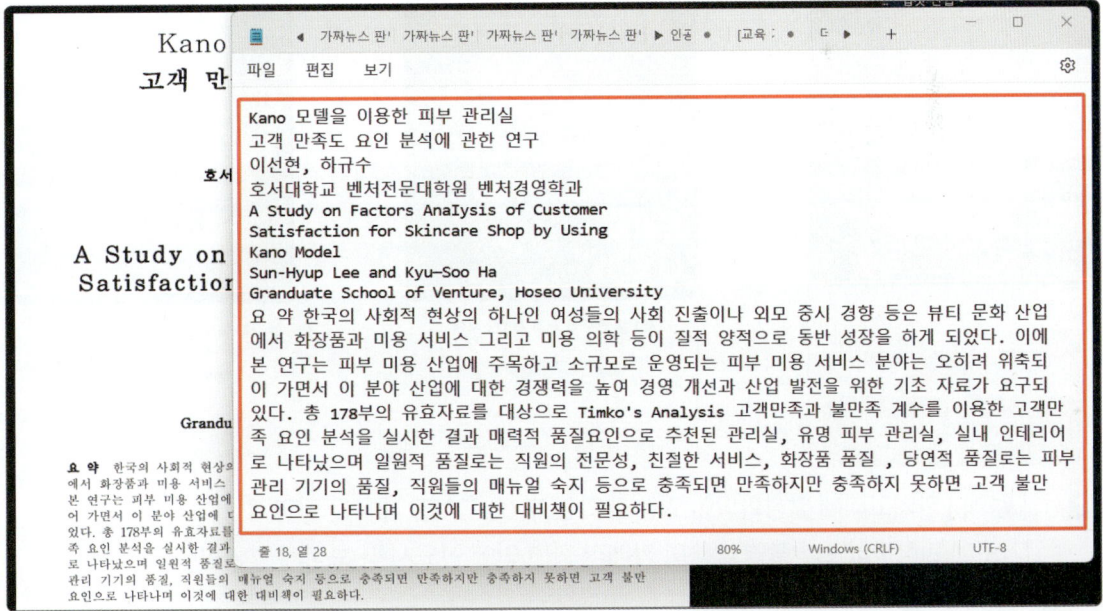

드래그해서 선택한 내용을 사용자가 원하는 곳에 붙여넣기 하면 됩니다.

3강 구글렌즈 OCR기능 활용

구글렌즈 OCR기능 활용하기

1 스마트폰에 [구글 앱]을 터치합니다.   2 구글 렌즈를 터치합니다.
3 [카메라] 아이콘을 터치하여 실행합니다.

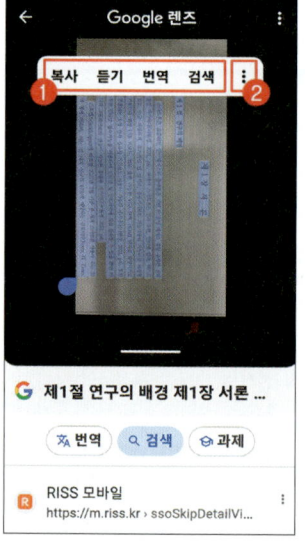

1 ① [검색] 카테고리에 활성화되어 있는지 확인 후 ② 복사할 내용을 촬영합니다.
  (가로세로 상관없으나 촬영 내용이 카메라 화면 안에 반드시 다 보이게 촬영합니다.)
  ③ [텍스트 선택] 메뉴를 터치합니다.
2 ① 촬영한 내용의 텍스트를 복사, 듣기, 번역, 내용 중에 이미지나 링크가 있다면 검색도 가능합니다.
  ② [더보기] 아이콘을 터치합니다.
3 촬영한 내용을 [컴퓨터로 복사] 할 수 있습니다.

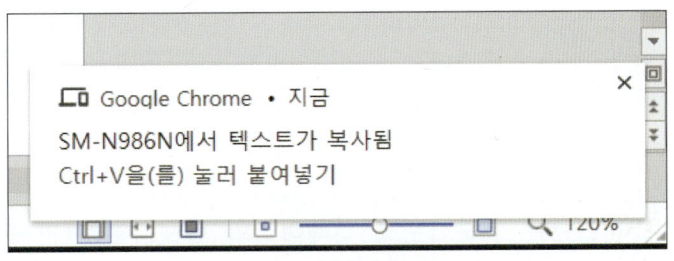

(컴퓨터 화면)

▶ 컴퓨터로 복사를 터치하면 위에 화면과 같이 어떤 컴퓨터로 복사할 건지 선택할 수 있습니다.

Optical　　　Character　　　Recognition

3강 구글렌즈 OCR기능 활용

> 제1절 연구의 배경
>
> 제1장 서론
>
> 스마트폰은 표준화된 인터페이스와 플랫폼을 기반 한 운영 체제로 종합 구성한 전화 통신 기기이다(이현정, 2021, p4). 따라서 스마트폰은 전자 우편, 인터넷 검색, 텍스트 읽고, 쓰고 저장하기, 추가적인 앱 설치로, 응용기기로의 기능사용이 가능하고 내장형 키보드나 외장 USB 키보드, 외부 출력 가능한 VGA 단자, HDMI 단자로 확장기기로 연결되는 소형 전자 컴퓨팅 기기로도 사용이 가능한 기기이다(이현정, 2021, p4). 또한 무선 인터넷 접속기능을 이용하여 인터넷 및 인트라넷에 직접 접속할 수 있을 뿐만 아 니라 그룹웨어로의 연동이 가능한 휴대용 기기이다(이현정, 2021, p4).
>
> 스톡앱스(StockApps)에 따르면 2021년 7월 기준 전 세계 스마트폰 사용자 수는 53억 명에 이르며, 이는 전 세계 인구의 67%에 해당하는 규모이다(Korea IT Times,

컴퓨터에서 붙여넣기할 곳을 선택 후 [Ctrl + V]를 눌러 원하는 곳에 붙여넣기 하면 완료됩니다.

4강

마이크로소프트 코파일럿을 활용한 논문 요약하기

4강 마이크로소프트 코파일럿을 활용한 논문 요약하기

코파일럿

1 개요와 특징

코파일럿은 Microsoft와 OpenAI가 공동 개발한 대규모 언어 모델 기반의 생산성 도구입니다. 문서, 이메일, 코드 등 다양한 종류의 창의적인 콘텐츠를 작성하는 데 도움이 됩니다. 코파일럿은 다음과 같은 특징을 가지고 있습니다.

▶ **대규모 언어 모델을 기반으로 합니다.**
코파일럿은 텍스트와 코드의 방대한 데이터 세트에서 학습된 대규모 언어 모델을 기반으로 합니다. 이를 통해 다양한 종류의 창의적인 콘텐츠를 생성할 수 있습니다.

▶ **사용자의 입력에 따라 콘텐츠를 생성합니다.**
코파일럿은 사용자가 입력한 프롬프트와 텍스트를 기반으로 콘텐츠를 생성합니다. 이를 통해 사용자의 요구 사항에 맞는 콘텐츠를 생성할 수 있습니다.

▶ **사용자의 피드백을 학습합니다.**
코파일럿은 사용자가 제공하는 피드백을 학습하여 더 나은 콘텐츠를 생성합니다. 이를 통해 시간이 지남에 따라 사용자의 요구 사항을 더 잘 충족할 수 있습니다.

2 장점

❶ 생산성 향상
코파일럿을 사용하면 문서, 이메일, 코드 등 다양한 종류의 창의적인 콘텐츠를 더 빠르고 쉽게 작성할 수 있습니다. 이를 통해 업무 효율을 높이고 생산성을 향상하게 시킬 수 있습니다.

❷ 창의성 증진
코파일럿은 사용자의 요구 사항에 맞는 다양한 아이디어를 제공합니다. 이를 통해 사용자의 창의성을 증진하고 새로운 콘텐츠를 개발할 수 있습니다.

❸ 학습 효과 향상
코파일럿은 사용자의 피드백을 학습하여 더 나은 콘텐츠를 생성합니다. 이를 통해 사용자는 코파일럿을 통해 새로운 것을 배우고 학습 효과를 향상하게 시킬 수 있습니다.

2 단점

❶ 오류 발생 가능성

코파일럿은 아직 개발 중인 도구이기 때문에 오류가 발생할 수 있습니다. 이를 방지하기 위해서는 사용자의 주의가 필요합니다.

❷ 창의성 저해 가능성

코파일럿을 지나치게 의존하면 사용자의 창의성을 저해할 수 있습니다. 코파일럿을 활용하되, 사용자 스스로 생각하고 창의적인 콘텐츠를 개발하는 것이 중요합니다.

3 주요 기능

❶ 텍스트 생성

코파일럿은 문서, 이메일, 코드 등 다양한 종류의 텍스트를 생성할 수 있습니다. 사용자가 입력한 프롬프트와 텍스트를 기반으로 텍스트를 생성하며, 사용자가 제공하는 피드백을 학습하여 더 나은 텍스트를 생성합니다.

예를 들어, 코파일럿을 사용하여 다음과 같은 텍스트를 생성할 수 있습니다.

> - 보고서, 프레젠테이션, 이메일 등 다양한 문서
> - 코드, 스크립트, 웹사이트 등 다양한 소프트웨어
> - 시, 소설, 뉴스 기사 등 다양한 창의적인 콘텐츠

❷ 언어 번역

코파일럿은 다양한 언어를 번역할 수 있습니다. 사용자가 입력한 텍스트를 다른 언어로 번역하거나, 다른 언어로 작성된 텍스트를 한국어로 번역할 수 있습니다.

예를 들어, 코파일럿을 사용하여 다음과 같은 작업을 수행할 수 있습니다.

> - 영어 문장을 한국어로 번역
> - 한국어 문장을 영어로 번역
> - 프랑스어 기사를 한국어로 번역
> - 중국어 웹사이트를 한국어로 번역

4강 MS 코파일럿을 활용한 논문 요약하기

❸ 코드 작성

코파일럿은 다양한 프로그래밍 언어로 코드를 작성할 수 있습니다. 사용자가 입력한 프롬프트와 텍스트를 기반으로 코드를 작성하며, 사용자가 제공하는 피드백을 학습하여 더 나은 코드를 작성합니다.

예를 들어, 코파일럿을 사용하여 다음과 같은 작업을 수행할 수 있습니다.

- 새로운 코드를 작성
- 기존 코드를 수정
- 코드의 버그를 수정
- 코드의 성능을 개선

❹ 문서 요약

코파일럿은 문서의 요약을 제공할 수 있습니다. 사용자가 입력한 문서의 핵심 내용을 요약하여 제공합니다.

예를 들어, 코파일럿을 사용하여 다음과 같은 작업을 수행할 수 있습니다.

- 긴 문서의 요약
- 복잡한 문서의 요약
- 외국어 문서의 요약

코파일럿은 아직 개발 중인 도구이지만, 다양한 분야에서 활용될 수 있는 잠재력을 가지고 있습니다. 코파일럿을 효과적으로 활용하여 생산성을 높이고 창의성을 증진시킬 수 있기를 바랍니다.

실제 활용 방법

1 논문 요약하기 코파일럿 활용 예시

❶ 마이크로소프트 코파일럿 사이트 [https://copilot.microsoft.com]접속 후 [로그인]을 클릭 합니다.

❷ 신규 회원가입은 [계정을 만드세요!]를 클릭, 동의 후에 신규계정 가입합니다. 그리고 기존에 가입된 회원은 로그인 후 접속 합니다.

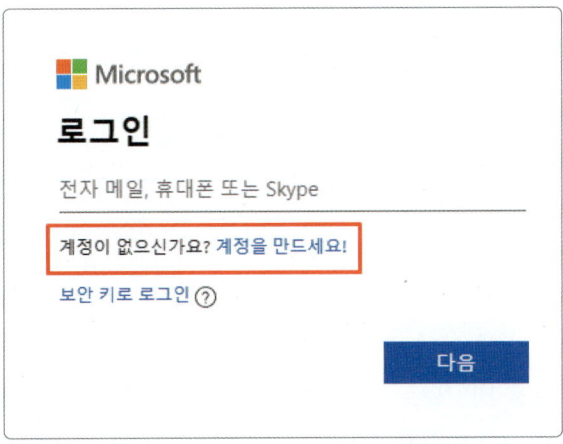 

❸ 신규 계정 가입 또는 로그인 과정이 끝나면, 아래와 같이 코파일럿 초기화면으로 이동합니다.
① 대화 스타일을 [보다 창의적인], [보다 균형 있는], [보다 정밀한] 선택 한 후 아래에 있는
② [대화창]을 통해서 텍스트 기반의 묻고 답하기 시작할 수 있습니다.

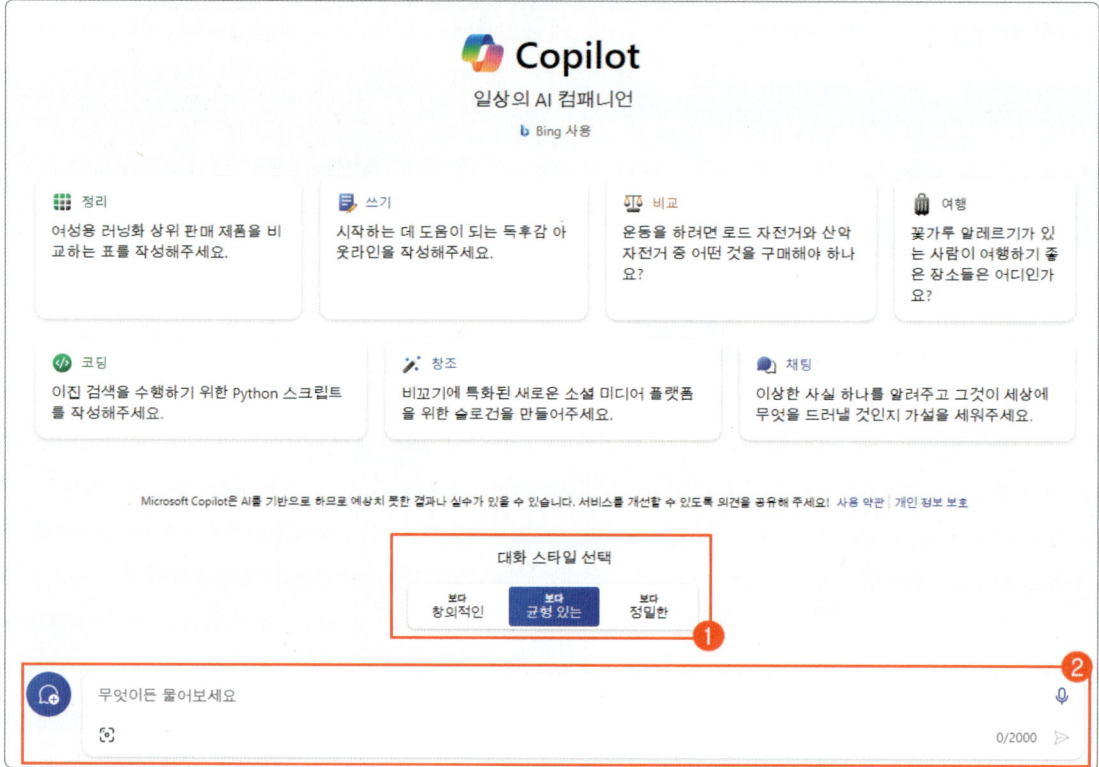

❹ 논문을 작성할 주제가 정해지게 되면 이론적 배경을 위한 연관된 참고문헌을 [대화창]을 통해서 텍스트 기반으로 작성합니다.

예시 주제로 [장애인의 디지털 활용이 삶의 만족도에 미치는 영향]에 대하여 입력합니다.

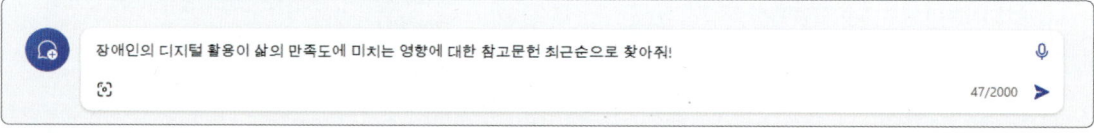

❺ [대화창]을 통해서 입력한 텍스트 기반의 내용을 바탕으로 해당 내용을 분석하고 답변을 생성합니다. ① 학술논문에 대한 [연구제목], [년도], [논문요약]을 확인 할 수 있습니다. 그리고 아래에 있는 아이콘을 통해서 ② [복사], [내보내기], [공유하기]을 할 수 있습니다.

❻ [코파일럿]은 PDF파일의 내용을 분석하여 요약, 키워드, 주제 등 다양한 정보를 제공 합니다. 자세한 학술논문 요약을 위해서 [코파일럿] 검색된 논문을 클릭하면 [PDF파일]로 다운로드 할 수 있습니다.

예시로 검색결과에 있는 "장애인의 디지털정보화 활용 수준이 삶의 만족도에 미치는 영향: 사회적 지지의 조절효과 분석" 클릭 후 [PDF파일]로 다운로드 받습니다.

다음으로 예시 논문 PDF파일을 마우스 우클릭 한 후 [연결 프로그램] 목록에서 [Microsoft Edge] 브라우저를 선택하여 PDF파일을 실행 합니다.

4강 MS 코파일럿을 활용한 논문 요약하기

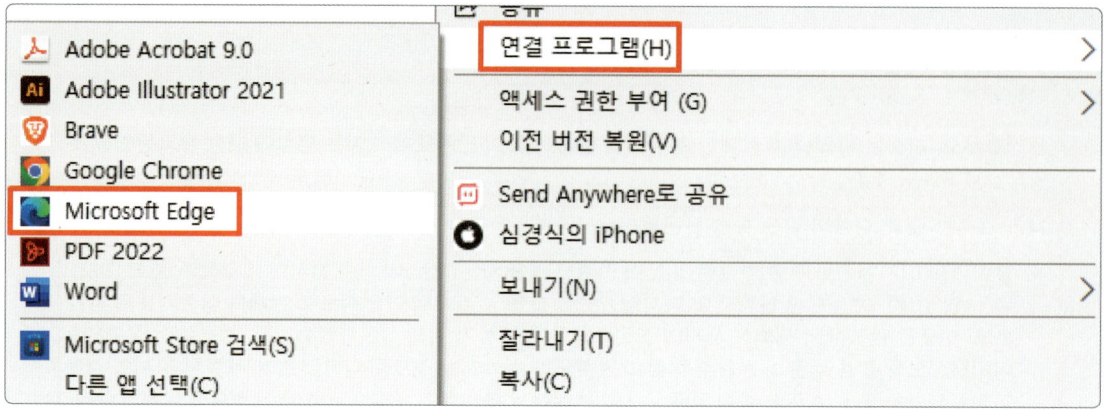

❼ [Microsoft Edge] 브라우저에서 실행한 PDF파일 페이지에서 오른쪽 상단 ① [코파일럿] 아이콘을 클릭하면 화면이 나오는데 중간에 있는 현재 페이지에 대한 채팅 ② [문서 요약 생성]을 클릭합니다.

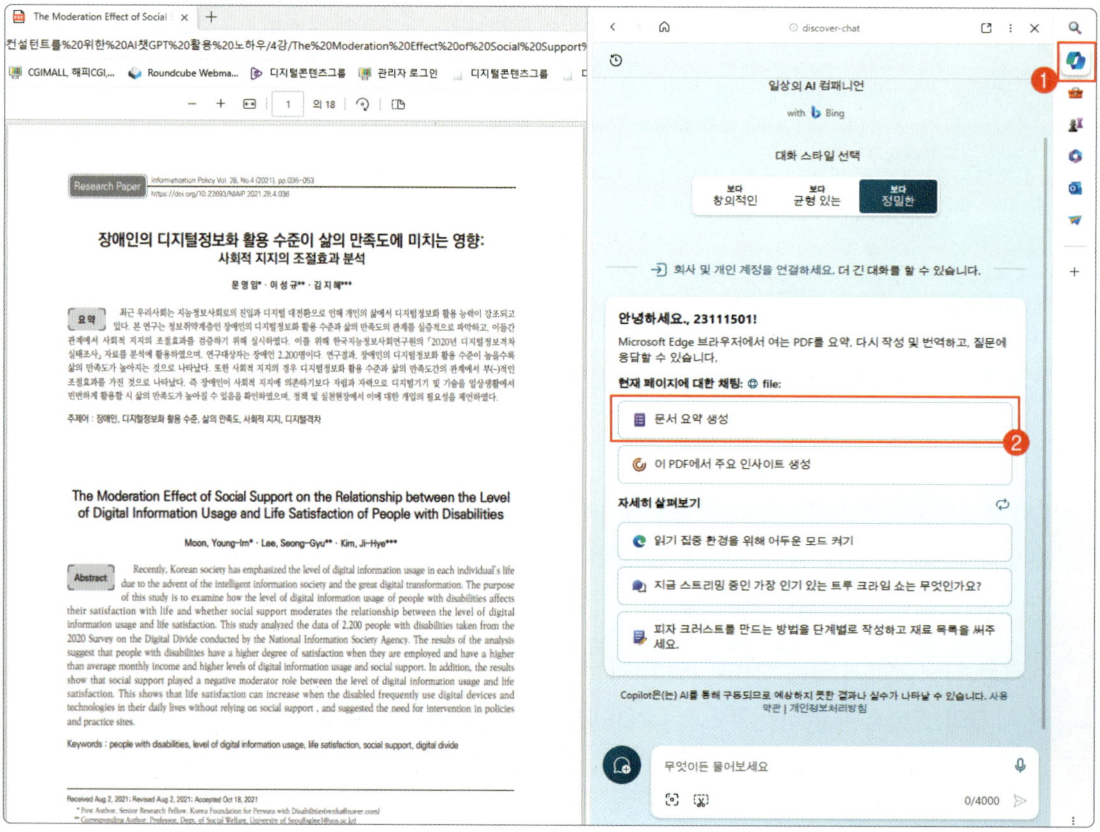

❽ [문서 요약 생성] 클릭 후 실행한 결과 해당 변수에 대하여 ① [독립변수], [종속변수] [매개변수]에 대한 요약내용을 확인 할 수 있고 [분석결과]도 쉽게 요약 할 수 있습니다. 요약된 결과 내용을 아래에 아이콘을 통해서 ② [복사], [내보내기 – Word/PDF/텍스트] [소리내어 읽기] 기능으로 활용할 수 있습니다.

문서 요약 생성

✓ 페이지에서 정보를 검색하는 중

이 문서는 장애인의 디지털정보화 활용 수준이 삶의 만족도에 어떤 영향을 미치는지, 그리고 사회적 지지가 이 관계에 어떤 조절효과를 가지는지를 분석한 연구이다. 요약하면 다음과 같다.

- **디지털정보화 활용 수준**: 장애인의 디지털정보화 활용 수준은 인터넷 서비스의 이용 다양성 및 심화 활용 정도를 측정한 지수로, 검색, 이메일, 콘텐츠, 사회관계, 생활서비스, 정보생산, 네트워킹, 사회참여, 경제활동 등 7개의 카테고리와 25개의 문항으로 구성된다.

- **삶의 만족도**: 장애인의 삶의 만족도는 자신의 삶의 상황에 대한 만족감, 안녕감, 행복감 등의 주관적 평가로, 삶의 여건, 사회활동, 대인관계, 가족관계, 내가 하는 일, 신체 및 정신 건강, 정치 및 정부 활동 등 8개의 문항으로 구성된다.

- **사회적 지지**: 장애인의 사회적 지지는 자신이 필요로 할 때 타인, 집단 혹은 지역사회와의 사회적 유대를 통해 도움을 제공받는 정도로, 정서적, 물질적 도움, 타인과의 빈번한 접촉, 그리고 이러한 지지에 대한 인지된 적절성을 측정하는 문항으로 구성된다.

- **분석 결과**: 장애인의 디지털정보화 활용 수준이 높을수록 삶의 만족도가 높아지는 것으로 나타났다. 또한 사회적 지지의 경우 디지털정보화 활용 수준과 삶의 만족도간의 관계에서 부(-)적인 조절효과를 가진 것으로 나타났다. 즉 장애인이 사회적 지지에 의존하기보다 자립과 자력으로 디지털기기 및 기술을 일상생활에서 빈번하게 활용할 시 삶의 만족도가 높아질 수 있음을 확인하였다.

1/10

❾ 또한 논문 작성시 꼭 필요한 시사점을 위한 [인사이트 생성] 검색을 통해서 독립변수와 종속변수와의 관계, 매개변수와 독립변수, 종속변수 간의 관계 마지막으로 논문에 대한 정책적 시사점까지 추가로 요약해서 볼 수 있습니다.

> **이 PDF에서 주요 인사이트 생성**

✓ 페이지에서 정보를 검색하는 중

이 PDF는 장애인의 디지털정보화 활용 수준이 삶의 만족도에 미치는 영향에 대한 연구 논문이다. 주요 인사이트는 다음과 같다.

- **디지털정보화 활용 수준과 삶의 만족도의 관계**: 장애인의 디지털정보화 활용 수준이 높을수록 삶의 만족도가 높아지는 것으로 나타났다. 이는 디지털기기와 기술을 일상생활에서 빈번하게 활용할 시 삶의 질을 향상시킬 수 있음을 의미한다.

- **사회적 지지의 조절효과**: 사회적 지지의 경우 디지털정보화 활용 수준과 삶의 만족도간의 관계에서 부(-)적인 조절효과를 가진 것으로 나타났다. 즉 장애인이 사회적 지지에 의존하기보다 자립과 자력으로 디지털기기 및 기술을 활용할 시 삶의 만족도가 높아질 수 있음을 확인하였다.

- **정책적 시사점**: 장애인의 디지털격차 해소를 위해서는 단순히 디지털기기의 보급과 접근성을 높이는 것이 아니라, 장애인의 디지털정보화 활용 능력을 실질적으로 향상시킬 수 있는 교육과 지원이 필요하다. 또한 사회적 지지체계의 역할을 재검토하고, 장애인의 자립과 자기결정을 존중하고 지원하는 방향으로 개선할 필요가 있다.

2 / 10

❿ 마지막으로 추가 이론적 배경을 위해서 해당 파일을 기준으로 유사 참고문헌 검색을 할 수가 있습니다. 검색 결과에 나온 참고문헌 리스트 및 요약된 내용을 참고하여 앞으로 작성할 논문을 보다 전문적이며 나아갈 방향에 대해서 구체적으로 작성하는데 [코파일럿]이 도움을 줄 수 있을 것입니다.

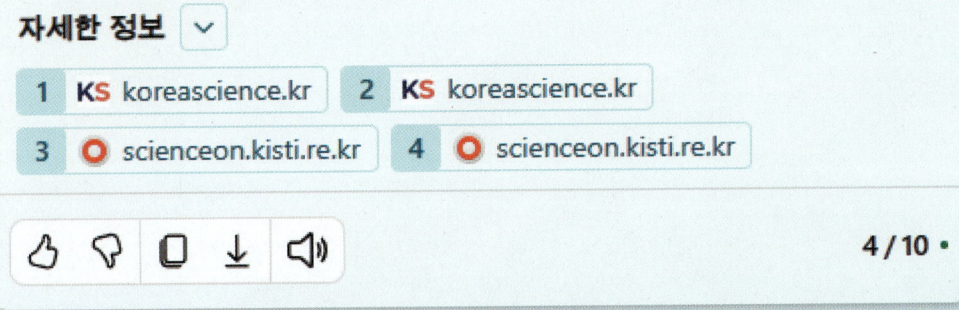

5강

구글 바드를 활용한 논문 작성하기

구글 바드를 활용한 국내 및 해외 선행논문 찾기

5강 구글 바드를 활용한 논문 작성하기

구글 바드(Bard)

1 개요와 특징

바드(Bard)는 구글 AI에서 개발한 대화형 인공지능(AI)입니다. 2023년 3월 21일 초기 베타 버전으로 출시되었으며, 현재 안정화 베타 버전으로 제공되고 있습니다.

구글 바드는 다음과 같은 특징을 가지고 있습니다.

▶ **대규모 언어 모델(LLM)을 기반으로 합니다.**
LLM은 방대한 양의 텍스트와 코드 데이터 세트에 대해 교육받은 인공지능 모델입니다. 이에 따라 구글 바드는 텍스트를 생성하고, 언어를 번역하고, 다양한 종류의 창의적인 콘텐츠를 작성하고, 질문에 유익한 방식으로 답변할 수 있습니다.

▶ **구글 검색을 기반으로 합니다.**
구글 바드는 구글 검색을 통해 실제 세계의 정보에 접근하고 처리할 수 있습니다. 이에 따라 구글 바드는 최신 정보에 대한 정확한 정보를 제공할 수 있습니다.

2 장점

❶ **정확성:** 구글 검색을 기반으로 하기 때문에 실제 세계의 정보에 대한 정확한 정보를 제공할 수 있습니다.

❷ **다양성:** 다양한 기능을 제공하기 때문에 다양한 용도로 활용할 수 있습니다.

❸ **속도:** 빠른 속도로 답변을 제공합니다.

3 단점

❶ **복잡성:** 때때로 답변이 복잡하고 이해하기 어려울 수 있습니다.

❷ **독창성:** 창의적인 콘텐츠의 독창성이 떨어질 수 있습니다.

4 주요 기능

① 텍스트 생성

뉴스 기사, 시, 코드, 대본, 음악 작품, 이메일, 편지 등 다양한 종류의 텍스트를 생성할 수 있습니다.

② 언어 번역

100개 이상의 언어를 번역할 수 있습니다.

③ 질문 답변

질문에 대한 유익한 방식으로 답변할 수 있습니다.

④ 창의적인 콘텐츠 작성

시, 코드, 대본, 음악 작품, 이메일, 편지 등 다양한 종류의 창의적인 콘텐츠를 작성할 수 있습니다.

> 실제 활용 방법

1 구글 바드 활용한 논문 작성 예시

❶ 구글 바드 사이트 [https://bard.google.com/chat]접속 후 [로그인]을 클릭 합니다.

❷ 신규 회원가입은 [계정 만들기]를 클릭 후 신규계정 가입 합니다. 그리고 기존에 가입되어 있는 회원은 로그인 후 접속 합니다

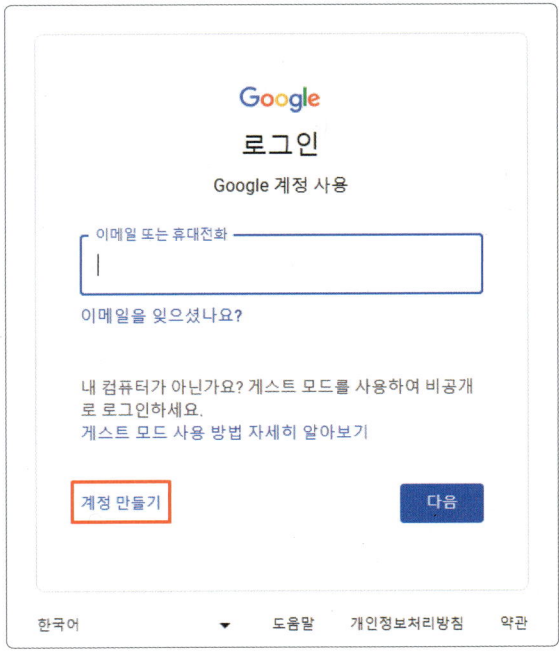

❸ 신규 계정가입 또는 로그인 과정이 끝나면, 아래와 같이 구글 바드 초기화면으로 이동합니다. 프롬프트 입력하는 대화창에는 **[텍스트]**, **[이미지]**, **[음성 마이크]** 입력 후 묻고 답하기를 시작할 수 있습니다.

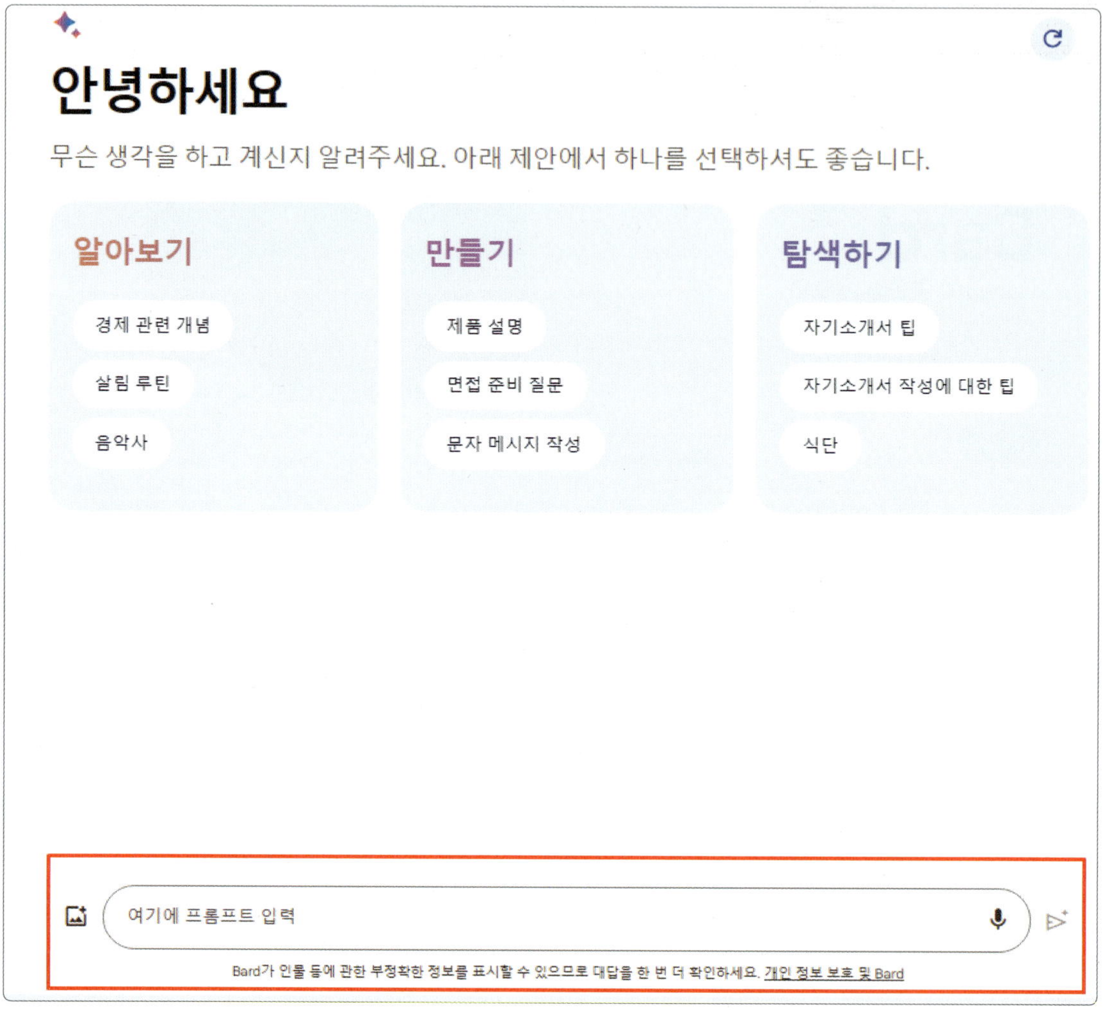

안녕하세요
무슨 생각을 하고 계신지 알려주세요. 아래 제안에서 하나를 선택하셔도 좋습니다.
알아보기
경제 관련 개념
살림 루틴
음악사
만들기
제품 설명
면접 준비 질문
문자 메시지 작성
탐색하기
자기소개서 팁
자기소개서 작성에 대한 팁
식단
여기에 프롬프트 입력
Bard가 인물 등에 관한 부정확한 정보를 표시할 수 있으므로 대답을 한 번 더 확인하세요. 개인 정보 보호 및 Bard

❹ 먼저 논문 주제가 정해지면 해당 주제 목차에 대하여 **[프롬프트]** 를 통해서 입력을 합니다. 예시 주제로 **[고령층의 디지털 활용이 일상생활 만족도에 미치는 영향에 대하여 논문 목차 만들어줘!]**를 입력합니다.

고령층의 디지털 활용이 일상생활 만족도에 미치는 영향에 대하여 논문 목차를 만들어줘!
Bard가 인물 등에 관한 부정확한 정보를 표시할 수 있으므로 대답을 한 번 더 확인하세요. 개인 정보 보호 및 Bard

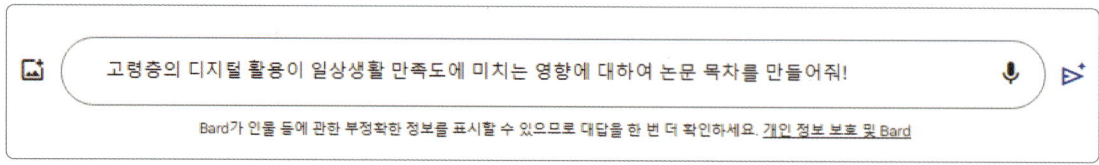

❺ [프롬프트]를 통해서 입력한 텍스트 기반의 답변 내용을 확인할 수 있습니다.
추가로 다른 답변을 보기 위해서는 오른쪽 상단에 [다른 답안 보기]를 클릭하면 해당 주제에 다른 목차를 확인 할수 있습니다. 그리고 [스피커] 아이콘 클릭 시 음성으로 들을 수 있습니다.

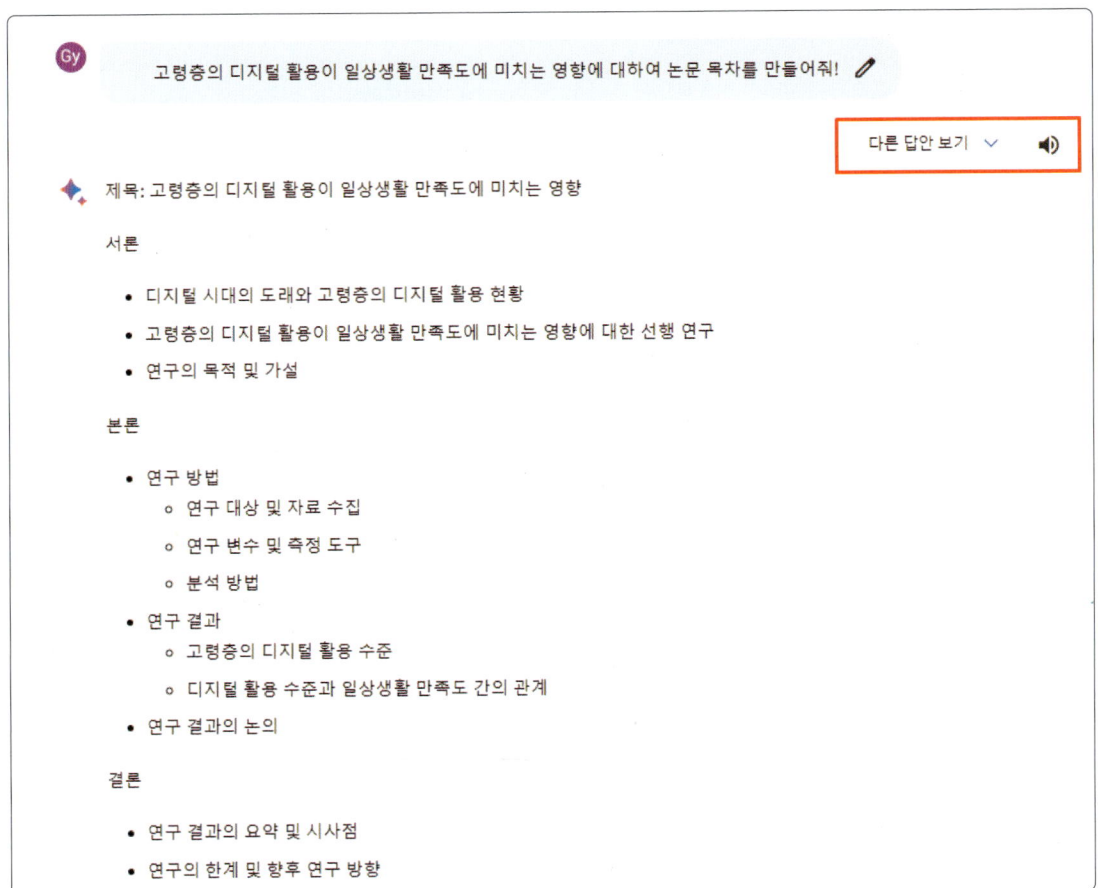

2 영문 프롬프트를 활용한 논문작성 예시

구글 바드는 구글 검색 데이터를 기반으로 해외에서 많이 사용하는 방식이라 한국어 보다는 영문으로 프롬프트를 작성시 보다 구체적이고 전문적인 답변을 받을 수 있습니다.
이에 영문으로 프롬프트 작성하여 논문 작성하는 방법에 대해서 아래와 같이 설명드립니다.

❶ 번역 전문 DeepL 사이트 [https://www.deepl.com/translator] 접속 후 한국어 논문 주제를 영어로 번역합니다.

5강 구글 바드를 활용한 논문 작성하기

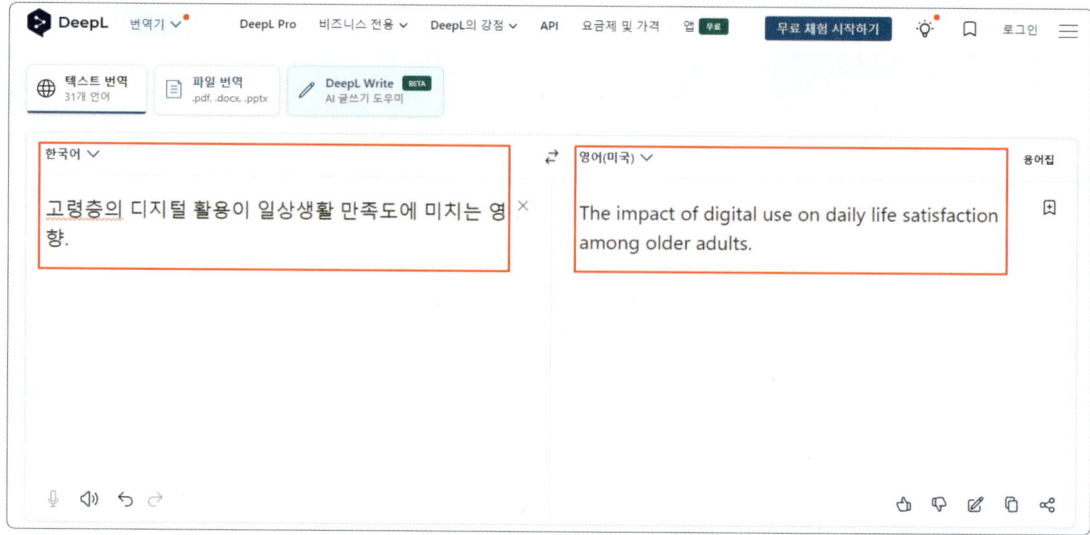

❷ 번역된 논문 주제를 구글 바드 [**프롬프트**]에 아래와 같이 영문 프롬프트에 넣습니다.
이때 주제는 영문 프롬프트 [insert topic sentence]에 넣어서 문장을 완성 시킵니다.

[목차 – 영문 프롬프트]

"Develop an outline for a journal article that delves into [insert topic sentence]. Outline the key sections, methodology, theoretical framework, empirical evidence, and conclusions to be included in the article."

[서론 – 영문 프롬프트]

"Develop an introduction that grabs the readers' attention and provides an overview of the scholarly work focused on [insert topic sentence]. Present the research context, outline the key themes, and state the research objectives."

[이론적 배경 – 영문 프롬프트]

Identify the key researchers and scholars who have contributed significantly to the field of [insert topic sentence], citing their influential works.

❸ 목차 관련 영문 [**프롬프트**]를 적용한 구글 바드 답변을 아래와 같습니다. 한국어 보다 영문이 더 구체적이고 자세하게 나와 있는 것을 확인할 수 있습니다.

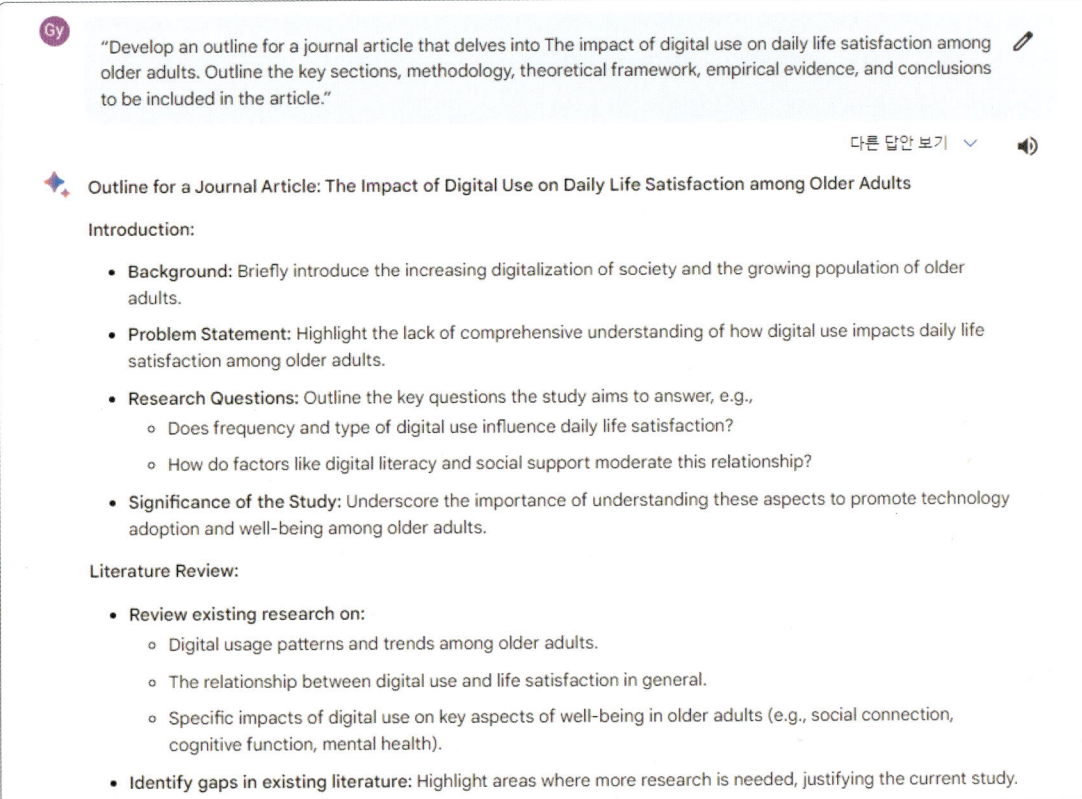

❹ 답변받은 영문 목차를 번역 전문 DeepL 사이트 [https://www.deepl.com/translator] 접속 후 한국어로 다시 번역합니다. 이때 한국어 번역이 완벽하지 않을 수 있으니 논문 작성시 참고할 수 있도록 합니다.

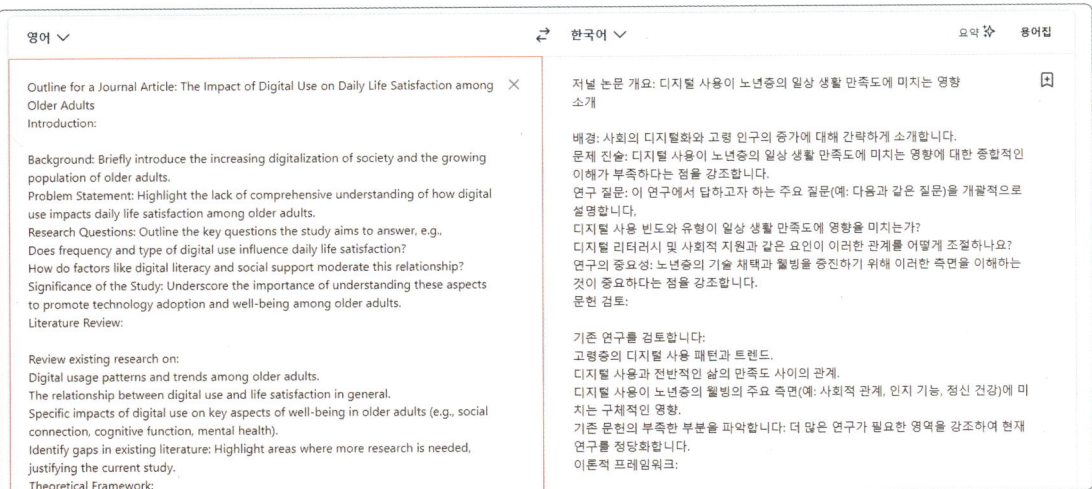

구글 바드를 활용한 국내 및 해외 선행논문 찾기

기존에 논문을 검색하는 방법 중에 구글 학술검색을 이용할 수 있습니다.

구글 학술검색은 구글에서 제공하는 학술논문 검색 서비스입니다. 구글 검색창에서 "구글 학술검색"을 입력하거나, [https://scholar.google.com]를 입력하여 접속할 수 있습니다.

▶ **검색어 입력**

검색창에 연구 주제와 관련된 검색어를 입력하면, 해당 검색어와 관련된 논문들이 검색됩니다. 예를 들어, "인공지능"이라는 검색어를 입력하면, 인공지능에 대한 논문들이 검색됩니다.

▶ **필터링**

검색 결과에서 원하는 논문들을 빠르게 찾기 위해, 다양한 필터를 사용할 수 있습니다. 필터링을 사용하려면, 검색 결과 페이지에서 "필터" 버튼을 클릭합니다.

필터링을 통해 논문의 제목, 저자, 출판 연도, 출판사, 학술지, 키워드 등을 기준으로 검색 결과를 필터링할 수 있습니다. 예를 들어, "2023년 이후에 출판된 논문"만 검색하려면, "출판 연도"필터에서 "2023-현재"를 선택할 수 있습니다.

최근에는 구글 바드를 통해서 편리하고 쉽게 아래와 같은 방법으로 선행논문을 찾아볼 수 있습니다.

❶ 논문 주제가 정해지면 해당 주제와 함께 국내 및 해외 선행논문 찾는 [**프롬프트**]를 입력합니다. 예시로 [**고령층의 디지털 활용이 일상생활 만족도에 미치는 영향에 대한 국내 및 해외 논문 찾아줘!**]에 대하여 텍스트 입력합니다.

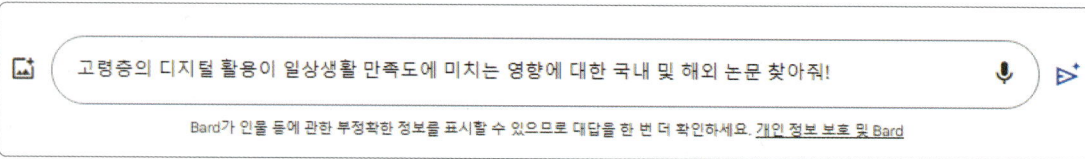

❷ 선행논문 찾는 [**프롬프트**] 입력 후 답변받은 내용은 아래와 같이 [**국내논문**]과 [**해외논문**]으로 나눠서 논문명, 저자, 발행지, 발행년도 그리고 논문 요약으로 답변합니다.

 고령층의 디지털 활용이 일상생활 만족도에 미치는 영향에 대한 국내 및 해외 논문 찾아줘!

다른 답안 보기

국내 논문

- 논문명: 노인의 디지털기기 활용이 삶의 만족도에 미치는 영향
- 저자: 김건기, 최유석
- 발행지: 한국정보과학회논문지
- 발행년도: 2022년

이 논문은 국내 60세 이상 노인 500명을 대상으로 디지털기기 활용이 삶의 만족도에 미치는 영향을 연구하였다. 연구 결과, 디지털기기 활용이 삶의 만족도에 긍정적인 영향을 미치는 것으로 나타났다. 특히, 디지털기기 이용성과, 디지털 이용태도가 높을 경우, 삶의 만족도가 높게 나타났다. 또한, 디지털 이용능력이 낮을 경우에도 삶의 만족도가 높게 나타났는데, 이는 디지털기기를 통해 새로운 정보를 습득하고, 사회적 관계를 형성하는 데 도움을 받기 때문으로 해석된다.

- 논문명: 디지털 정보활용능력이 노인의 삶의 만족도에 미치는 영향에 관한 연구
- 저자: 김민정, 박정희, 김영훈
- 발행지: 한국노인학회지
- 발행년도: 2021년

이 논문은 국내 60세 이상 노인 500명을 대상으로 디지털 정보활용능력이 삶의 만족도에 미치는 영향을 연구하였다. 연구 결과, 디지털 정보활용능력이 삶의 만족도에 긍정적인 영향을 미치는 것으로 나타났다. 특히, 디지털 정보활용능력이 높을 경우, 삶의 만족도가 높게 나타났는데, 이는 디지털기기를 통해 정보에 접근하고, 새로운 것을 배움으로써 삶의 질을 향상시킬 수 있기 때문으로 해석된다.

해외 논문

- 논문명: The Impact of Digital Technology Use on Older Adults' Quality of Life: A Systematic Review
- 저자: Zhang, M., Wang, F., Wang, X., & Li, Y.
- 발행지: Journal of Aging and Social Policy
- 발행년도: 2022년

이 논문은 해외 연구를 대상으로 디지털 기술 사용이 노인의 삶의 질에 미치는 영향을 체계적으로 검토하였다. 연구 결과, 디지털 기술 사용이 노인의 삶의 질을 향상시키는 것으로 나타났다. 특히, 디지털 기술 사용은 노인의 사회적 관계, 여가활동, 건강, 정신건강 등에 긍정적인 영향을 미치는 것으로 나타났다.

- 논문명: The Impact of Digital Technology Use on the Quality of Life of Older Adults: A Systematic Review
- 저자: Cotten, S. R., Anderson, W. A., & Chen, H.
- 발행지: Journal of the American Geriatrics Society
- 발행년도: 2015년

이 논문도 해외 연구를 대상으로 디지털 기술 사용이 노인의 삶의 질에 미치는 영향을 체계적으로 검토하였다. 연구 결과, 디지털 기술 사용이 노인의 삶의 질을 향상시키는 것으로 나타났다. 특히, 디지털 기술 사용은 노인의 인지기능, 사회적 관계, 여가활동 등에 긍정적인 영향을 미치는 것으로 나타났다.

5강 구글 바드를 활용한 선행논문 찾기

❸ 기존 질문했던 [프롬프트]에서 구체적인 변수 및 연도를 추가 입력하면 접근성이 더 높게 나옵니다. 예시로 [독립변수 디지털활용, 종속변수 일상생활만족도를 만족하는 최근 2년안에 선행논문을 찾아줘!]에 대하여 텍스트 입력합니다.

  독립변수 디지털활용, 종속변수 일상생활만족도를 만족하는 최근 2년안에 선행논문을 찾아줘!

다른 답안 보기 ⌄

논문 제목: 디지털 활용이 노인의 일상생활 만족도에 미치는 영향: 65세 이상 노인을 대상으로 한 탐색적 연구

저자: 김건기, 한림대학교 대학원 석사학위 논문

발행년도: 2022년

요약:

본 연구는 65세 이상 노인을 대상으로 디지털 활용이 일상생활 만족도에 미치는 영향을 탐색적으로 연구하였다. 연구 결과, 디지털 활용이 일상생활 만족도에 긍정적인 영향을 미치는 것으로 나타났다. 특히, 디지털 활용성과 이용태도가 높을수록 일상생활 만족도가 높았으며, 디지털기기 이용능력이 낮을수록 일상생활 만족도가 높았다.

주요 연구 결과:

- 디지털 활용성과 이용태도가 높을수록 일상생활 만족도가 높았다.
- 디지털기기 이용능력이 낮을수록 일상생활 만족도가 높았다.

연구의 시사점:

본 연구는 디지털 활용이 노인의 일상생활 만족도에 긍정적인 영향을 미칠 수 있음을 시사한다. 따라서 노인들의 디지털 활용을 촉진하기 위한 정책적 지원과 교육이 필요할 것으로 보인다. 또한, 노인들의 디지털 기술 사용 능력을 향상시키기 위한 노력도 필요하다.

연구의 한계:

본 연구는 65세 이상 노인을 대상으로 한 탐색적 연구로, 표본 수가 적다는 한계가 있다. 또한, 디지털 활용의 종류와 수준을 구체적으로 측정하지 못했다는 한계도 있다.

여기에 프롬프트 입력

Bard가 인물 등에 관한 부정확한 정보를 표시할 수 있으므로 대답을 한 번 더 확인하세요. 개인 정보 보호 및 Bard

6강

크롬 웹 스토어를 활용한 자료 수집 노하우

6강 크롬 웹 스토어를 활용한 자료 수집 노하우

6강 크롬 웹 스토어를 활용한 자료 수집 노하우

1 **AdBlock** 유튜브 광고 차단 확장 프로그램 설치하여 광고 없이 유튜브 시청하기

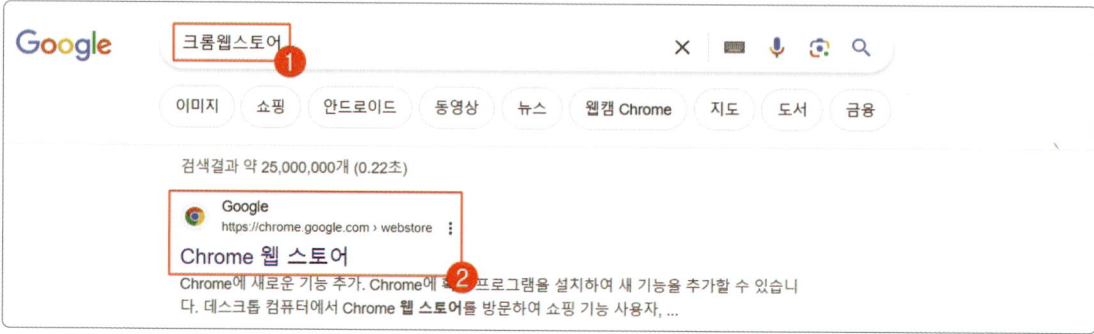

크롬 웹브라우저의 구글 웹사이트에서 ① [크롬 웹 스토어]를 검색 후 검색 결과 화면에서 ② [Chrome 웹 스토어]를 클릭합니다.

① [확장 프로그램] 탭(Tab) 선택 후 ② 검색창에서 [adblock]을 입력 후 키보드 엔터키를 누르면 애드블록 확장 프로그램들이 검색됩니다. ③ 그중 손바닥 그림이 있는 [AdBlock]을 클릭합니다.

[Chrome에 추가] 버튼을 클릭합니다.

확장 프로그램 추가 여부를 확인하는 팝업이 열리면 [확장 프로그램 추가] 버튼을 클릭합니다.

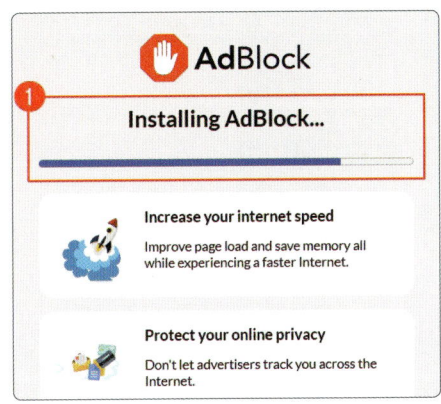
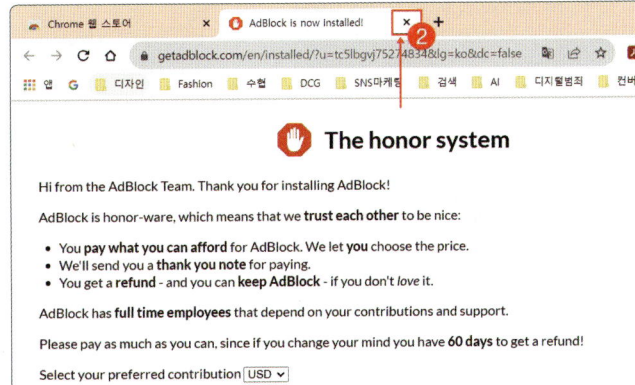

① [AdBlock 설치] 과정이 끝나면 애드블록에 기부 요청하는 웹 페이지가 열립니다.
② 새로 열린 installed! 탭의 [x]를 눌러 닫아주고 계속 진행합니다.

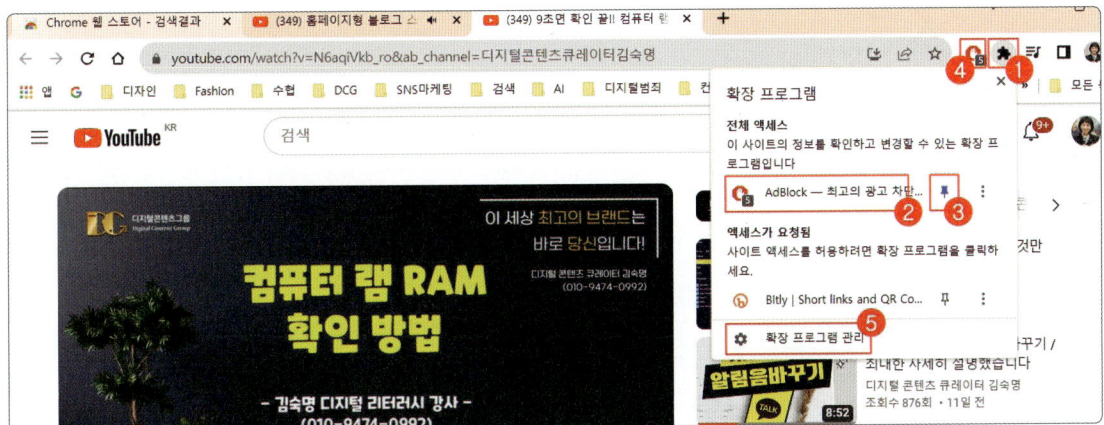

① 퍼즐 모양의 [확장 프로그램] 버튼을 클릭하면 ② [AdBlock]이 크롬에 설치된 것을 확인할 수 있습니다. 애드블록이 설치되면 자동으로 유튜브 웹사이트에서 광고 없이 시청 가능합니다.
③ 확장 프로그램을 바깥쪽에 고정하고 싶다면 [핀] 모양을 클릭하여 활성화합니다.
④ 상단에 애드블록 아이콘이 [고정] 되어 계속 보이게 되고 광고의 개수도 확인할 수 있습니다.
⑤ [확장 프로그램 관리]를 클릭하여 확장 프로그램을 관리할 수 있습니다.

2 유튜브 웹사이트에서 동영상 검색하여 동영상 및 오디오 파일 다운받기

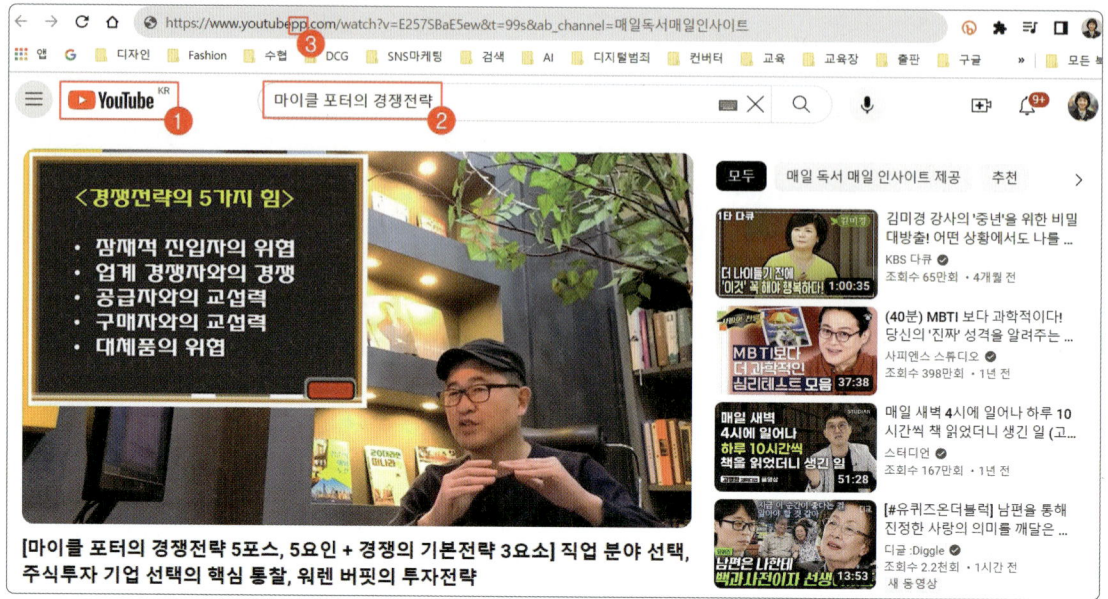

① [유튜브] 웹사이트에서 ② 다운받을 [동영상 검색] 후 영상을 재생합니다. ③ 동영상이 재생되는 동안 URL 주소창의 youtube 단어 뒤에 [pp] 입력 후 키보드의 엔터키를 누릅니다.

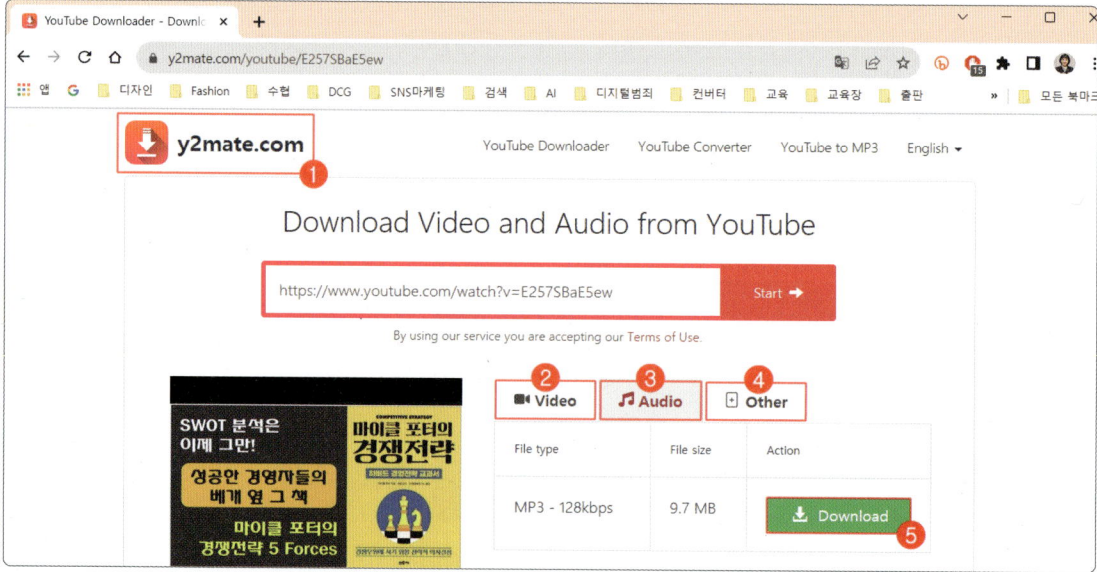

① [y2mate]는 Youtube 등 온라인 비디오 스트리밍 플랫폼에서 온라인 비디오를 다운로드할 수 있는 무료 온라인 다운로더 웹사이트입니다. MP4, MP3, WEBM 등 다양한 파일 형식을 지원합니다.

② [Video] ③ [Audio] ④ [다른] 형식 등으로 다운로드 할 수 있습니다.

③ [Audio] 탭 선택 후 ⑤ [Download]를 클릭합니다.

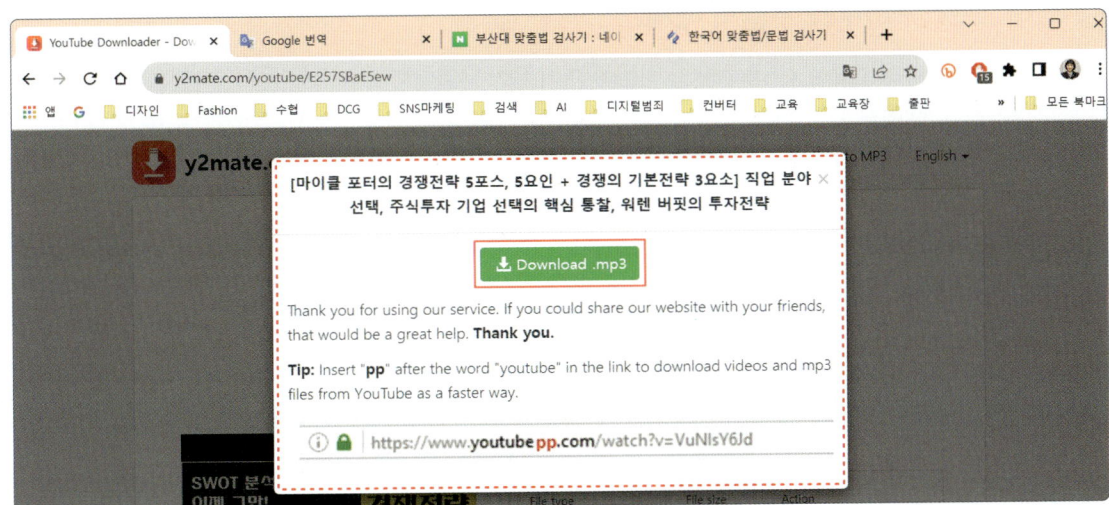

다운로드 팝업창의 [Download.mp3]를 클릭합니다.

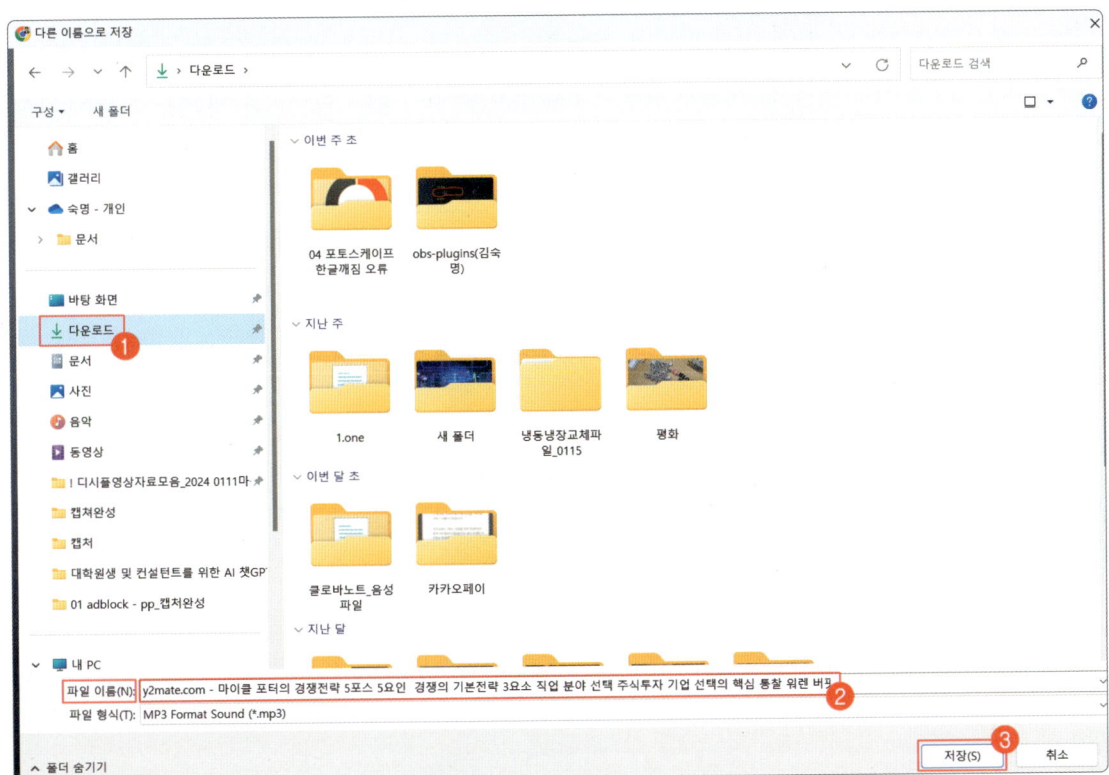

① 크롬 설정에서 지정된 위치의 [다운로드]에 저장됩니다. 다운로드할 위치를 사용자가 임의로 변경하여 저장할 수 있습니다. ② [파일이름] 입력 후 ③ [저장]을 클릭하면 지정된 위치에 저장됩니다. 다운로드한 오디오 파일은 7강 [클로바 노트]를 사용하여 텍스트로 바로 변환할 수 있습니다. 이는 PC뿐 아니라 스마트폰에서도 동일하게 적용됩니다.

3 드래그프리 - 마우스 우클릭 해제

'드래그프리'는 JavaScript 및 CSS 기술을 이용하여 마우스 우클릭과 드래그를 금지한 웹사이트에서 해당 기능을 가능하게 해주는 크롬 확장 프로그램입니다. 마우스 우클릭 기능을 사용하여 웹사이트에서 다양한 기능을 사용하거나, 텍스트나 이미지를 드래그하여 원하는 위치로 이동, 복사, 저장하는 기능을 사용할 수 있습니다. 드래그프리 사용 시 저작권법 및 웹사이트 서비스 약관에 주의를 해서 사용하시기를 바랍니다.

Adblok 확장 프로그램 설치와 동일하게 [Chrome 웹 스토어]의 상단 검색창에 [드래그프리] 입력 후 키보드의 엔터키를 누릅니다. 검색 결과 항목 중 [드래그프리(마우스 드래그 & 마우스 우클릭 해제 & 글자 수 세기)] 확장 프로그램을 클릭합니다.

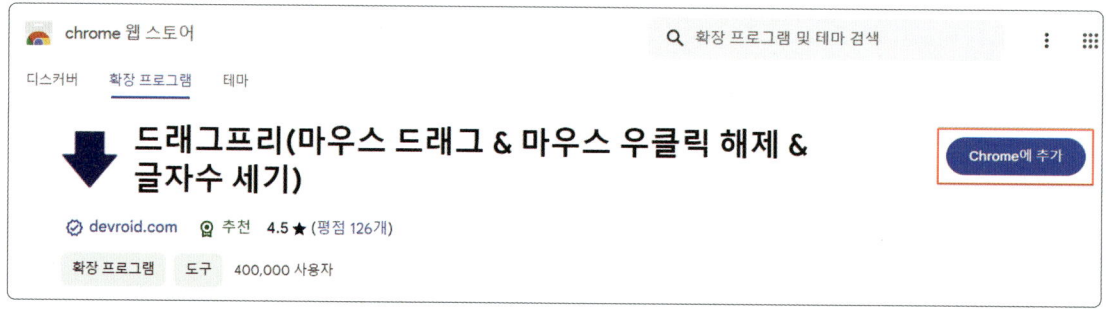

[Chrome에 추가] 버튼을 클릭합니다.

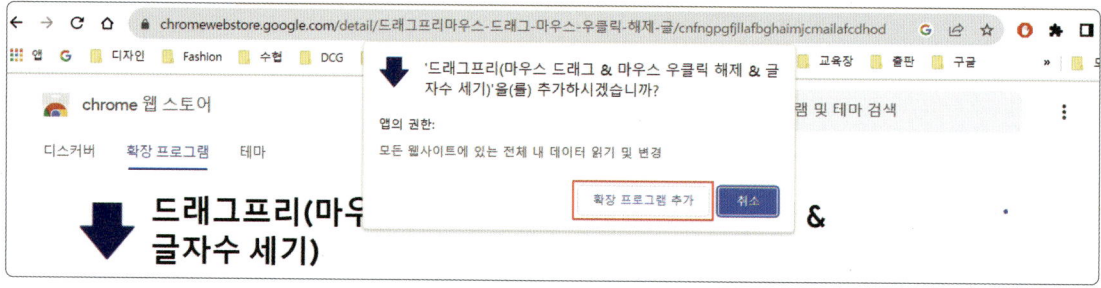

[확장 프로그램 추가]를 클릭하면 드래그프리가 Chrome에 추가되었다는 팝업창이 잠깐 보이고 사라집니다.

① 퍼즐 모양의 [확장 프로그램] 버튼을 클릭하면 ② [드래그프리]가 크롬에 설치된 것을 확인할 수 있습니다. ③ [핀] 모양을 클릭하여 활성화하면 ④ 상단 주소창 옆에 [고정]이 됩니다.

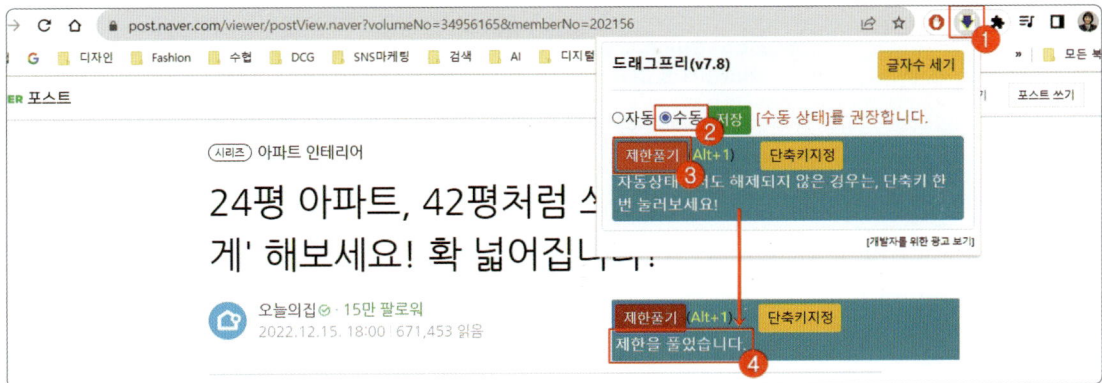

① 마우스 우클릭 제한 해제할 웹사이트를 열고 상단 [드래그프리] 아이콘을 클릭하면
② [자동/수동]을 선택할 수 있습니다. 자동을 선택하면 오류가 발생하는 경우가 있으므로 [수동]을 선택합니다. ③ [제한 풀기]를 클릭하면 ④ 마우스 우클릭 [제한이 해제] 됩니다. 제한 풀기가 잘되지 않을 때는 해당 페이지를 새로고침 후 다시 제한 풀기를 시도해 보시기 바랍니다.
기본 단축키는 [Alt+1]입니다. 자주 사용하시는 분은 드래그프리 확장 프로그램 설치 후 [드래그프리 아이콘을 누르지 않고 단축키만 사용] 해도 마우스 우클릭 제한이 해제됩니다.

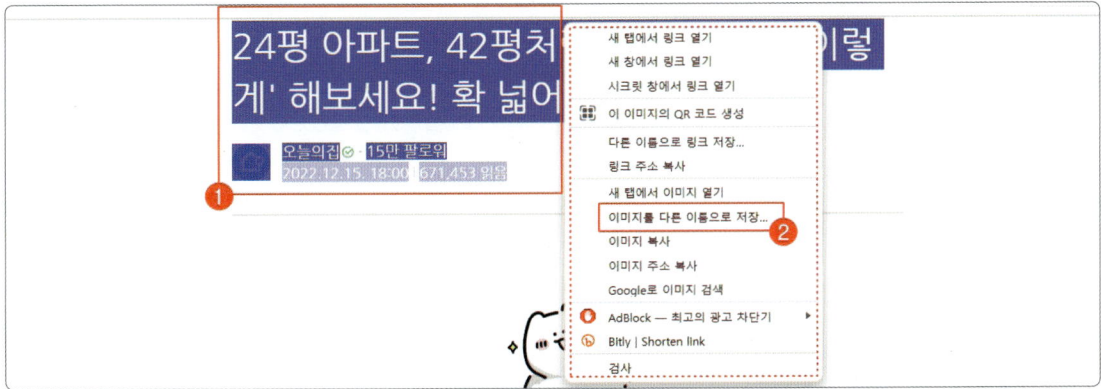

① 마우스 우클릭 제한이 해제되어 마우스를 드래그하면 [텍스트가 선택]되는 것을 확인할 수 있습니다.
② 마우스 우클릭을 하면 [컨텍스트 메뉴(Context Menu)]가 나타납니다. [이미지를 다른 이름으로 저장] 등 각각의 항목을 작업 용도에 따라 사용해 보시기 바랍니다.

4 YouTube Summary with ChatGPT

'YouTube Summary with ChatGPT'는 YouTube 동영상, 웹 기사 및 PDF를 빠르게 요약할 수 있는 무료 Chrome 확장 프로그램입니다. 이 기능은 ChatGPT(OpenAI) 및 Claude(Anthropic)를 통해 구동됩니다.

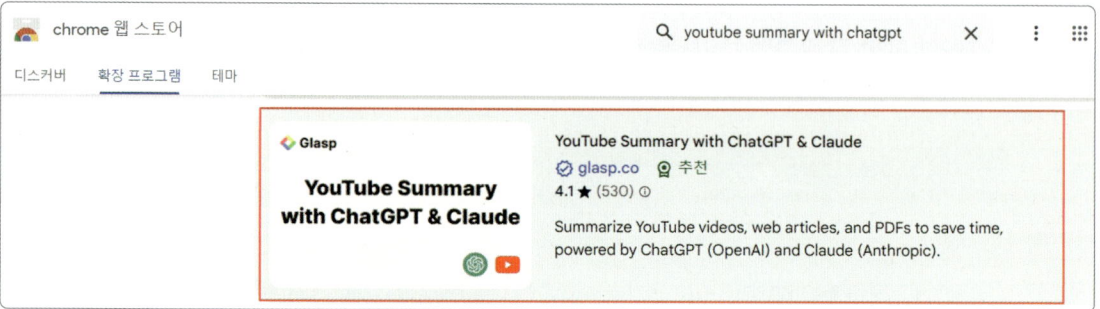

[Chrome 웹 스토어]의 상단 검색창에 [youtube summary with chatgpt] 입력 후 키보드의 엔터키를 누릅니다. 검색 결과 항목 중 [YouTube Summary with ChatGPT & Claude] 확장 프로그램을 클릭합니다.

[Chrome에 추가] 버튼을 클릭합니다.

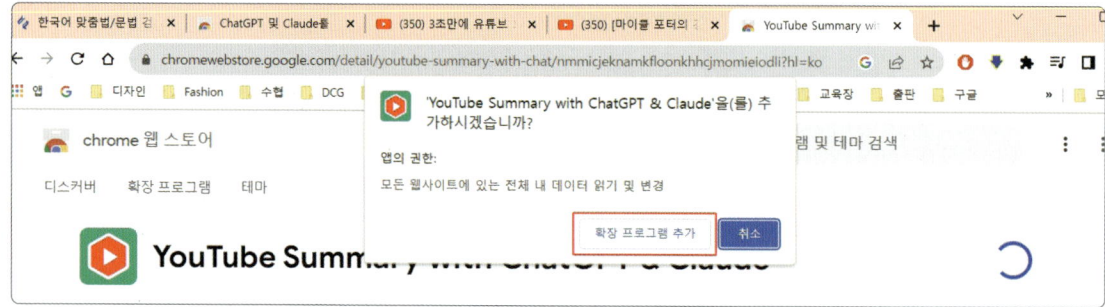

[확장 프로그램 추가]를 클릭하면 새 탭으로 Glasp 웹사이트가 열리고 'Successfully Installed'를 알려주는데 이 탭은 닫아도 됩니다.

유튜브 웹사이트에서 summary 할 영상을 재생합니다. ① 퍼즐 모양의 [확장 프로그램] 버튼을 클릭하면
② [YouTube Summary with ChatGPT]가 크롬에 설치된 것을 확인할 수 있습니다.
③ [핀] 모양을 클릭하여 활성화하면 ④ 상단 주소창 옆에 [고정]이 됩니다.

① [Transcript & Summary] 새로운 창이 뜹니다. ② [화살표]를 누르면 ③ 재생 중인 유튜브 영상의 [스크립트 전체 내용]이 보입니다.

④ [챗GPT] 아이콘을 클릭하면 오픈AI 챗GPT 사이트(chat.openai.com)가 새 탭으로 열리면서 해당 유튜브 주요 내용의 [summary]를 해줍니다. 챗GPT 계정에 로그인이 되어 있지 않다면 로그인 혹은 회원가입 진행을 하면 summary를 바로 보여줍니다.

⑤ [Jump to Current Time]을 클릭하면 유튜브 영상이 재생되고 있는 지점의 스크립트로 바로 이동됩니다. ⑥ [Copy Transcript]을 눌러 메모장 등에서 붙여 넣기 한 뒤 유튜브 내용 중에서 필요한 내용을 발췌하여 사용자의 주어진 상황에 따라 적용할 수 있습니다.

5 프롬프트 지니 : ChatGPT 자동번역기

챗GPT는 영어로 학습된 대규모 언어 모델이기 때문에, 한글로 입력하면 성능이 저하됩니다. 프롬프트 지니는 한국어를 영어로 자동 번역하여 챗GPT에 입력해 주기 때문에, 한글로도 챗GPT의 성능을 최대한으로 활용할 수 있습니다. 또한, 프롬프트 지니 크롬 확장프로그램을 사용하면 챗GPT의 응답 속도, 출력 문자 수, 출력 중간 짤림 최소화 및 기억하는 정보의 양이 모두 증가하는 효과가 있습니다.

[Chrome 웹 스토어]의 상단 검색창에 [프롬프트지니] 입력 후 키보드의 엔터키를 누릅니다. 검색 결과 항목 중 [프롬프트 지니: ChatGPT 자동번역기] 확장 프로그램을 클릭합니다.

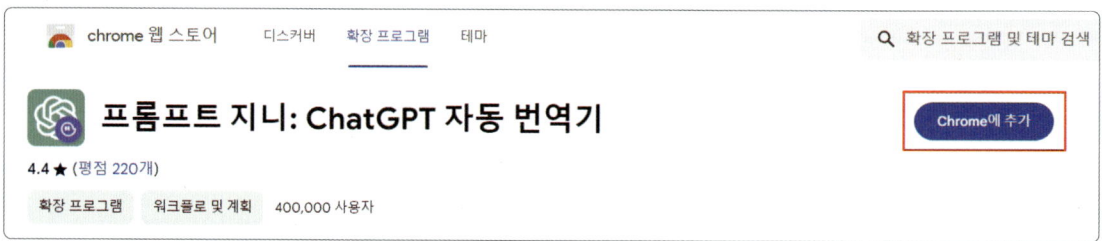

[Chrome에 추가]를 클릭합니다.

[확장 프로그램 추가]를 클릭하면 [프롬프트 지니: ChatGPT 자동 번역기가 Chrome에 추가됨] 팝업이 열렸다 닫힙니다.

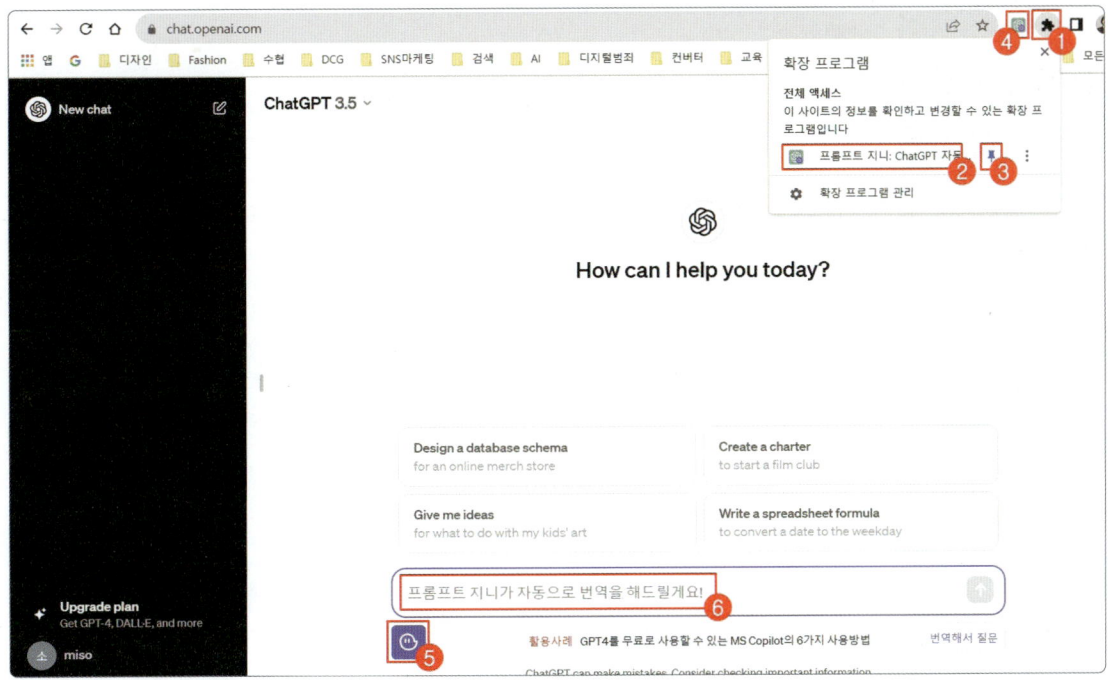

챗GPT에 로그인합니다. ① 퍼즐 모양의 [확장 프로그램] 버튼을 클릭하면 ② [프롬프트 지니]가 크롬에 설치된 것을 확인할 수 있습니다.

③ [핀] 모양을 클릭하여 활성화하면 ④ 상단 주소창 옆에 [고정]이 됩니다.

⑤ [자동 번역]이 활성화되었습니다. 버튼을 눌러 자동 번역을 비활성화할 수도 있습니다.

⑥ 자동 번역이 활성화되면 프롬프트 창에 [프롬프트 지니가 자동으로 번역을 해드릴게요!] 텍스트가 보입니다.

6강 크롬 웹스토어를 활용한 자료 수집 노하우

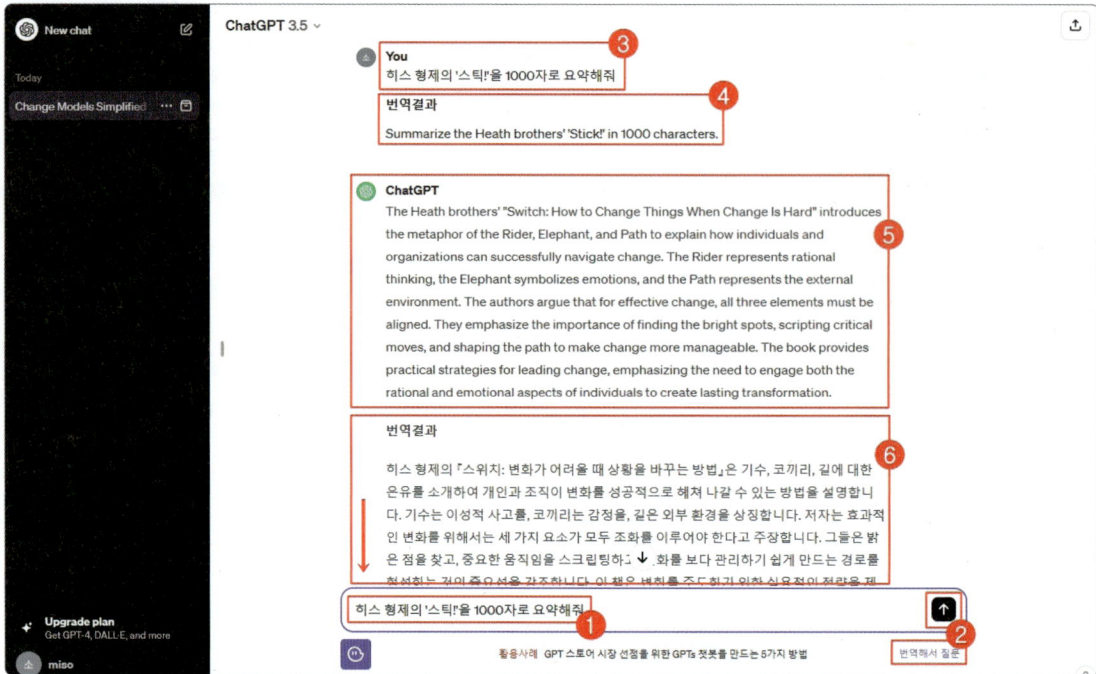

① 프롬프트 창에 [한글]로 '히스 형제의 스틱!'을 1,000자로 요약해 줘'라고 입력 후
② 키보드 엔터키를 누르거나 [전송] 버튼을 클릭합니다. 전송 버튼 아래의 [번역해서 질문]을 클릭해도 됩니다. ③ [한글 질문]을 ④ [영어]로 번역해 줍니다. ⑤ 챗GPT는 [영어]로 답변 후
⑥ 영어 답변을 [한글]로 번역을 해줍니다.

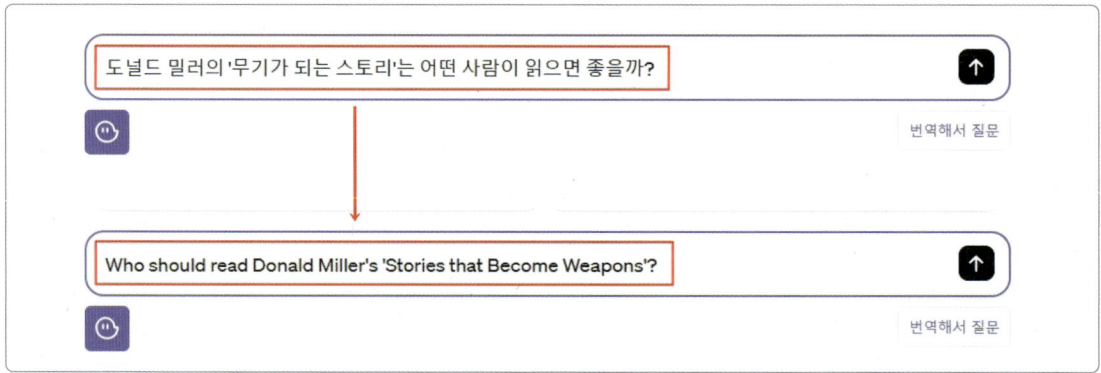

키보드의 [Ctrl+엔터 (혹은 CMD+엔터) 단축키]로 입력창의 한글도 바로 영어로 번역할 수 있습니다.

7강
광고 없이 유튜브 보기

7강 광고 없이 유튜브 보기 　애드블록

애드블록(Adblock)은 개인 브라우저로 배너 광고차단, 동영상 광고차단, 팝업 광고 차단 등 안전하고 빠른 VPN을 자랑합니다.

1 [구글 Play스토어]에서 [애드블록]을 검색하고 설치합니다.
2 [Free Adblock]을 터 치합니다.　**3** [허용]을 터치합니다.

 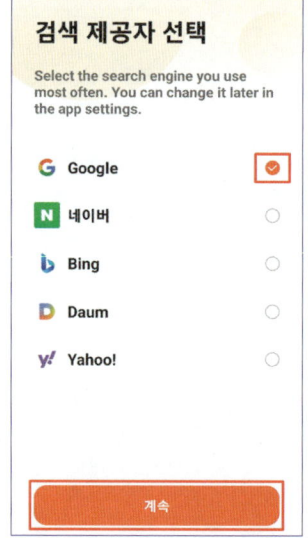 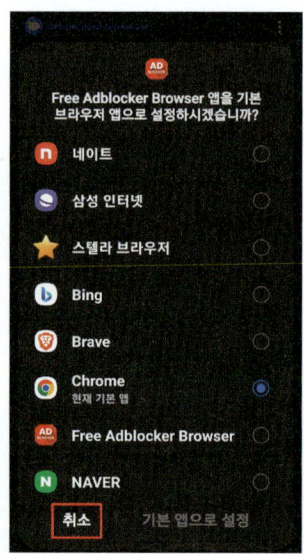

1 [계속]을 터치합니다.　**2** [Google]에 체크하고 [계속]을 터치합니다.　**3** [취소]를 터치합니다.

  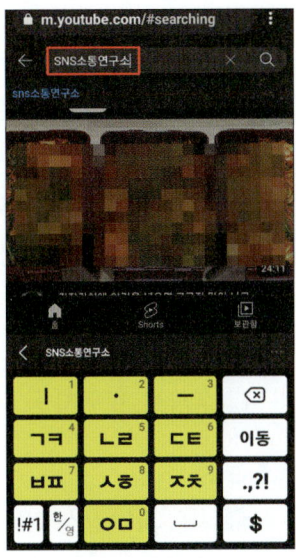

1 [YouTube]를 터치합니다.   2 [돋보기]를 터치합니다.
3 검색창에 [SNS소통연구소] 를 입력합니다.

 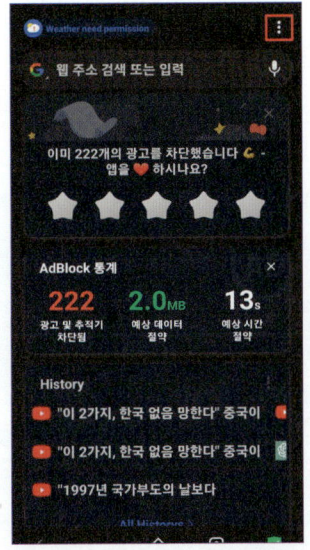 

1 ① [애드블록]의 홈 화면 바로가기이고 여러 가지 통계와 히스토리 등을 볼 수 있습니다.
  ② 사용한 탭을 볼 수 있습니다. ③ 애드블록의 주, 월, 3개월 동안의 보고사항을 볼 수 있습니다.
2 [점3개] 더보기를 누릅니다.   3 [애드블록]의 상세설정을 할 수 있습니다.

7강 원하는 영상에서 텍스트 추출: 브루

내가 원하는 영상에서 텍스트 추출하기 브루(vrew)

1 개요와 특징

브루(vrew) 프로그램은 인공지능 기술을 활용하여 동영상의 음성을 텍스트로 추출하는 무료 프로그램으로, 자동 자막 생성, 음성 인식, 타임라인 등을 제공합니다.

- **다양한 언어 지원:** 영어, 일본어, 중국어 등 다양한 언어를 지원합니다.
- **자동 자막 생성:** 동영상을 업로드 하면 자동으로 자막을 생성해줍니다.
- **자막 편집 기능:** 자막의 위치, 크기, 색상 등을 자유롭게 편집할 수 있습니다.
- **타임라인 기능:** 타임라인을 이용하여 자막의 위치와 시간을 조절할 수 있습니다.
- **자동 번역 기능:** 자동 번역 기능을 이용하여 자막을 다른 언어로 번역할 수 있습니다.
- **다양한 형식의 파일 지원:** mp4, avi, mov 등 다양한 형식의 파일을 지원합니다.
- 유튜브, 트위치 등 다양한 플랫폼에서 이용할 수 있습니다.

2 장점

1. 자동 자막 생성 기능을 통해 영상편집 작업을 효율적으로 할 수 있습니다.
2. 다양한 언어를 지원하여, 다양한 국가의 영상을 번역할 수 있습니다.
3. 무료로 제공되어, 비용 부담 없이 사용할 수 있습니다.
4. 사용이 간편하여, 초보자도 쉽게 사용할 수 있습니다.

2 단점

1. 인공지능 기술을 활용하기 때문에, 일부 음성은 인식하지 못할 수 있습니다.
2. 자동으로 생성된 자막의 품질이 완벽하지 않을 수 있습니다.
3. 일부 기능은 유료로 제공됩니다.

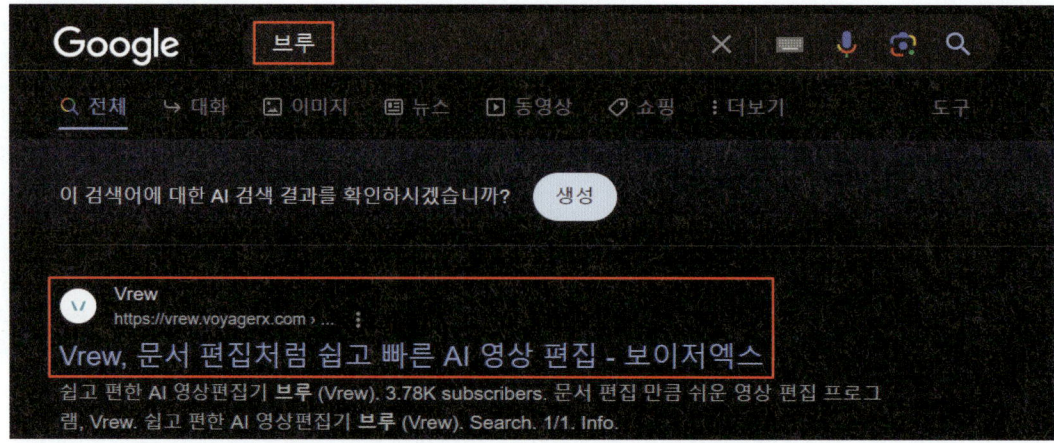

PC에서 크롬브라우저를 열어 [브루(Vrew)]를 검색하고 클릭합니다.

[무료다운로드]를 클릭후 다운로드 하여 설치합니다. 설치가 되었다면 PC 바탕화면에서 브루(Vrew) 아이콘을 클릭하여 프로그램을 엽니다.

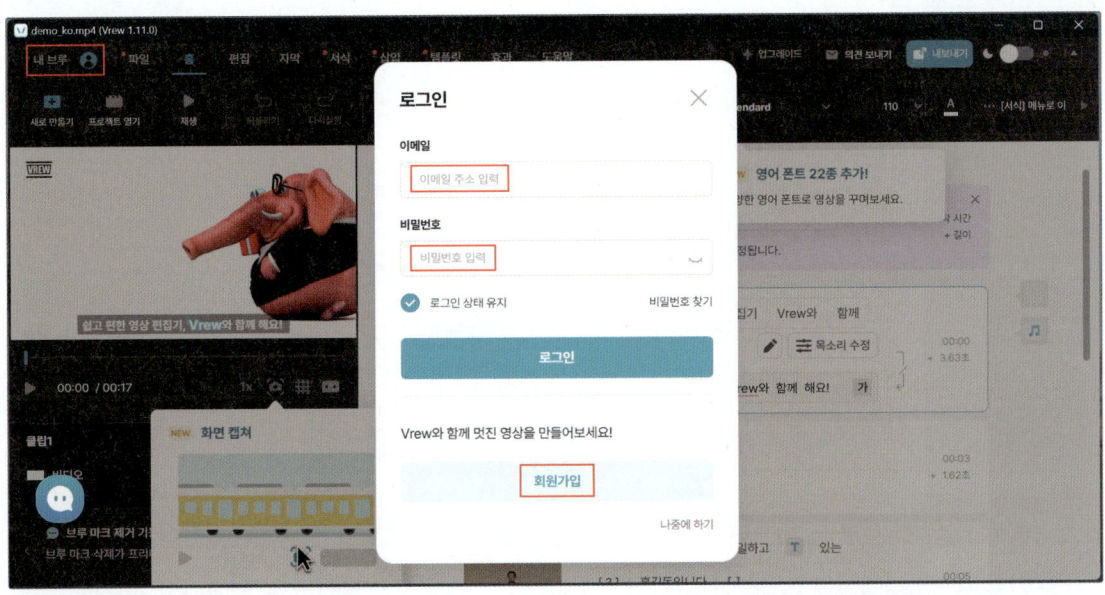

[내 브루]을 클릭하면 로그인 화면이 열립니다. 처음이면 [회원가입]을 하고 회원가입이 되어 있다면 이메일과 비밀번호를 넣고 로그인합니다.

7강 원하는 영상에서 텍스트 추출: 브루

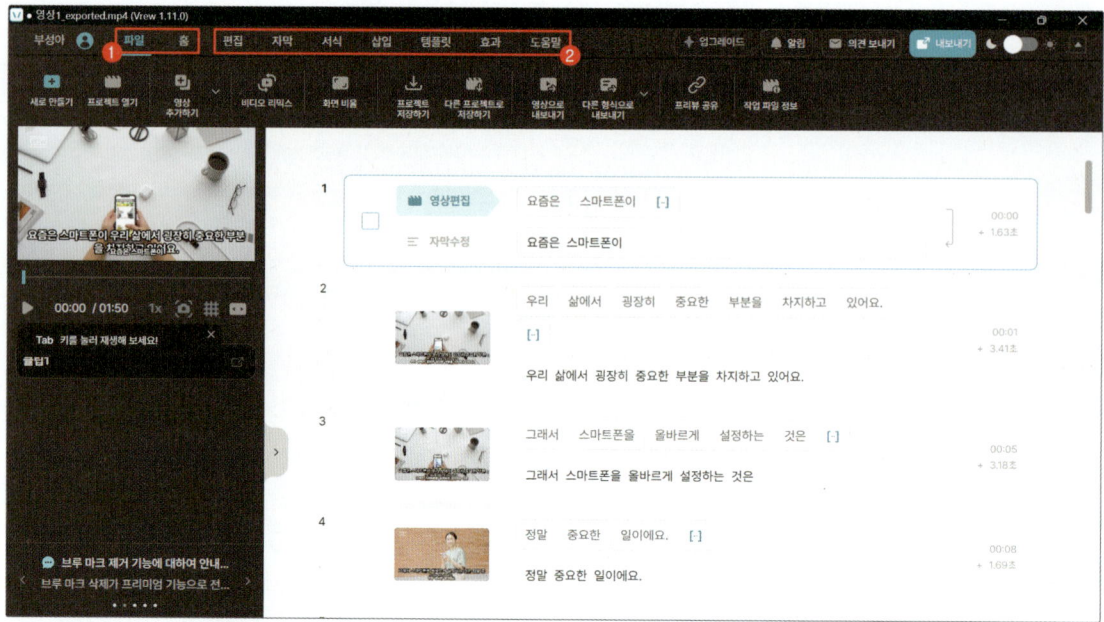

① [파일 또는 홈]을 클릭하여 새로만들기를 할 수 있습니다.
② [편집, 자막, 서식, 삽입, 템플릿, 효과, 도움말]등을 활용할 수 있습니다.

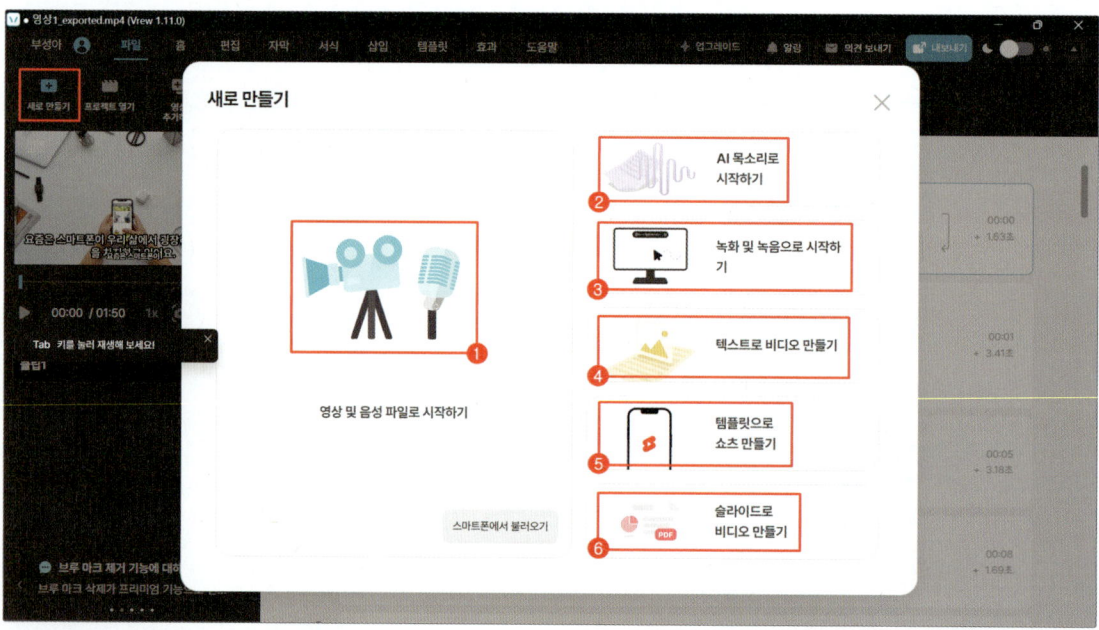

[새로만들기]를 클릭하면 팝업창이 나옵니다. ① 내 PC에서 영상을 불러올 수 있습니다. ② 텍스트를 입력하면 AI인공지능 목소리를 영상에 넣을 수 있습니다. ③ 촬영, 화면녹화 및 녹음을 할 수 있습니다.
④ 다양한 비디오 스타일을 즐길 수 있습니다. ⑤ 템플릿을 이용한 쇼츠 영상을 만들 수 있습니다.
⑥ PDF 화일을 불러와 AI인공지능 목소리로 영상을 만들 수 있습니다.

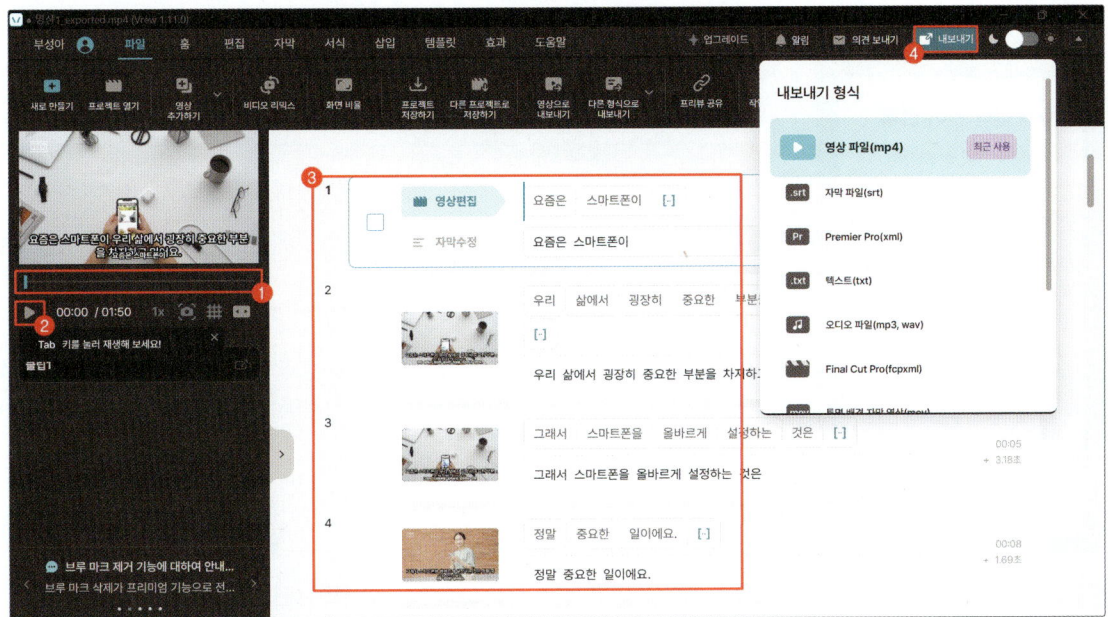

① [브루(Vrew)]의 타임라인이며 선을 클릭하면 그 부분의 영상을 볼 수 있습니다. ② 영상을 플레이 해서 볼 수 있습니다. ③ 자막을 편집하고 영상 삽입 또는 템플릿과 효과도 넣을 수 있습니다.

④ [내보내기] 완성된 영상을 다양한 형식의 파일로 저장할 수 있습니다.

1 스마트폰의 구글플레이스토어에서 [브루(Vrew)]를 검색하고 설치합니다.

2 [브루(Vrew)] 앱을 터치합니다. [허용]을 터치합니다. **3** [새프로젝트]를 터치하면 날짜별 영상들이 보이고 영상중에서 한 개의 영상을 터치합니다.

7강 원하는 영상에서 텍스트 추출: 브루

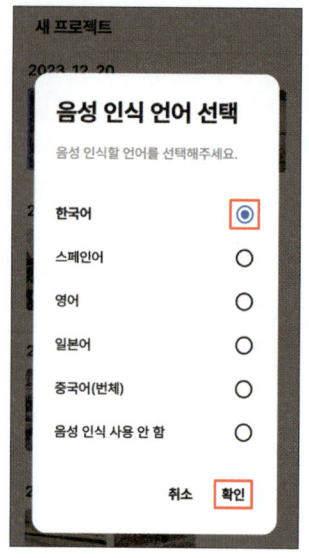

1 [한국어]에 체크하고 확인을 누르면 영상분석을 시작하고 자막이 생성됩니다.
2 ① 이 부분을 터치하고 영상편집을 시작합니다. ② 아이콘들을 터치하고 상세편집을 할 수 있습니다.
3 ① 이 부분을 터치하고 영상편집을 시작합니다. ② 아이콘들을 터치하고 상세편집을 할 수 있습니다.
　③ 이 부분을 터치하면 문자판이 나옵니다.

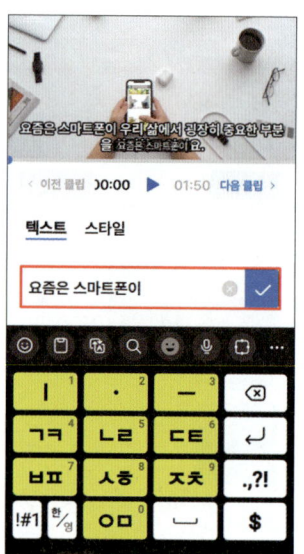

1 [자막]을 수정할 수 있습니다. **2** ① 이 부분을 터치하여 영상편집과 자막편집을 할수 있습니다.
　② [내보내기]를 하면 갤러리에 저장됩니다. **3** 영상을 바로 [공유]할 수 있습니다.

클로바 노트를 활용해서 자료 정리하기

1 개요와 특징

네이버 클로바 노트는 네이버에서 개발한 음성 인식 기록용 프로그램으로, 음성을 텍스트로 변환하여 빠르고 간편하게 메모할 수 있는 장점이 있습니다.

- 음성 인식 기술을 활용하여 음성을 텍스트로 변환합니다.
- 변환된 텍스트를 저장하고 관리할 수 있습니다.
- 메모를 자동으로 분류하고, 검색 기능을 제공합니다.
- PC와 모바일에서 모두 사용할 수 있습니다.

2 장점

1. 일일이 타이핑이나 수기로 메모가 어려웠던 상황에서 유용합니다.
2. 회의, 수업과 미팅 및 인터뷰 상황에서 활용할 수 있습니다.
3. 시간과 장소에 구애받지 않고 사용할 수 있습니다.

2 단점

1. 일부 상황에서는 음성 인식률이 떨어질 수 있습니다.
2. 텍스트 변환 중 오류가 발생할 수 있습니다.

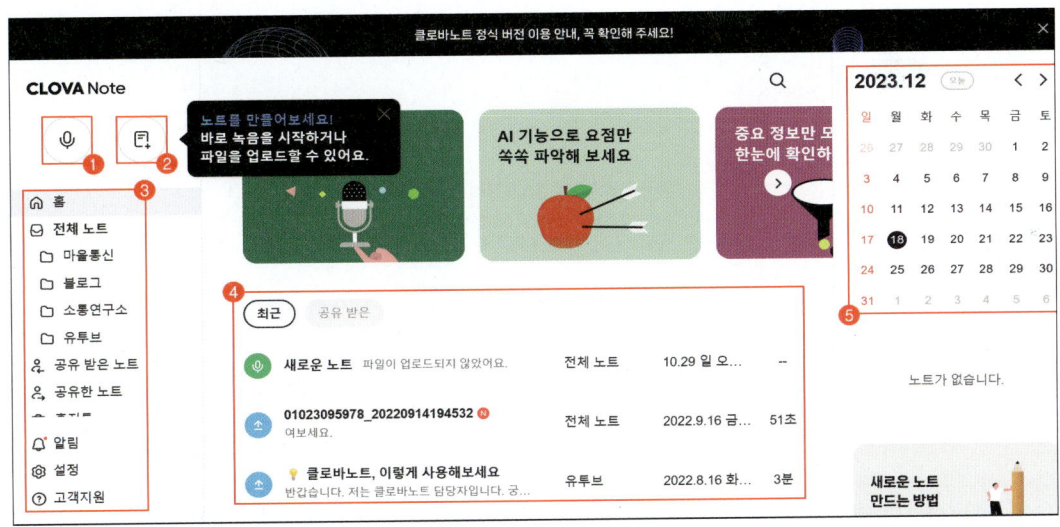

① PC에서 [클로바노트]를 검색하여 사이트로 들어가 네이버 계정으로 로그인 합니다. ① [마이크]를 활성화 하여 녹음을 바로 할 수있습니다. ② [새 노트]를 만들 수 있고 녹음화일을 업로드 할 수 있습니다.
③ 저장된 노트를 [폴더]별로 관리할 수 있습니다. ④ 최근노트와 공유받은 노트가 바로 보입니다.
⑤ 노트를 만든 날짜를 [달력]에서 쉽게 관리할 수 있습니다.

7강 클로바 노트를 활용해서 자료 정리하기

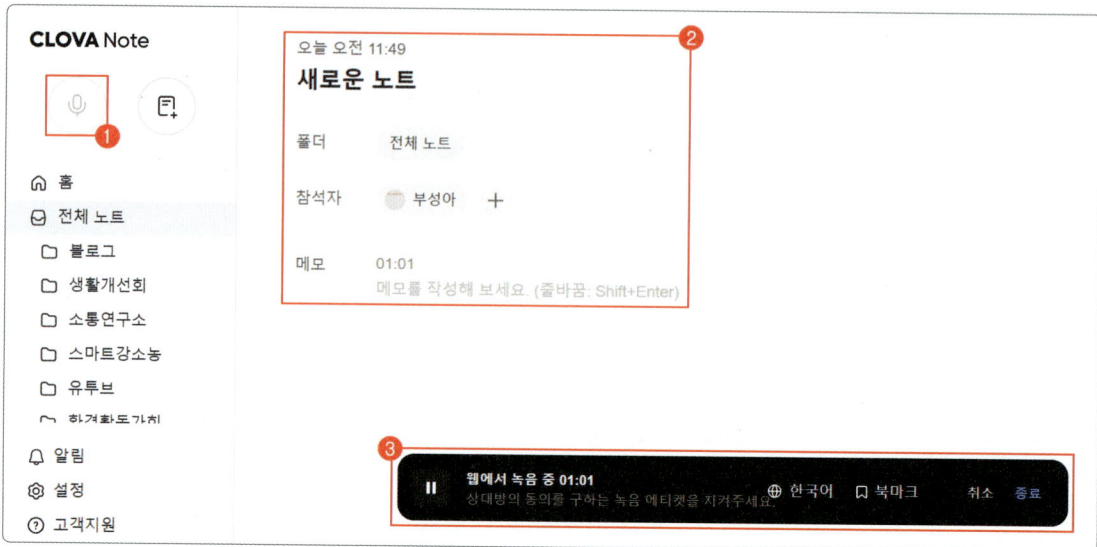

① [마이크 음성녹음]을 누르면 바로 녹음이 시작되고 녹음을 하면서 ② [새로운 노트]이름, 저장폴더 선택, 참석자추가, 메모등을 할 수 있습니다. ③ 녹음을 일시정지하거나 종료 또는 취소 할수 있습니다.

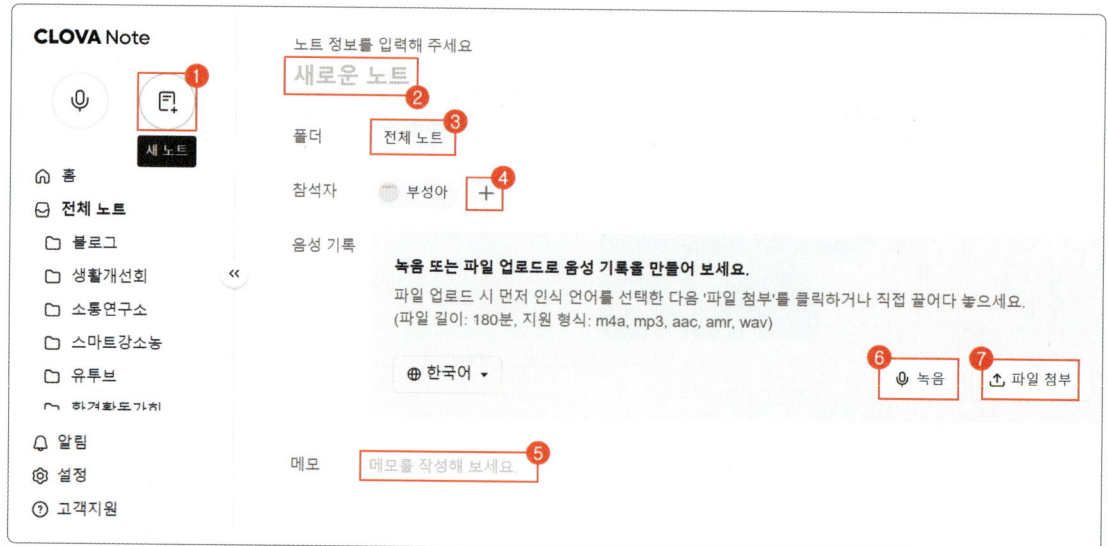

① [새노트]를 클릭하고 ② [새로운 노트] 제목을 입력하고 ③ 저장[폴더]를 선택하고
④ [참석자]를 추가합니다. ⑤ [메모]를 작성합니다. ⑥ 바로 [녹음]을 하거나
⑦ [파일첨부]를 합니다. (파일형식: m4a, mp3, aac, amr, wav)

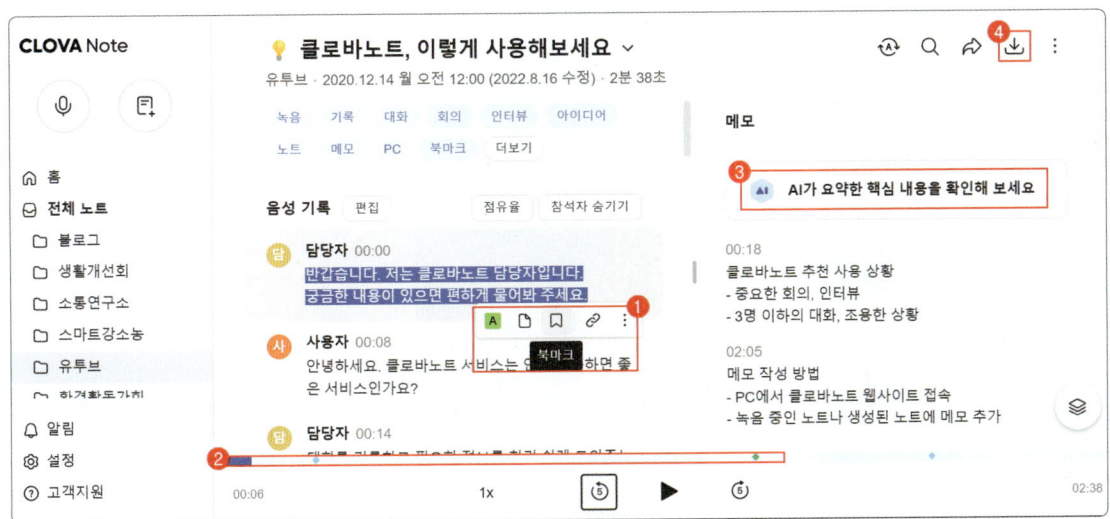

저장된 노트중에 한 개를 열어보면 [음성기록]이 텍스트로 변형되어 보이며 글에 [마우스]를 대면 ① 하이라이트, 메모, 북마크, 공유링크, 더보기 [아이콘]이 보입니다. 글을 클릭하면 녹음된 음성이 들립니다. ② 음성기록이 [타임라인]으로 보여집니다. ③ [AI]가 핵심내용을 요약해 줍니다.
④ 음성기록 또는 파일로 [다운로드] 합니다.

 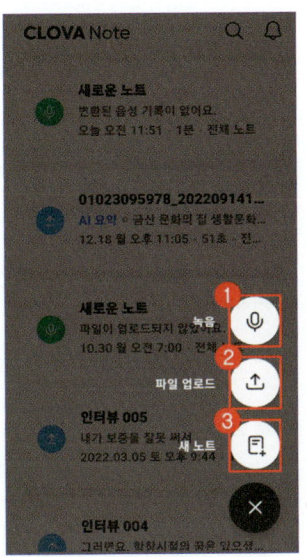 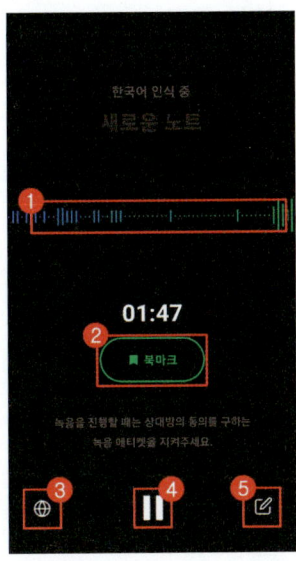

1 스마트폰 구글플레이 스토어에서 [클로바노트]를 검색하고 설치합니다. 클로바노트 앱을 열어 허용하고 로그인 합니다. ① 홈, 폴더, 캘린더, 내정보 [아이콘]이 보입 니다. ② [더하기]를 터치합니다.

2 ① 바로 [녹음]합니다. ② 통화음성 파일도 [파일업로드]할 수 있습니다. ③ [새노트]를 만듭니다.

3 ① 음성이 녹음되고 있습니다. ② [북마크]해서 필요한 부분만 들을 수 있습니다. ③ [음성언어]를 설정합니다. ④ 녹음을 [일시정지]합니다. ⑤ 녹음중 [메모]를 남길수 있습니다.

7강 클로바 노트를 활용해서 자료 정리하기

 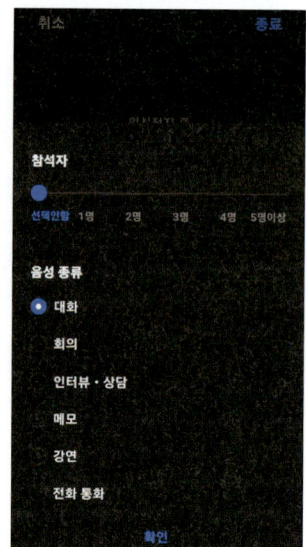 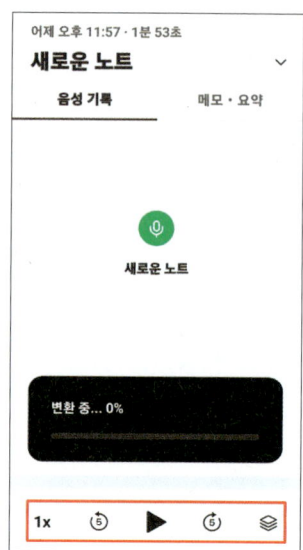

1️⃣ 음성녹음이 모두 끝나면 [종료]를 누릅니다. 2️⃣ 참석자 명수를 선택하고 음성종류를 선택하고 확인을 누릅니다. 3️⃣ 녹음된 음성을 텍스트로 변환중입니다. 아래 [아이콘]들을 눌러 다시듣기 할 수 있습니다.

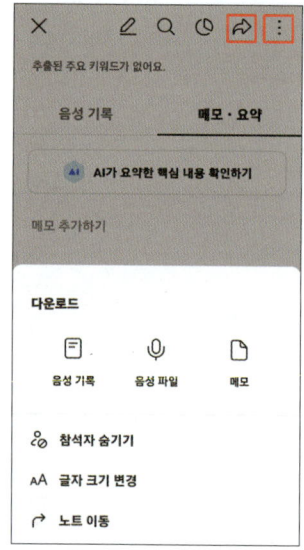  

1️⃣ [공유]를 누릅니다, [점3개]를 누르면 다운로드 옵션을 선택하고 수정할 수 있습니다.
2️⃣ [노트공유]를 위한 화면입니다. 비밀번호를 설정할 수 있고 시간과 접근권한 등을 부여할 수 있습니다. 링크복사 또는 바로공유할 수 있습니다.
3️⃣ 통화음성 [파일업로드]를 누르면 나오는 화면입니다. 통화녹음도 업로드하여 텍스트로 변환합니다.

8강

챗GPT 유료버전 가입하고 활용하기
챗GPT를 활용한 논문 초안 작성하기
선행논문 찾는 노하우

8강 챗GPT 유료버전 가입하고 제대로 활용하기

연구논문을 작성하려는 대학원생이나 컨설팅 목적으로 챗GPT를 사용하시려는 컨설턴트 분들은 챗GPT-4를 사용하시길 권해 드립니다.

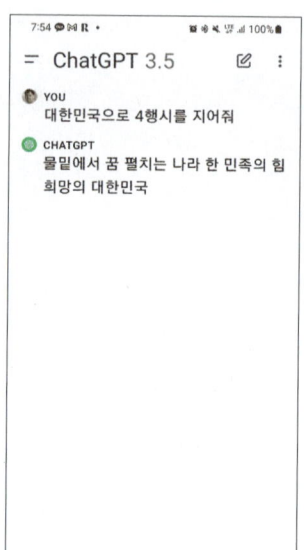

<그림 1> 챗GPT-3.5는 단순 정보를 찾고 정리하는 일상 업무에 적합한 모델입니다.

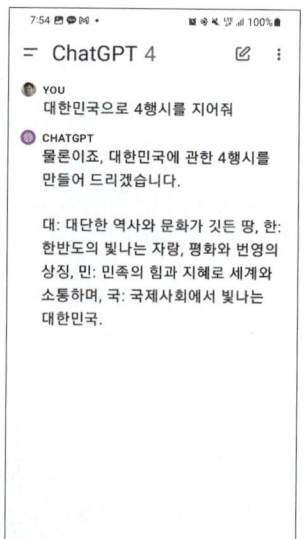

<그림 2> 챗GPT-4는 창의력과 고급 추론이 필요한 콘텐츠를 생산하는데 적합한 모델입니다. 또한 멀티 모달리티를 지원하고 DALL-E를 통한 이미지 생성 지원, 고급 데이터 분석 등을 지원합니다.

유료버전 가입 절차는 아래와 같습니다.

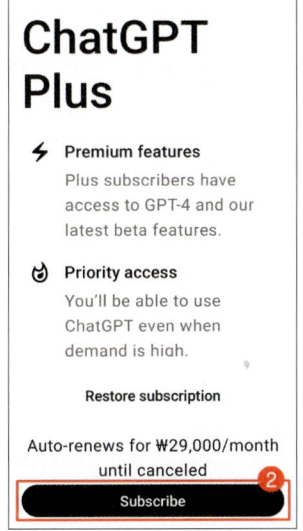

<그림 5> 챗GPT 유료버전 가입 절차

챗GPT-4는 챗GPT-3.5대비 아래와 같은 장점을 가지고 있습니다.

특징	학습된 자료	데이터 세트	매개변수 수	레이어 수	맥락 토큰* 수
GPT-3.5	2022년초까지	45TB	1,750억 개	96개	4,096개
GPT-4	2023년4월까지	미상	약 1조 개	미상	8,192개

<표1> GPT 시리즈의 구성 사양 비교표

* **토큰(Token) :** GPT 모델은 토큰(Token) 단위로 언어를 이해합니다. 인간은 "I am a boy"라는 문장을 문장 그대로 이해할 수 있지만 인공지능 GPT 모델은 문장을 작은 조각인 토큰으로 분리하여 처리합니다. "I", "am", "a", "boy"라는 네 개의 토큰으로 말입니다. 대개 GPT 모델이 처리 가능한 토큰의 범위에는 제한이 있습니다. 일반적인 GPT-3.5 모델은 4,096개의 토큰까지 인식할 수 있는데 이는 모델의 기억력이라고 할 수 있습니다.

8강 챗GPT 유료버전 가입하고 활용하기

(1) 멀티 모달러티(Multi Modality)를 지원합니다.

챗GPT-3.5는 텍스트 형식의 입력 및 출력 방식만 지원하고 있지만 챗GPT-4는 사진, 그림, 파일, 음성인식, 음성출력 등 다양한 형태의 입력 및 출력 방식을 지원합니다.

(2) 챗GPT는 다양한 Tools을 제공합니다.

① **웹 브라우징 서비스(Browsing) :** 챗GPT3.5는 2022년 1월까지의 Data를 학습되어 있지만, 2023년 4월까지의 Data가 학습되어 있습니다. 또한 웹 브라우징 서비스를 통해 실시간 인터넷 검색 후 최신 정보를 제공하여 줍니다.

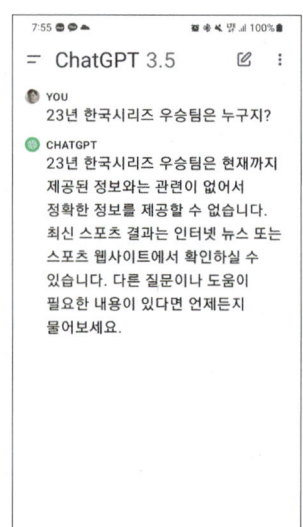 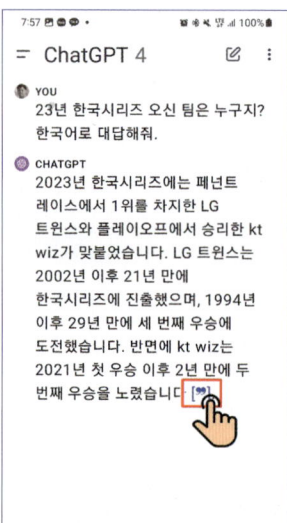 

<그림 3> 챗GPT-4는 웹 브라우징 서비스를 통해서 최신 정보도 검색해 주며 참고한 웹사이트 주소를 표시하여 줍니다. ["]를 클릭하면 참고한 웹사이트로 이동합니다.

② **고급 데이터 분석(Advanced Data Analysis) :** 챗GPT-4는 엑셀 등의 복잡한 데이터 세트 등에서 유용한 정보를 추출하고 다양한 통계적, 계산적 그리고 시각적 방법들을 사용하여 데이터 기반의 의사결정을 지원합니다.

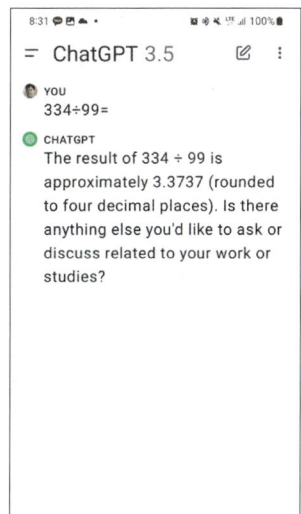  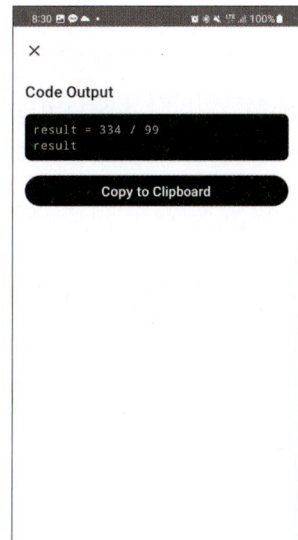

<그림 4> 챗GPT-3.5는 답변을 확률적으로 만들어 내기 때문에 정확한 계산의 답변을 해주기 힘듭니다. 반면에 챗GPT-4는 컴퓨터 언어인 파이썬(Python)을 활용하여 정확한 계산을 할 수 있습니다. [①] 을 클릭하면 계산하는 데 사용한 Python Code를 보여줍니다.

③ **DALL-E** : DALL-E는 챗GPT 개발업체인 OpenAI에서 개발한 인공 지능 기반의 이미지 생성 모델입니다. 챗GPT-3.5에서는 지원하지 않는 기능으로 사용자가 제공한 텍스트 설명에 따라 이미지를 생성합니다.

(3) 다양한 플러그인을 제공합니다.

챗GPT-4가 챗GPT3.5와 크게 달라진 부분 중 하나입니다. OpenAI가 제공하는 서비스 이외에도 다양한 업체가 제공하는 플러그인을 통해서 실시간 자료를 검색하고 다양한 창작물을 만들어 낼 수 있습니다.

플러그인을 사용하는 방법은 다음과 같습니다.

8강 챗GPT 유료버전 가입하고 활용하기

[내 계정]을 클릭합니다. [Settings & Beta]를 클릭하고 [Beta Features의 Plugins]을 클릭하여 플러그인을 활성화시킵니다. 챗GPT 화면 상단의 [ChatGPT 선택 메뉴]를 클릭하고 Plugins을 선택합니다. [No plugins installed]를 클릭하고 하단에 있는 [Plugin store]를 클릭합니다. 현재 1천여개의 플러그인이 등록되어 있는데 필요한 플러그인을 설치합니다. 현재 챗GPT-4는 플러그인 3개까지 동시에 사용할 수 있습니다.

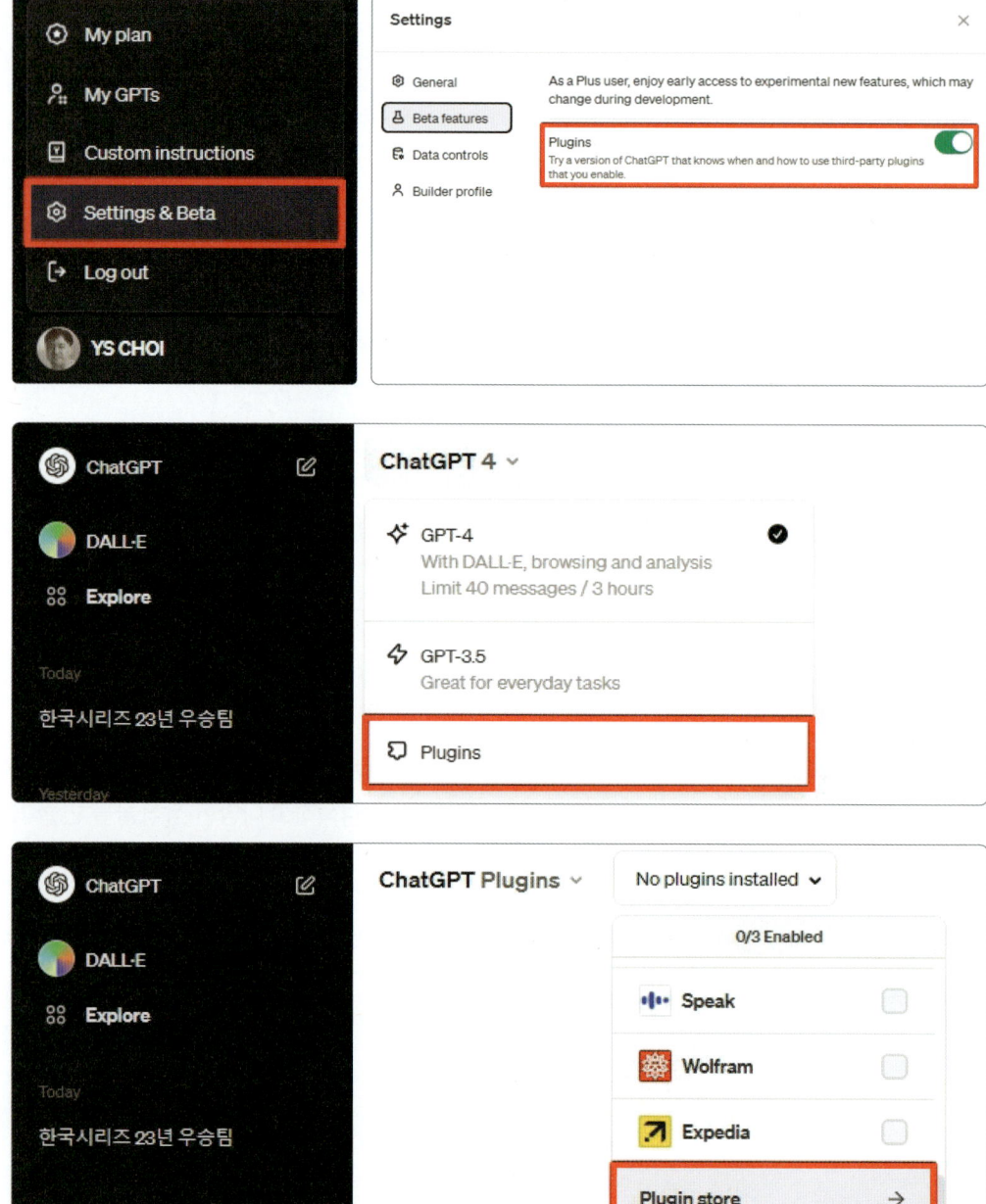

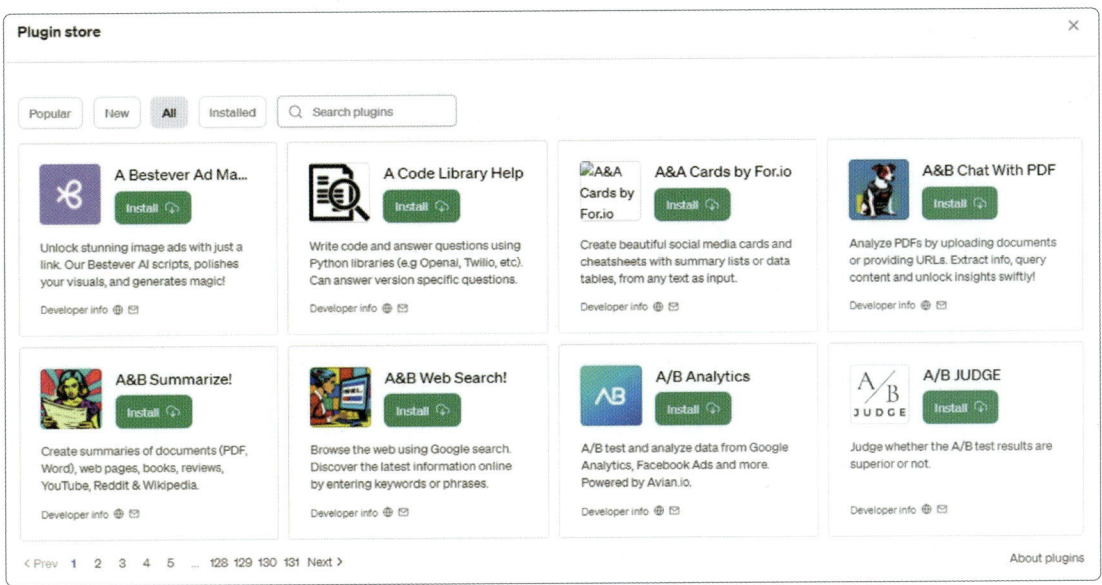

현재까지 발표된 **플러그인을 용도별로 구분**해 보면 아래와 같습니다.

용도	플러그인 개수	비중
정보 검색 및 데이터 엑세스 플러그인	397개	40.1%
생산성 및 업무 지원 플러그인	274개	27.6%
엔터테인먼트 및 미디어 플러그인	91개	9.2%
개인 맞춤형 서비스 플러그인	90개	9.1%
기술 및 개발 도구 플러그인	82개	8.3%
교육 및 학습 지원 플러그인	39개	3.9%
헬스케어 및 웰빙 플러그인	18개	1.8%

<표3> 챗GPT 플러그인 현황

8강 챗GPT 유료버전 가입하고 활용하기

대학원생과 컨설턴트에게 유용한 플러그인을 정리해 보았습니다.

번호	플러그인	기능
1	AI PDF	PDF 파일의 이해 향상, 용이한 사실 확인, 효율적인 PDF 파일 처리 가능
2	AIPLUM TM	비즈니스 분석 및 상표 등록 위한 NICE 분류 및 항목 추천 도구
3	arXiv Xplorer	arXiv의 방대한 논문 컬렉션에서 논문 검색 도구
4	BioRxiv Researcher	구글 검색 기능을 활용해 빠르게 논문 검색 가능한 도구
5	Canva	복잡한 소프트웨어 없이 쉽게 디자인 할 수 있는 도구
6	Clearbit	기업에 대한 정보를 액세스하고 분석 가능한 도구
7	Close CRM	Close CRM 데이터에 액세스 후 리드에 대한 심층적 인사이트 얻고 조치 취하는 도구
8	Conceptmap	아이디어를 개념도로 구조화하는데 도움 주는 도구
9	Copywriter	URL 입력 후 판매 카피라이팅 제안 받는 도구
10	MagicSlides.app	사용자가 몇 초 만에 아이디어를 전문적인 프레젠테이션으로 변환하는데 도움을 줌
11	Now	Google Trends와 Twitter 트랜드를 한 눈에 볼 수 있도록 도와줌
12	Scholar AI	2억건 이상의 논문 검색 및 논문 PDF의 이미지와 텍스트 탐색 가능
13	WebPilot	웹 페이지, PDF, 데이터를 탐색하고 한 개 이상의 URL을 사용하여 채팅 및 작성 가능 도구
14	Wolfram	Wolfram 언어를 통해 계산, 수학, 정리된 지식 및 실시간 데이터에 액세스 가능
15	Zapier	5천개 이상의 다양한 앱을 연결하고 자동화하는 기능 제공

<표4> 유용한 플러그인 모음

(4) 나만의 GPTs를 제작하여 사용할 수 있고 차후에는 내가 제작한 GPT를 GPT Store에서 사고팔 수 있습니다.

챗GPT-4 우측 상단에 있는 [Explore]를 클릭하여 My GPTs 메뉴를 실행합니다. [Create a GPT]를 클릭하고 [GPT Builder]와 대화를 통하여 나만의 GPTs를 만들 수 있습니다.
나만의 GPT 만들기는 다음 장 [챗GPT를 활용한 논문 초안 작성하기]에서 다루도록 하겠습니다.

챗GPT-3.5와 챗GPT-4 서비스를 비교하면 다음과 같습니다.

기능	챗GPT-3.5	챗GPT-4
가격	무료	20달러 + 2달러(세금)
고품질의 문장 생성 (한국어 성능)	부자연스러움	자연스러운 문장을 생성 문법적으로 올바르고 일관성 있는 텍스트를 작성할 수 있음
응답시간	표준	빠름(안정적인 응답 속도)
피크 시간 접근	접근 제한 가능성	끊김 없는 접근
새 기능 우선 접근	사용 불가	사용 가능
요청제한	명시되지 않음	확장된 사용 제한
실시간 정보	사용 불가	Bing 검색 및 플러그인 사용 가능
플러그인	사용 불가	사용 가능
고급 데이터 분석	사용 불가	파이썬 활용
DALL-E	사용 불가	프롬프트로 이미지 생성
Vision Model	사용 불가	사용자가 업로드한 이미지 분석
음성 기능	사용 가능	사용 가능

<표3> 챗GPT-3.5와 챗GPT-4 서비스 비교

마지막으로 현재까지 알려진 **GPT-4 모델 무료 이용 방법**을 알려 드리겠습니다.

서비스명	플랫폼 및 경로	기능 및 특징
Microsoft Copilot	엣지 브라우저 https://copilot.microsoft.com/	빙 웹 검색 활용, 이미지 생성(DALL-E), 엣지에서 이미지 및 PDF 파일 업로드 후 대화, 모바일 Bing 앱에서 GPT-4 선택해 사용 가능
뤼튼	카카오톡에서 '뤼튼' 채널 추가	GPT-4 선택 후 사용, 연관 링크 및 추가 답변 제시, 이미지 생성, 확장 앱, 프롬프트 저장 및 허브 기능, 모바일 앱에서 GPT-4 Turbo 사용(이미지 업로드 후 대화, 한도 있음)
AskUp	카카오톡에서 'AskUp' 채널 추가	프롬프트 앞에 "!" 붙이면 GPT-4 이용 가능, "?" 붙이면 실시간 정보 검색, 이미지 생성, 이미지 파일에서 문자 인식(OCR)
웍스 AI	https://www.wrks.ai/	GPT-4 선택 후 사용, 한글 약 1만2천자 기억, 업무용 AI. 사용 제한 있음(월 20건)
멀린	https://www.getmerlin.in/	크롬 확장 프로그램. 사용 제한 있음
포	https://poe.com/GPT-4	GPT-4 선택 후 사용, 사용 제한 있음

<표4> GPT-4 모델 무료 이용 방법

8강 챗GPT를 활용한 논문 초안 작성하기

이번 장에서는 챗GPT-4 소개시 화재가 되었던 My GPTs를 활용하여 논문 초안을 작성하는 방법에 대해서 알아 보도록 하겠습니다.

챗GPT-4 우측 상단에 있는 [Explore]를 클릭하여 [My GPTs] 메뉴를 실행합니다.

참고로 향후에는 Apple 앱스토어처럼 챗GPT 내에서 My GPTs를 사고 팔 수 있도록 할 예정입니다. 현재는 OpenAI에서 만든 GPTs만 선택할 수 있습니다.

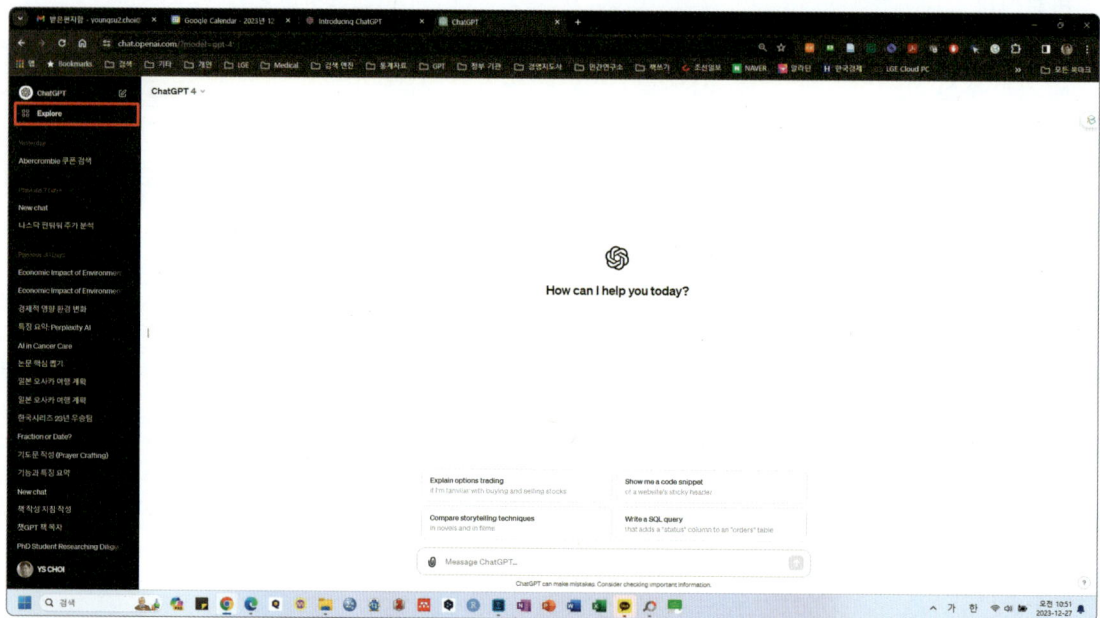

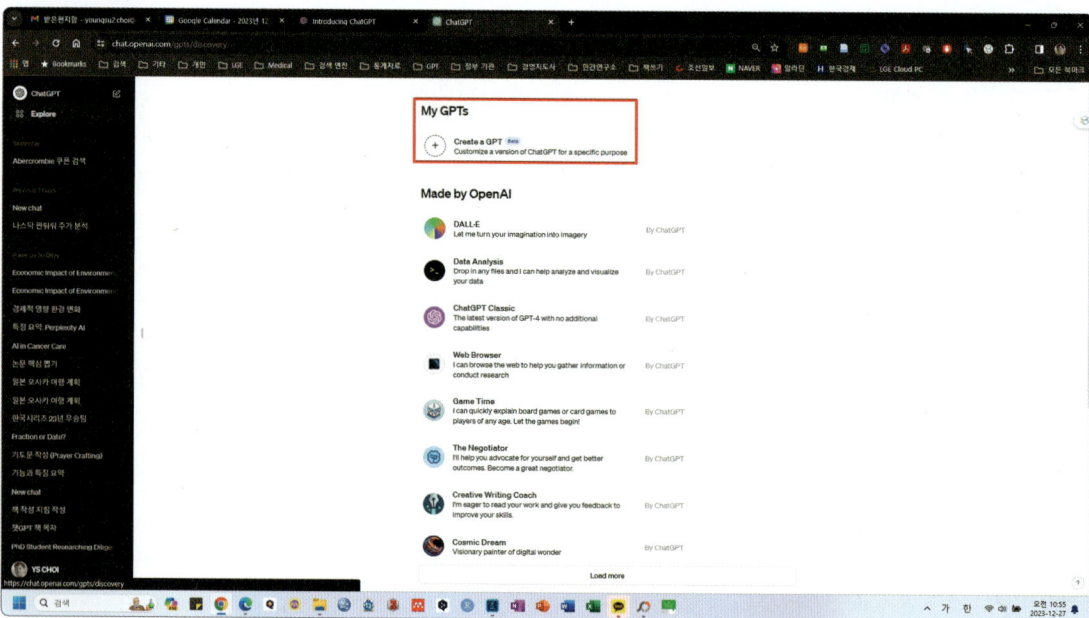

104 | 대학원생과 컨설턴트를 위한 Ai 챗GPT 활용서

GPT Builder 메뉴에서 [Create]를 통해서 챗GPT와 대화를 하면서 원하는 My GPTs를 만들 수 있으나 저희는 [Configure] 메뉴를 활성화하여 직접 원하는 내용을 입력하도록 하겠습니다.

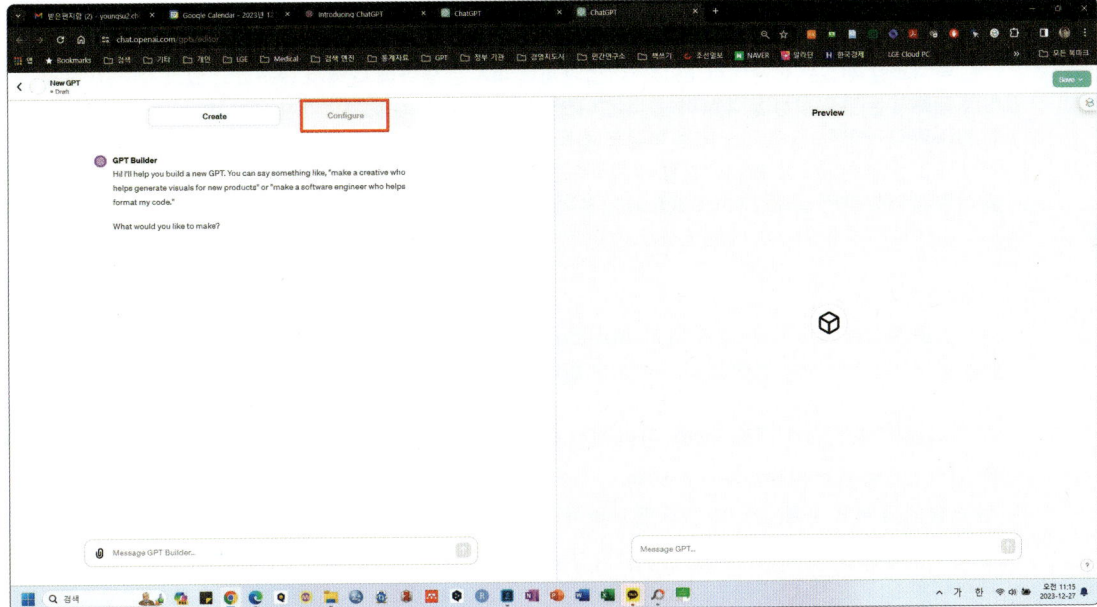

①을 Click 하여 My GPTs의 로고를 선택합니다. ② Name / Description을 기입합니다.
③ Capabilities 메뉴에서 필요한 기능을 선택합니다. ④ 참고문헌을 업로드 할 수 있습니다.
⑤ 내가 Setting한 로고, Name, 그리고 Description 내용이 표시됩니다.

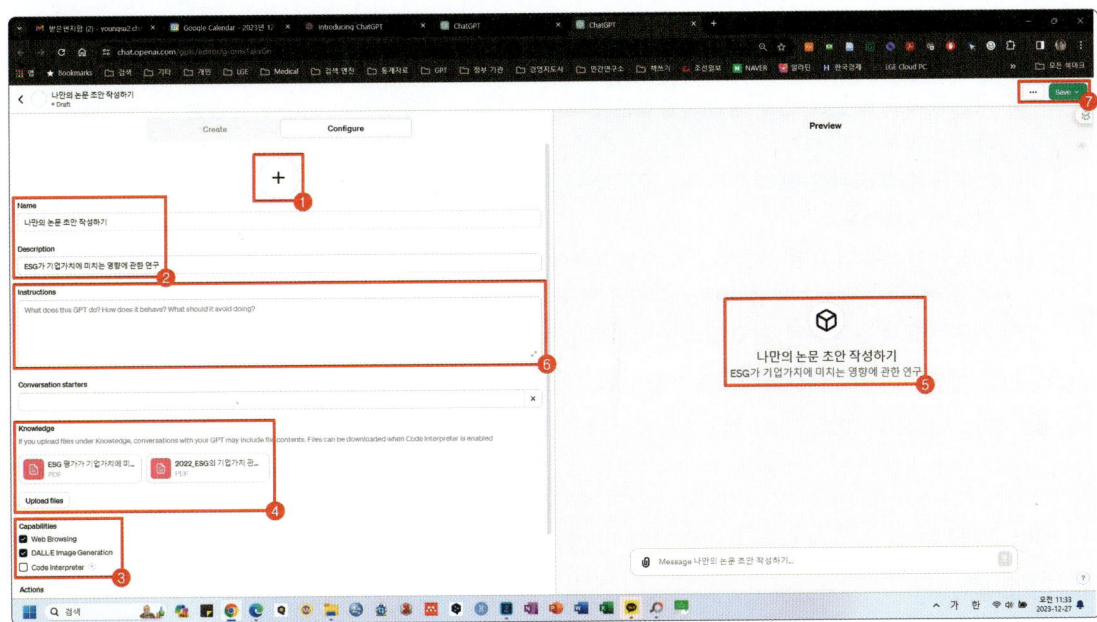

8강 챗GPT를 활용한 논문 초안 작성하기

⑥ My GPTs에서 Instructions 작성이 제일 중요합니다. Instructions 내용에 따라 작성된 논문 초안의 내용과 질이 달라질 것입니다. 우리는 Instruction 작성을 챗GPT에 요청할 것입니다. Instruction을 작성하여 챗GPT에게 역할과 해야 할 일을 부여하고 답변 양식까지 특정해서 받을 수 있습니다.

You
나는 박사과정에 있는 학생이야. ESG가 기업가치에 미치는 영향에 대해서 연구하고 있고 이에 대해서 논문도 작성할 예정이야. 너는 나의 지도교수로 ESG와 기업가치 분야 연구에 세계적 대가이지. 또한 지도하는 학생들에게 친절하면서도 냉철한 학문적인 조언을 아끼지 않는 교수님이셔. My GPTs를 구성하여 논문을 쓰려고 하는데 Instructions 부분을 어떻게 작성하면 좋을까? Instruction 10가지를 작성해 줘

ChatGPT
박사 논문 작성을 위한 "My GPTs"의 Instructions를 구성하는 것은 중요한 과정입니다. ESG와 기업 가치의 연관성에 초점을 맞추어 다음과 같은 10가지 지침을 제안합니다:

1. **문헌 리뷰 지시**: ESG와 기업 가치에 관한 최신 학술 연구, 산업 보고서, 사례 연구를 포함하는 광범위한 문헌 리뷰를 실시하세요.
2. **연구 질문 및 목표 설정**: 연구의 주요 질문과 목표를 명확하게 정의하고, 이를 바탕으로 연구 계획을 수립하세요.
3. **데이터 수집 및 분석**: ESG 점수, 기업 재무 지표, 주가 변동 등 관련 데이터를 수집하고 분석하는 방법론을 개발하세요.
4. **가설 수립 및 테스트**: ESG 요소와 기업 가치 간의 관계에 대한 가설을 설정하고, 이를 검증하기 위한 통계적 방법론을 선택하세요.
5. **경험적 연구 방법론**: 적합한 경험적 연구 방법론을 선택하고, 이를 통해 데이터를 분석하는 방법을 설계하세요.
6. **결과의 해석 및 논의**: 분석 결과를 해석하고, 이를 통해 연구 가설을 뒷받침하거나 반박하는 논의를 진행하세요.
7. **비판적 사고 및 분석**: 연구 결과와 방법론에 대한 비판적 분석을 수행하여, 연구의 강점과 약점을 파악하세요.
8. **논문 구조 및 조직**: 논문의 전체적인 구조와 각 장의 내용을 조직화하는 방법에 대한 지침을 설정하세요.
9. **학술적 글쓰기 및 표현**: 명확하고 정확한 학술적 글쓰기 스타일을 유지하며, 연구 결과를 효과적으로 전달하는 방법에 대한 지침을 제공하세요.
10. **논문 제출 및 발표 준비**: 연구 결과를 학술지에 제출하고 학술 대회에서 발표하기 위한 준비 과정에 대한 지침을 마련하세요.

 Message ChatGPT...

1 ~ 10번을 복사하여 Instruction에 입력합니다. 마지막으로 [Save]를 Click 하여 My GPTs 구성을 마무리합니다.

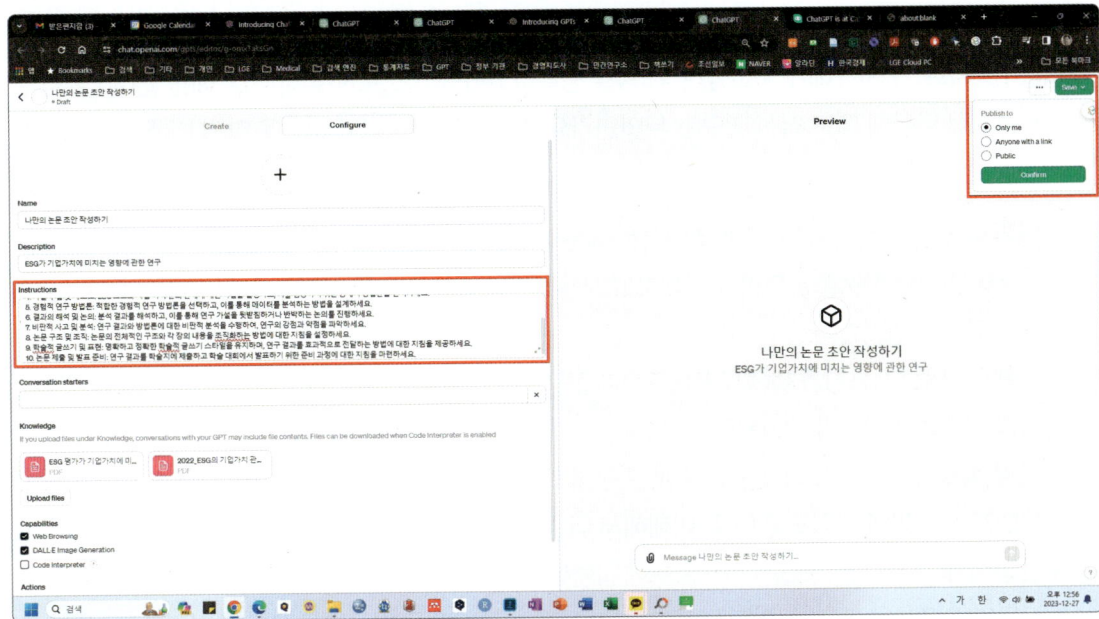

이제 챗GPT를 통해서 논문 초안을 작성할 준비가 끝났습니다.

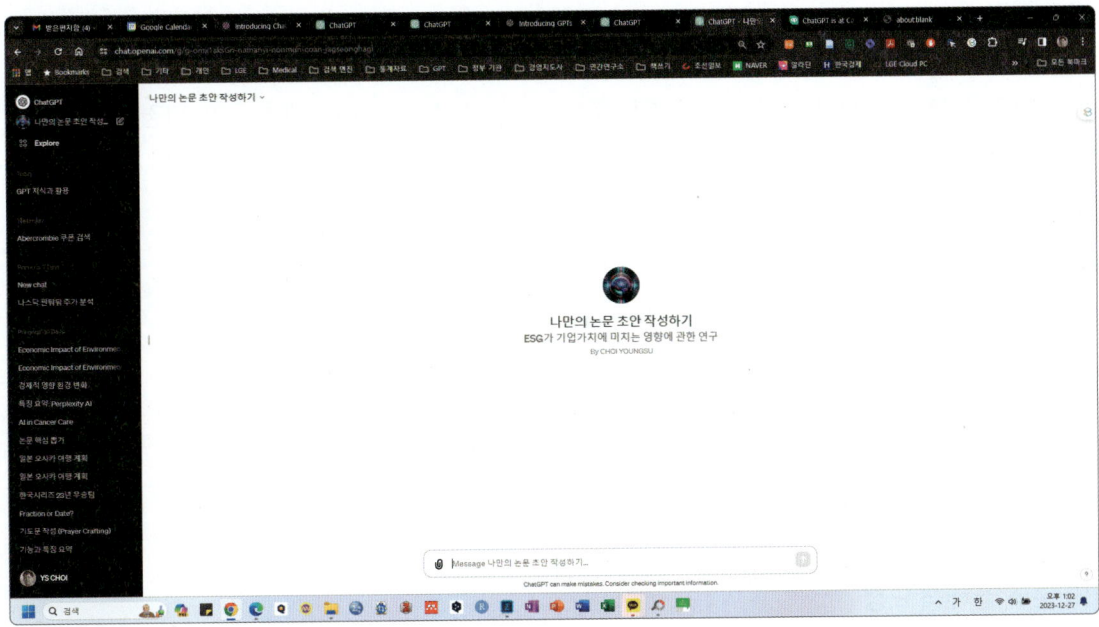

논문 초안 작성 앞서 챗GPT 프롬프트 작성을 위한 몇 가지 유용한 팁을 알려 드리겠습니다.

8강 챗GPT를 활용한 논문 초안 작성하기

(1) 명확한 질문 형성

- **질문의 명확화:** 챗GPT에게 묻고 싶은 내용을 명확하고 구체적으로 형성하세요. 예를 들어, "환경 변화의 경제적 영향에 대한 최신 연구는 무엇인가요?"와 같이 구체적인 질문을 하면 더 정확한 답변을 얻을 수 있습니다.

    # 명확하게 : 챗GPT 프롬프트에 입력하는 질문이나 요청이 명확해야 한다. 챗GPT가 사용자가 프롬프트에 입력한 정보를 정확하게 이해하고 사용자가 원하는 정보를 처리할 수 있도록 질문이나 요청을 명료하게 입력한다.

    # 구체적으로 : 사용자가 챗GPT 프롬프트에 질문이나 요청을 입력할 때는 최대한 구체적으로 정보를 입력해야 좋은 결과가 생성된다.

    # 배경 정보 입력 : 챗GPT 프롬프트에 질문이나 요청을 입력할 때 관련된 배경정보를 함께 제공하면, 챗GPT가 사용자의 의도를 더 잘 이해해서 더 정확하게 답변을 생성할 수 있다.

    # 간결하게 : 사용자가 챗GPT 프롬프트에 입력하는 질문이나 요청은 간결하게 작성해야 효과적이다. 질문이나 요청을 짧고 간결하게 입력하면 챗GPT는 그 요청을 빠르고 정확하게 처리하고 사용자의 의도에 적합한 대답 및 요청 사항을 수행할 수 있다.

    # 피드백 입력 : 위 단계를 거쳐서 질문과 요청을 했지만 챗GPT의 답변이나 요청 사항의 수행 결과가 만족스럽지 않을 수 있다. 이럴 때는 사용자가 피드백을 추가로 입력하면 이전보다 개선된 답변이나 수행 결과를 얻을 수 있다. 프롬프트에 피드백을 입력할 때는 구체적이고 명확해야 한다.

(2) 주제별 질문 구분

- **주제 세분화:** 복잡한 주제를 여러 하위 주제로 나누어 질문하세요. 예를 들어, 환경 변화에 대해 질문할 때는 그 영향, 대책, 사례 등으로 세분화할 수 있습니다.

(3) 반복적인 질문과 정제

- **정보의 정제와 확장:** 첫 번째 답변에 만족하지 못했다면, 추가 질문을 통해 정보를 더욱 정제하고 확장하세요. "이에 대한 추가 사례가 있나요?"와 같이 물어볼 수 있습니다.

(4) 참고문헌 및 자료 요청

- **참고문헌 요청:** 챗GPT에게 특정 주제에 대한 참고문헌이나 연구 자료를 요청하세요. 예를 들어, "환경 변화에 관한 중요한 학술 자료를 추천해 주세요"라고 요청할 수 있습니다.

(5) 분석 및 해석 요청

- **분석 및 해석:** 특정 데이터나 연구 결과에 대한 챗GPT의 분석이나 해석을 요청할 수 있습니다. 예를 들어, "이 연구 결과가 시사하는 바가 무엇인가요?"와 같은 질문을 할 수 있습니다.

(6) 의견 및 조언 요청

- **전문적 의견 요청:** 특정 주제에 대한 챗GPT의 의견이나 조언을 요청할 수 있습니다. 예를 들어, "이 주제에 대한 논문을 작성할 때 어떤 점을 중점적으로 다루는 것이 좋을까요?"라고 물을 수 있습니다.

(7) 자료의 요약 및 정리

- **요약 및 정리 요청:** 긴 문서나 보고서의 핵심 내용을 요약하거나 정리해 달라고 요청할 수 있습니다.

My GPTs를 활용하여 아래의 과정을 통해서 논문 초안을 작성할 수 있습니다.

1	My GPT	Prompt : [ESG가 기업가치에 미치는 영향] 이라는 논문의 목차를 작성해 줘
2	저자	목차 수작업 편집
3	My GPT	목차별 내용 작성 Prompt : [ESG가 기업가치에 미치는 영향] 의 서론을 작성해 줘
4	저자	My GPT가 작성한 내용을 자신의 용어로 바꾸기
5	My GPT	논문 다듬기 Prompt : 유첨한 논문을 박사 학위 논문 또는 특정 학회지에 맞게 수정해 줘
6	저자	최종적으로 자신의 용어로 바꾸기

8강 챗GPT를 활용한 논문 초안 작성하기

실제로 논문 초안을 작성해 보도록 하겠습니다. 저희는 My GPT를 사용해서 초안을 작성할 예정인데 비교를 위해서 챗GPT-4로도 작성해 보겠습니다.

 You
ESG가 기업가치에 미치는 영향이라는 논문을 작성하려고 해. 목차를 작성해 줘

 ChatGPT
"ESG가 기업가치에 미치는 영향"이라는 주제로 논문을 작성하는 경우, 아래와 같은 목차를 고려할 수 있습니다. 이 목차는 ESG의 개념을 소개하고, 기업가치에 미치는 영향을 다각도로 분석하는 데 도움이 될 것입니다.

목차

1. 서론
   - 1.1. 연구 배경 및 목적
   - 1.2. 연구 방법론 및 범위
2. **ESG의 개념과 발전 과정**
   - 2.1. ESG의 정의
   - 2.2. ESG의 역사적 배경
   - 2.3. 국제적인 ESG 기준과 프레임워크
3. **ESG와 기업가치**
   - 3.1. ESG의 구성 요소와 기업가치
     - 3.1.1. 환경(Environment)
     - 3.1.2. 사회(Social)
     - 3.1.3. 거버넌스(Governance)
   - 3.2. ESG 투자의 증가와 기업가치
4. **ESG가 기업가치에 미치는 영향 분석**
   - 4.1. 사례 연구
   - 4.2. 통계적 분석
   - 4.3. 장단기 영향 비교
5. **ESG 경영의 도전과 기회**
   - 5.1. ESG 경영의 도전 요인
   - 5.2. ESG를 통한 기회 창출
   - 5.3. 지속 가능한 경영 전략

 Message ChatGPT...

1. 서론
   - ESG (환경, 사회, 지배구조) 개요 및 관련성
   - 기업 가치에 대한 ESG의 영향을 연구하는 중요성
   - 논문의 목적 및 범위
2. 문헌 리뷰
   - ESG의 역사적 맥락과 기업 지배구조에서의 발전
   - 기업 가치에 대한 ESG 영향에 관한 선행 연구
   - 기존 문헌의 공백 및 현재 연구의 정당성
3. 이론적 틀과 가설 설정
   - ESG와 기업 가치를 연결하는 이론적 기반 (예: 이해관계자 이론, 대리인 이론)
   - 연구에서 검증할 구체적인 가설 개발
4. 방법론
   - 분석을 위한 회사 선정 기준
   - 데이터 출처 및 수집 과정 설명
   - 사용된 분석 기법 및 모델의 설명
5. 분석 및 결과
   - 수집된 데이터에 대한 상세한 분석
   - ESG 점수와 기업 가치 지표 간의 관계 검토
   - 가설과 관련하여 결과 토론
6. 토론
   - 기존 문헌과의 관련성에서 결과 해석
   - 기업, 투자자, 정책 입안자에 대한 시사점
   - 연구의 한계 및 향후 연구 제안
7. 결론
   - 주요 발견 요약
   - ESG 평가에서의 기업 가치 평가의 중요성에 대한 최종 생각
   - 연구 결과에 근거한 권장 사항
8. 참고 문헌
   - 논문에서 인용된 모든 출처의 포괄적 목록

이 구조는 ESG가 기업 가치에 미치는 영향에 대한 주제를 포괄적으로 다루고자 하며, 이

Message 나만의 논문 초안 작성하기...

어느 쪽이 My GPT로 작성한 것일까요? 아래쪽입니다. 챗GPT-4에 의해서 작성한 목차는 일반적인 내용의 목차를 만들어 주었다면 My GPT는 구체적이고 학술적인 내용의 목차를 작성해 주었습니다.

8강 챗GPT를 활용한 논문 초안 작성하기

초록을 작성해 보도록 하겠습니다.
먼저 챗GPT-4로 작성해 보도록 하겠습니다.

You
위 논문 목차에 맞춰서 초록을 작성해 줘

ChatGPT
물론입니다. "ESG가 기업가치에 미치는 영향"이라는 주제에 맞추어 초록을 작성하겠습니다.

초록

본 연구는 환경(Environment), 사회(Social), 거버넌스(Governance)로 구성된 ESG 요인이 기업가치에 미치는 영향을 분석하는 것을 목표로 한다. ESG의 정의와 역사적 배경을 탐구함으로써, 이 주제에 대한 포괄적인 이해를 제공한다. 연구는 ESG 각 요소가 기업가치, 특히 재무 성과와 시장 평가에 어떻게 영향을 미치는지를 중점적으로 다룬다. 이를 위해 다양한 기업들의 사례 연구와 통계적 분석을 수행하여, ESG 경영이 기업의 장기적 가치에 긍정적인 영향을 미칠 수 있는지를 검토한다.

본 논문은 ESG 경영의 도전 요인과 기회를 논의하고, 지속 가능한 경영 전략을 제안한다. 이를 통해 ESG가 단순한 윤리적, 환경적 책임을 넘어서 기업의 재무적 성과와 시장가치에 직접적인 영향을 미칠 수 있음을 제시한다. 연구 결과는 ESG 투자의 중요성을 강조하며, 향후 기업들이 ESG 요인을 전략적으로 통합하고 경영하는 데 있어 중요한 시사점을 제공한다. 마지막으로, 본 연구는 ESG 경영과 관련된 정책 제언 및 미래 연구 방향을 제시한다.

이 초록은 논문의 주요 내용과 연구 방향을 ⬇ 하게 요약하고 있습니다. 연구의 목적, 방법론, 주요 발견, 그리고 논문의 중요성이 강조되어 있습니다. 연구를 진행하시는 과정에 아래는 My GPT로 작성한 논문 초록입니다. 영어를 한국어로 번역하는 과정에서 매끄럽지 않은 부분이 있지만 챗GPT-4 대비 구체적일 뿐 아니라 학술 논문으로서 좀더 의미가 있어 보입니다.

You
위에 작성한 초록을 한글로 번역해 줄 수 있니?

나만의 논문 초안 작성하기
물론입니다. 아래는 ESG가 기업 가치에 미치는 영향에 관한 논문 초록의 한글 번역본입니다:

초록

본 연구는 환경, 사회, 지배구조(ESG) 기준과 기업 가치 간의 관계를 조사합니다. 지속 가능한 투자에 대한 강조가 커지면서, ESG가 회사의 재무 성과 및 시장 가치에 미치는 영향을 이해하는 것이 투자자, 경영진 및 정책 입안자에게 필수적이 되었습니다. 이 연구는 ESG가 기업 지배구조에서 어떻게 발전해 왔으며 현대 비즈니스 관행에서 그 중요성이 점점 증가하는지에 대한 맥락을 제공하기 위해 광범위한 문헌 리뷰를 실시합니다. 이해관계자 이론과 대리인 이론에 기반하여 이론적 틀을 개발함으로써, 본 논문은 ESG 실천이 다양한 기업 가치 지표와 어떻게 연결되는지에 대한 가설을 제시합니다.

견고한 경험적 방법론을 사용하여, 연구는 다양한 회사들로부터의 데이터를 분석하여 ESG 점수와 주요 재무 지표 간의 상관 관계를 평가합니다. 연구 결과는 ESG 기준을 준수하는 것이 회사의 시장 성과, 위험 프로필 및 투자자 매력에 어떻게 영향을 미치는지에 대한 중요한 통찰력을 밝힙니다. 본 논문은 이러한 결과를 현재의 지식 체계와 연관시켜 논의하며, 비즈니스 전략 및 투자 결정에 대한 함의를 강조합니다. 또한 연구의 한계를 인정하고 이 빠르게 발전하는 분야에서 향후 연구를 위한 길을 제시합니다.

이 연구는 지속 가능한 비즈니스 관행의 경제적 및 사회적 이점에 대한 뉘앙스 있는 관점을 제공함으로써, ESG가 기업 가치 형성에 미치는 역할에 대한 이해에 기여합니다. 이는 ESG 기준을 자사 운영에 통합하고자 하는 기업과 지속 가능한 투자 맥락에서 보다 정보에 입각한 결정을 내리고자 하는 투자자들에게 유용한 지침을 제공합니다.

Message 나만의 논문 초안 작성하기...

연구가설을 My GPT를 통해서 작성해 보겠습니다. 프롬프트에 [연구가설과 framework을 작성해 줘. 그리고 참고 목록은 해당 문장 끝에 표시해 줘] 라고 입력하였습니다. 아래와 같이 이론적 틀과 가설을 설정해 주었습니다. 그리고 바로 논문작성에 활용할 수 있도록 인용한 논문을 표시해 주었습니다.

이론적 틀과 가설

이론적 틀:
이 연구는 이해관계자 이론과 대리인 이론에 기반을 두고 있으며 ESG 기준이 기업 가치에 미치는 영향을 조사할 수 있는 포괄적인 렌즈를 제공합니다. 이해관계자 이론은 기업이 주주뿐만 아니라 모든 이해관계자의 이익 균형을 맞출 책임이 있다고 가정하며, ESG 관행이 기업 평판과 이해관계자 신뢰를 향상시켜 가치 증가로 이어질 수 있음을 시사합니다(Freeman, 1984). 반면 대리인 이론은 관리자와 주주 간의 갈등을 완화하는 데 거버넌스 구조의 중요성을 강조하며, 강력한 거버넌스(ESG의 'G')가 더 나은 의사결정과 향상된 재무 성과로 이어질 수 있다고 제안합니다(Jensen & Meckling, 1976).

가설:
이론적 틀을 바탕으로 다음과 같은 가설이 제안됩니다.

1. **H1: ESG와 재무 성과 간의 양의 상관관계**
   ESG 점수가 높은 기업은 ESG 점수가 낮은 동종 기업에 비해 더 강력한 재무 성과를 나타낼 것으로 가정됩니다. 이 가설은 효과적인 ESG 관행이 운영 효율성, 브랜드 이미지 향상, 더 나은 위험 관리로 이어진다는 전제에 기초합니다(Porter & Kramer, 2006).

2. **H2: 위험 완화 요소로서의 ESG**
   강력한 ESG 관행을 갖춘 기업은 낮은 수준의 시스템적 위험을 경험한다고 가정됩니다. 이는 ESG 중심 기업이 환경적, 사회적 문제를 더 잘 처리하여 관련 위험에 대한 취약성을 줄일 수 있다는 관점에 근거합니다(Elkington, 1997).

3. **H3: 높은 ESG 점수에 대한 투자자 선호 이**
   가설은 ESG 점수가 높은 기업이 더 많은 투자를 유치한다는 것을 암시하며, 이는 강력한 지속 가능성 관행을 갖춘 기업을 선호하는 투자자의 증가 추세를 반영합니다(Sassen, 2010).

이러한 각 가설은 ESG 기준과 기업 가치 사이의 다각적인 관계를 밝히고 지속 가능한 관행이 회사의 재무 및 시장 성과에 어떻게 영향을 미치는지에 대한 미묘한 이해를 제공하는 것을 목표로 합니다.

그리고 아래와 같이 참고 목록도 별도로 작성해 주었습니다.

References:

- Freeman, R.E. (1984). "Strategic Management: A Stakeholder Approach." Pitman.
- Jensen, M.C., & Meckling, W.H. (1976). "Theory of the Firm: Managerial Behavior, Agency Costs, and Ownership Structure." Journal of Financial Economics.
- Porter, M.E., & Kramer, M.R. (2006). "Strategy and Society: The Link between Competitive Advantage and Corporate Social Responsibility." Harvard Business Review.
- Elkington, J. (1997). "Cannibals with Forks: The Triple Bottom Line of 21st Century Business." Capstone.
- Sassen, S. (2010). "Sustainability and Investment Trends: The Increasing Importance of ESG Factors." Journal of Sustainable Finance.

(Note: The references provided are illustrative and should be replaced with actual sources used in your research.)

Message 나만의 논문 초안 작성하기...

이와 같은 방식으로 My GPT를 통해서 논문의 목차를 작성하고 목차별로 해당 논문 초안을 작성할 수 있습니다.

마지막으로 챗GPT(또는 My GPT)를 활용하여 논문 작성 시 유의 사항은 아래와 같습니다.

(1) 챗GPT가 작성한 논문은 반드시 저자 스스로 확인을 해야 합니다.

영어를 한국어로 번역하는 과정에서 문맥에 어울리지 않는 단어나 문장을 작성하였을 수도 있습니다. 또한 저자의 문체와 다른 경우에 많습니다. 저자 본인의 단어, 문장, 문체로 변경을 해야 합니다.

(2) 인용한 학술지는 일일이 확인을 해야 합니다.

챗GPT에는 환각(Hallucination) 현상이 있습니다. 논문을 작성하는 과정에서 있지도 않은 논문을 인용하고 관련 근거를 제시하는 경우가 있습니다. 그러므로 인용한 논문은 실제 있는 논문인지를 모두 확인해야만 합니다.

(3) 저작권 문제입니다.

챗GPT가 작성한 논문은 저자 본인이 작성한 논문일까요? 아니면 챗GPT가 작성한 논문일까요? 아직까지는 많은 논의가 있습니다. 저는 영국 지식재산청(Intellectual Property Office, https://academic.oup.com/jiplp/article/17/3/321/6550465)에서 제시한 내용으로 저작권 문제에 대한 의견을 대신하겠습니다.

① **컴퓨터 생성 작품에 대한 저작권 보호**

현재 영국에서는 인간 저자가 없는 컴퓨터 생성 작품을 50년간 보호합니다. 그러나 이러한 작품이 전혀 보호받아야 하는지, 그리고 보호된다면 어떻게 보호되어야 하는지에 대한 질문이 제기되고 있습니다.

② **텍스트 및 데이터 마이닝(TDM)에 대한 라이선싱 또는 예외**

AI 사용 및 개발에 중요한 TDM에 대한 라이선싱 또는 저작권 예외에 대한 논의가 이루어지고 있습니다.

③ **AI가 고안한 발명에 대한 특허 보호**

AI가 고안한 발명품에 대해 특허 보호를 해야 하는지, 그리고 보호된다면 어떻게 보호되어야 하는지에 대한 논의가 진행 중입니다.

8강 선행논문 찾는 노하우

학술지 논문이나 학위 논문을 쓸 때에는 선행논문을 반드시 검토해야 합니다.
선행논문을 검토해야만 하는 주요 이유는 다음과 같습니다.

❶ **지식의 기반 마련:** 선행연구는 해당 분야의 지식과 이론의 토대를 제공합니다. 이는 새로운 연구나 프로젝트를 시작할 때 필수적인 배경 지식을 마련해줍니다.

❷ **연구 간격 및 필요성 파악:** 선행연구를 통해 현재 연구 주제에 대한 기존의 연구들을 이해하고, 아직 해결되지 않은 문제나 연구의 공백을 찾아낼 수 있습니다. 이를 통해 연구의 필요성과 중요성을 강조할 수 있습니다.

❸ **연구 방법론의 이해:** 이전 연구들은 다양한 연구 방법론을 사용했을 것입니다. 이를 통해 어떤 방법론이 가장 효과적인지, 어떤 접근 방식이 적합한지를 파악할 수 있습니다.

❹ **연구 오류와 한계의 이해:** 선행연구는 종종 연구 과정에서 발생할 수 있는 오류나 한계점을 지적합니다. 이를 통해 자신의 연구에서 이러한 오류를 피하고 보다 정확하고 신뢰할 수 있는 결과를 도출할 수 있습니다.

❺ **이론적 틀의 구축:** 선행연구는 연구 주제와 관련된 이론적 틀을 구축하는 데 도움을 줍니다. 이는 연구 질문을 명확하게 하고, 연구의 방향성을 제시하는 데 중요한 역할을 합니다.

❻ **논문의 신뢰성 및 타당성 강화:** 자신의 연구가 이전의 연구들과 어떻게 연결되는지 보여주는 것은 연구의 신뢰성과 타당성을 높이는 데 중요합니다. 이는 연구 결과를 설득력 있게 만들고, 학계의 인정을 받는 데 도움이 됩니다.

❼ **최신 동향과 발전의 이해:** 선행연구를 검토함으로써 해당 분야의 최신 동향과 최근 발전을 파악할 수 있습니다. 이는 연구자나 컨설턴트가 현재의 지식을 기반으로 의사결정을 내리고 계획을 수립하는 데 필수적입니다.

❽ **참고문헌의 축적:** 선행연구 검토는 관련 분야의 중요한 참고문헌을 축적하는 과정이기도 합니다. 이는 연구자가 해당 분야에 대한 깊은 이해를 갖추고 있다는 것을 보여주며, 논문의 질을 향상시킵니다.

이러한 이유들로 인해, 선행연구 검토는 학술 연구 과정에서 필수적인 단계로 간주됩니다.

그러나 챗GPT 등 AI가 활성화되기 이전에 선행연구 검토는 쉬운 작업이 아니었습니다. 다음과 같은 과정을 거쳤습니다.

❶ **정확한 키워드 선정:** 연구 주제와 관련된 핵심 단어나 구문을 식별합니다. 이는 검색 범위를 좁히고 관련성 높은 결과를 얻는 데 도움이 됩니다.

❷ **데이터베이스 및 검색 엔진 선택:** 연구 주제에 적합한 전문적인 데이터베이스나 검색 엔진을 선택합니다. 학술적 연구에는 Google Scholar, PubMed, JSTOR 같은 데이터베이스가 적합할 수 있습니다.

❸ **부울 연산자(AND, OR, NOT) 사용:** 이 연산자들은 검색 결과를 더욱 세밀하게 필터링하는 데 사용됩니다. 예를 들어, "환경 AND 오염"은 두 단어가 모두 포함된 문헌을 찾는 데 도움이 됩니다.

❹ **세부 주제로의 세분화:** 넓은 주제를 더 구체적인 하위 주제로 나누어 보다 관련성 높은 정보를 찾습니다.

❺ **검색 결과의 평가 및 선별:** 얻은 정보의 출처, 저자, 출판일 등을 고려하여 그 신뢰성과 적합성을 평가합니다.

❻ **지속적인 검색 전략 수정 및 개선:** 검색 과정에서 얻은 피드백을 바탕으로 검색 전략을 지속적으로 수정하고 개선합니다.

그러나 앞에서 말씀드린 것처럼 방법을 선행논문을 찾는 방법을 알고 있어도 적합한 선행논문을 찾는 일이 쉽지 않습니다.

예를 들어 볼까요?

❶ 국내 논문을 검색할 수 있는 학술연구정보서비스 (Research Information Sharing Service, https://www.riss.kr/index.do)에 접속해서 "리더십"이라는 키워드로 국내 논문을 검색해 보았습니다. 한글로 된 논문만 64,134건이 검색이 됩니다. 해외전자정보서비스(Search for foreign academic papers)에 접속하여 "leadership"으로 검색된 해외논문은 2,374,820건이 검색됩니다.

❷ 키워드로 검색된 논문 중 을 일일이 다운받아 필요한 논문인지를 확인해야 합니다.

❸ 그리고 엔드노트(Endnote, endnote.com), 조테로(Zotero, www.zotero.org), 멘데레이(Mendeley, www.mendeley.com)와 같은 서지관리 프로그램을 통해서 레퍼런스로 활용할 수 있는 논문을 관리해야 합니다.

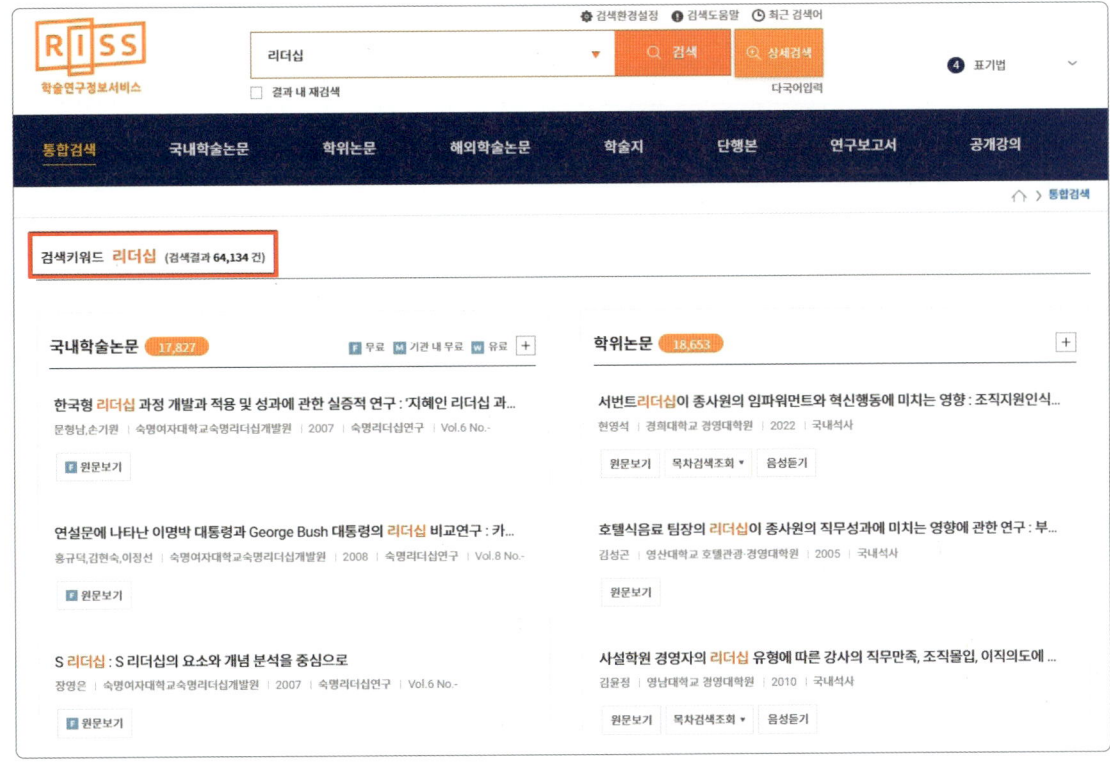

<그림 1> RISS에서 "리더십"으로 검색을 하면 17,827개의 논문이 검색됩니다.

  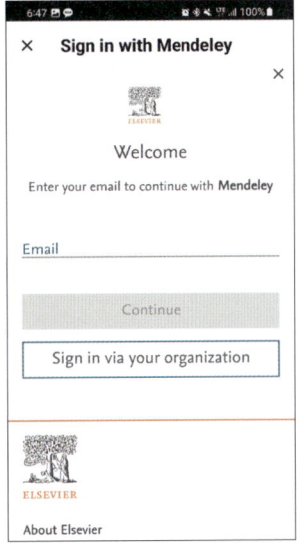

<그림 2> 서지관리 프로그램인 Evernote, Zotero, Mendeley 로그인 화면

8강 선행논문 찾는 노하우

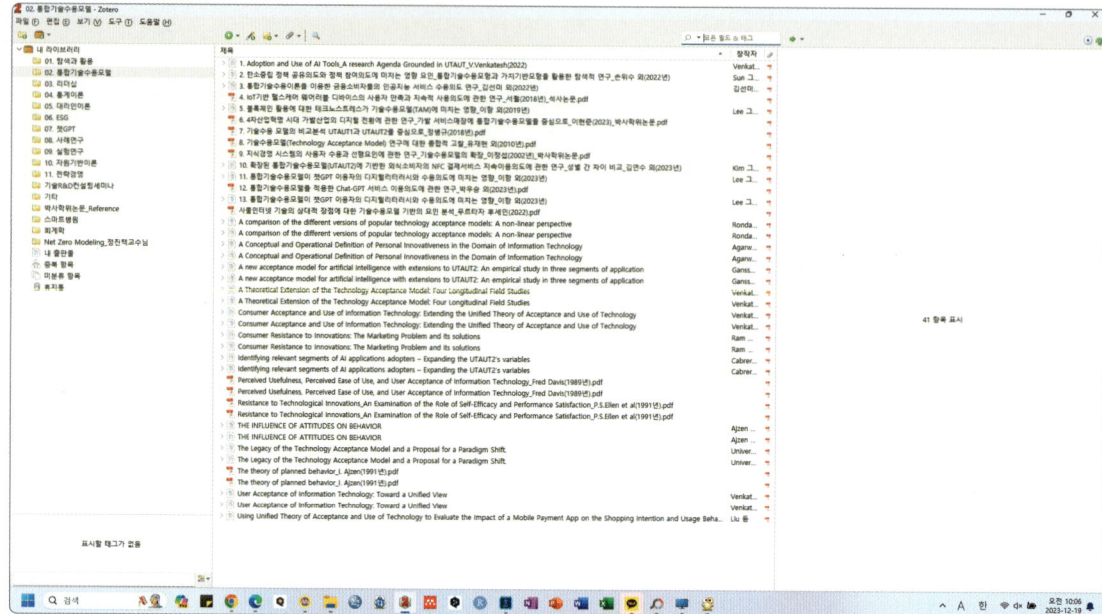

<그림 3> 서지관리 프로그램 중 하나인 Zotero 활용 화면

다행히도 선행논문 검색도 이제는 AI의 도움을 받아 원하는 선행논문을 좀더 편하고 빠르면서도 정확하게 찾을 수 있게 되었습니다. AI를 통한 대표적인 논문 검색 서비스는 다음과 같습니다.

1 Perplexity (https://www.perplexity.ai/)

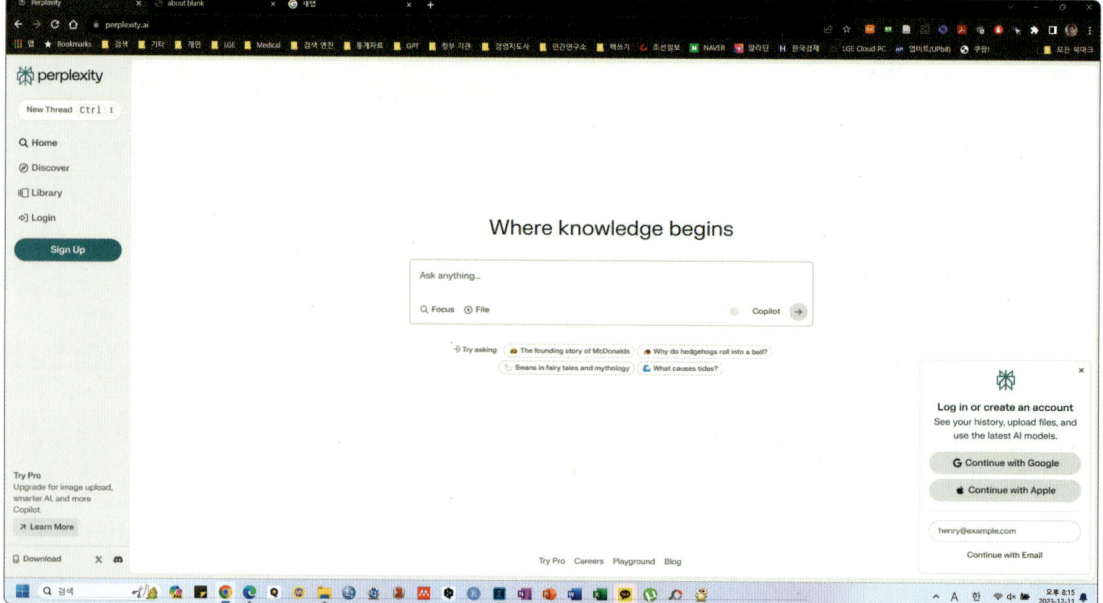

2 Elicit (https://elicit.com)

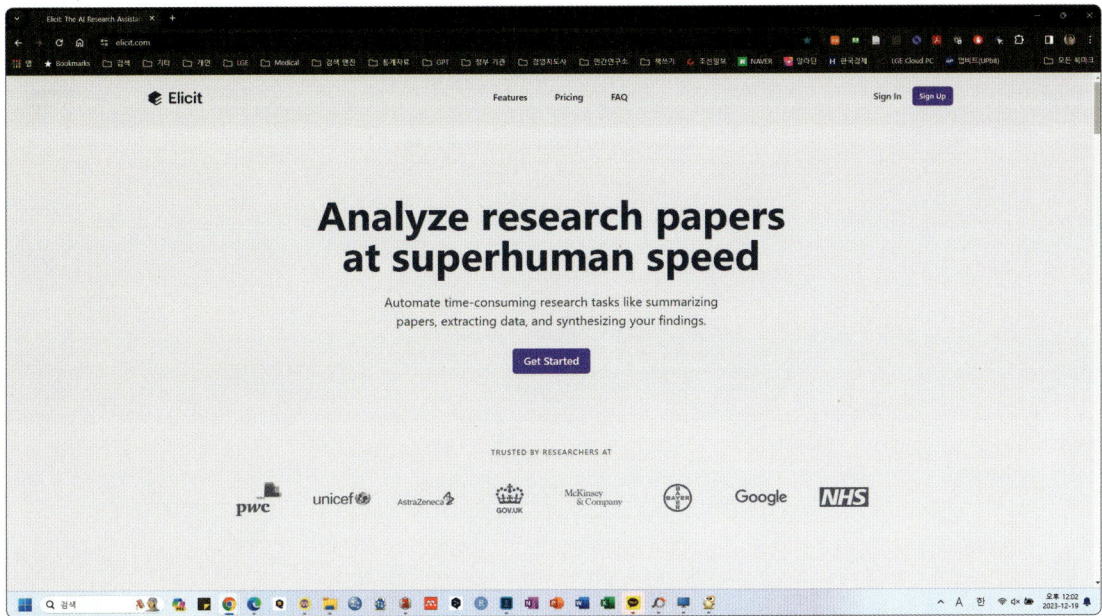

3 Consensus (https://consensus.app/)

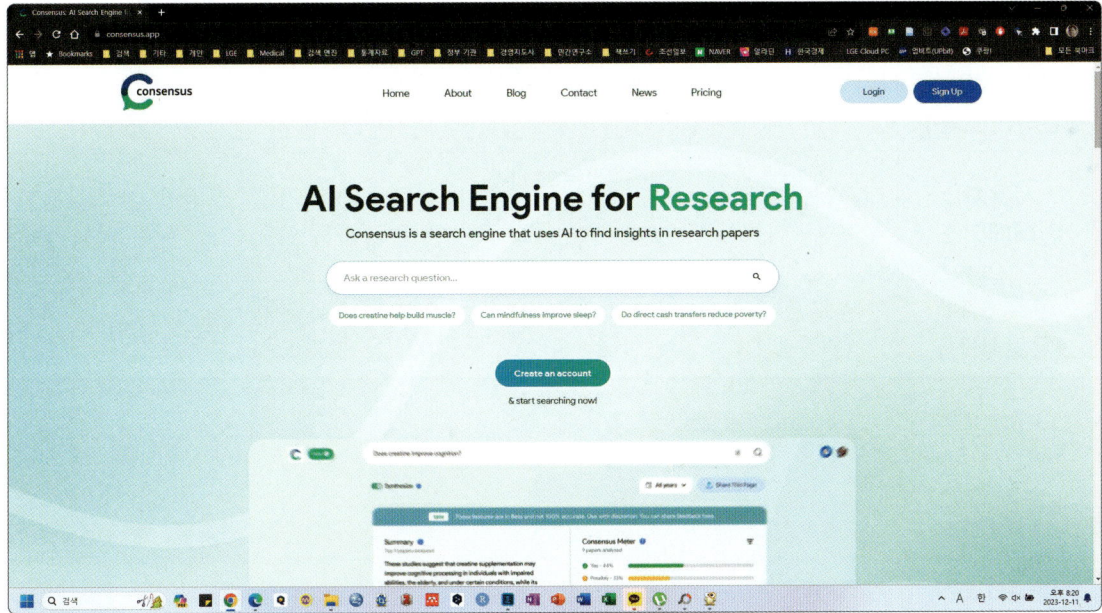

8강 선행논문 찾는 노하우

4 Scispace (https://typeset.io)

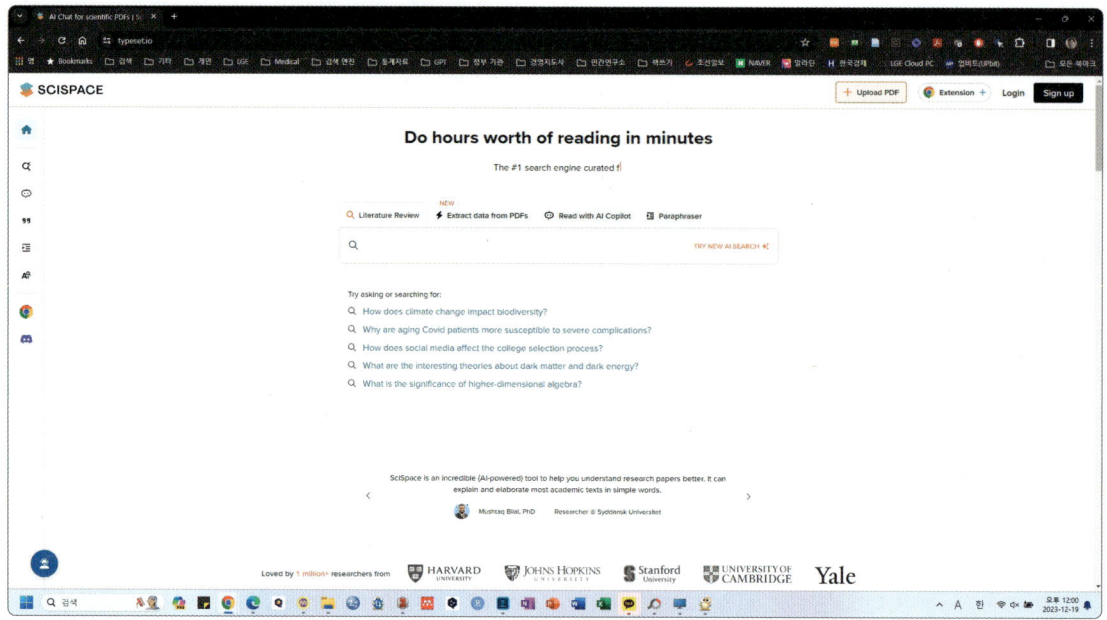

	Perplexity AI	**Elicit**	**Consensus**	**Typeset.io**
파일 첨부 (업로드)	이미지, 텍스트, PDF	PDF	-	PDF
고급 기능	Copilot을 통한 답변 제공	논문에서 데이터 추출 및 개념 찾기	-	AI Copilot을 사용한 읽기, 데이터 추출, 질문 기능
데이터베이스 (연구논문 수)	정보 없음	200백만개 이상	200백만개 이상	270백만개 이상
사용자 인터페이스	직관적인 질문 및 답변 형식	연구 질문에 대한 관련 논문 리스트 제공	질문에 대한 연구 논문 검색 및 요약	질문 및 검색을 통한 논문 탐색
프로 버전 (유로 버전)	기본 및 프로 버전 (월 - $20)	기본 및 플러스 버전 (월 - $12)	기본 및 프레미엄 버전(월 – $9.99)	무료

<표1> AI를 통한 논문 검색 사이트 비교

챗GPT를 통한 선행논문을 찾는 방법은 아래와 같습니다.

우선 챗GPT-4에 최신 논문을 찾아 달라고 요청합니다. 프롬프트에 "환경 변화의 경제적 영향에 대한 최신 논문을 찾아 주세요"라고 입력합니다. 질문은 명확하고 구체적일수록 좋은 결과를 얻을 수 있습니다.

 # 명확하게 : 챗GPT 프롬프트에 입력하는 질문이나 요청이 명확해야 한다. 챗GPT가 사용자가 프롬프트에 입력한 정보를 정확하게 이해하고 사용자가 원하는 정보를 처리할 수 있도록 질문이나 요청을 명료하게 입력한다.

 # 구체적으로 : 사용자가 챗GPT 프롬프트에 질문이나 요청을 입력할 때는 최대한 구체적으로 정보를 입력해야 좋은 결과가 생성된다.

결과가 만족스럽지 않습니다. 이는 챗GPT-4의 특성 때문이지 싶습니다. 챗GPT-4는 창의력과 고급 추론이 필요한 콘텐츠를 생산하는데 적합한 모델이지 선행 논문을 찾기에는 적합하지 않은 모델이기 때문입니다.

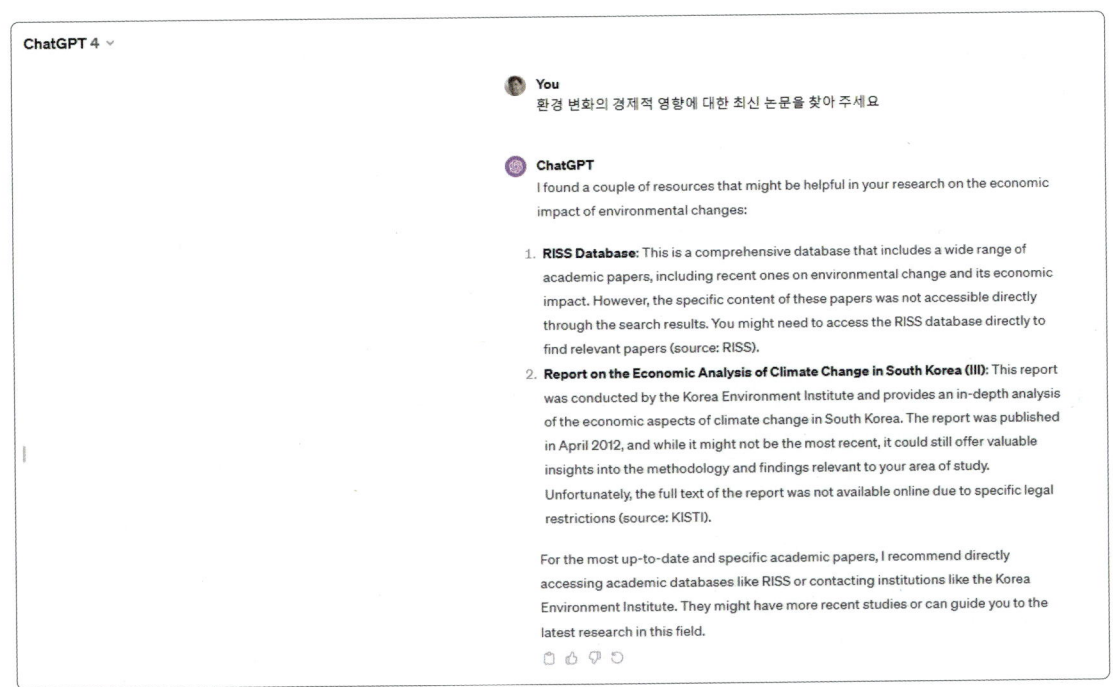

<그림 3> 챗GPT-4를 통해서 선행 논문을 검색한 결과

그러나 포기하기에는 이릅니다. 챗GPT-4가 제공하는 플러그인 서비스를 이용하면 선행 논문을 검색할 수 있습니다.

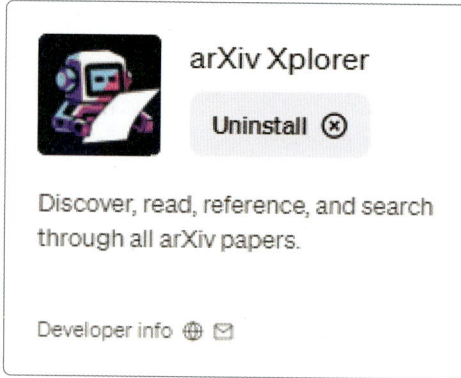 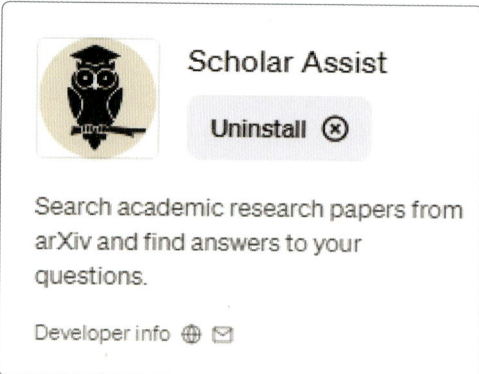
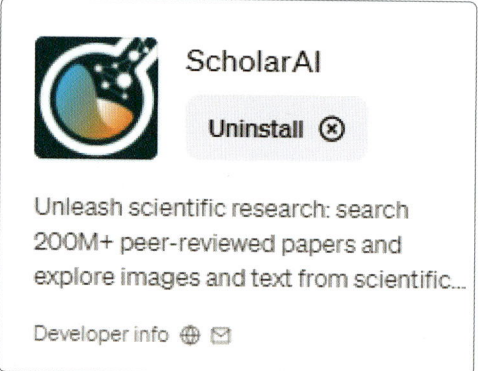 

<그림 4> 논문 검색을 지원하는 챗GPT-4 플러그인

챗GPT-4에서 플러그인 메뉴를 선택하고 논문 검색을 지원하는 플러그인을 3개까지 선택을 합니다.

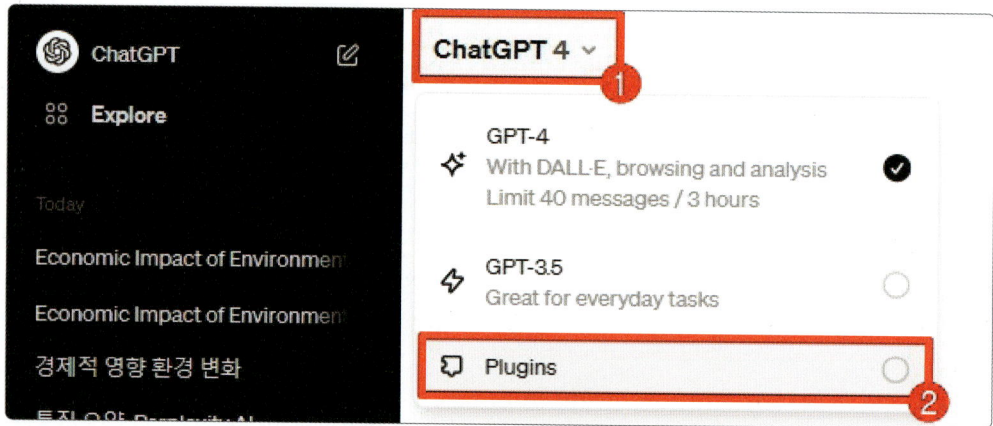

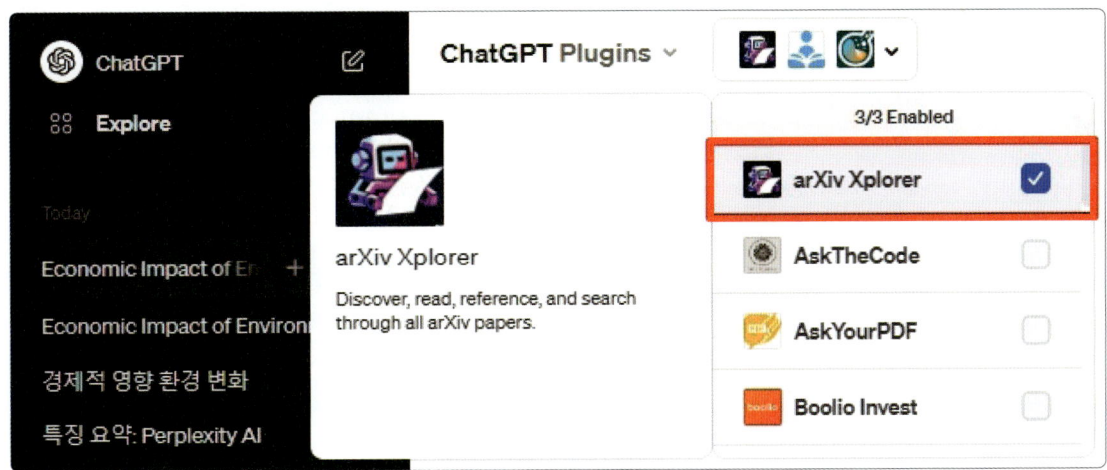

챗GPT-4 플러그인을 선택한 후 같은 질문을 하였고 챗GPT-4는 아래와 같은 답변을 주었습니다.

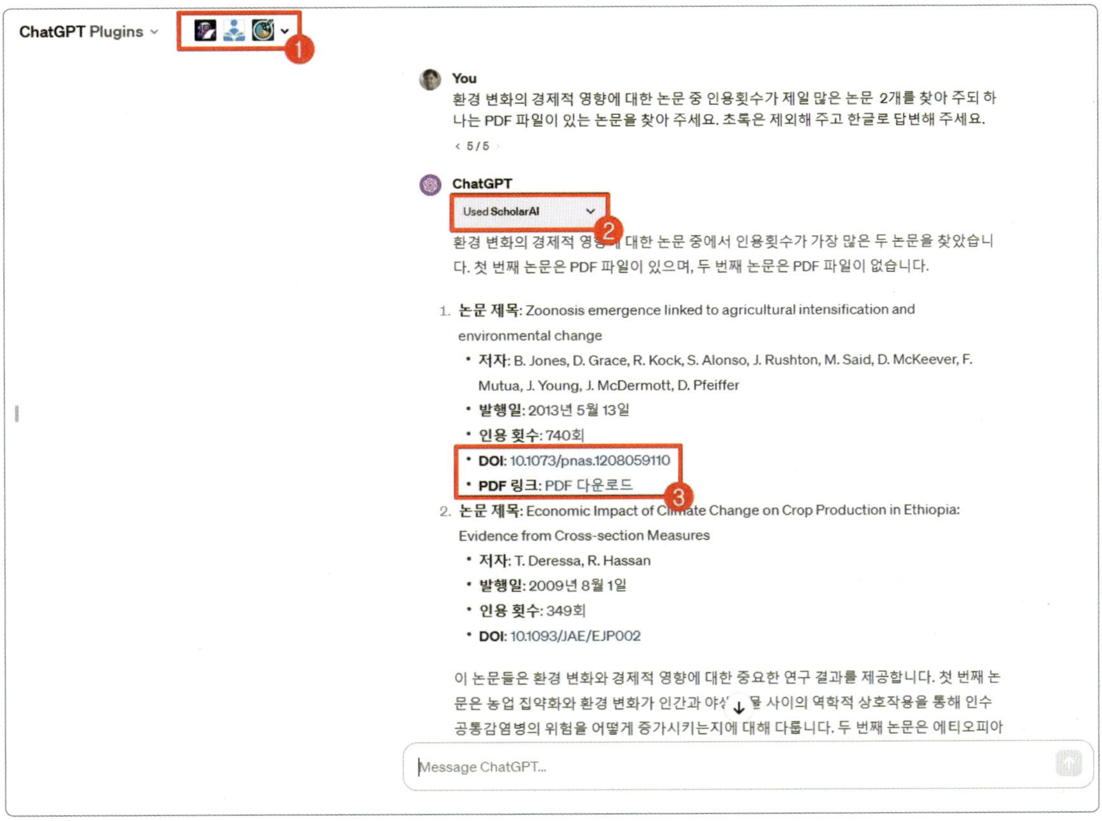

<그림 5> ①을 클릭하여 필요한 플러그인을 선택합니다(3개까지 선택 가능) ② Scholar AI 플러그인을 통해 요청한 선행논문을 검색하여 줍니다(<그림 5-1> 참조) ③ [DOI Link]를 클릭하면 논문이 기재된 웹사이트로 연결이 됩니다(<그림 5-2> 참조). [PDF 다운로드]를 클릭하면 PDF 형태로 된 논문을 보여 줍니다(<그림 5-3> 참조).

8강 선행논문 찾는 노하우

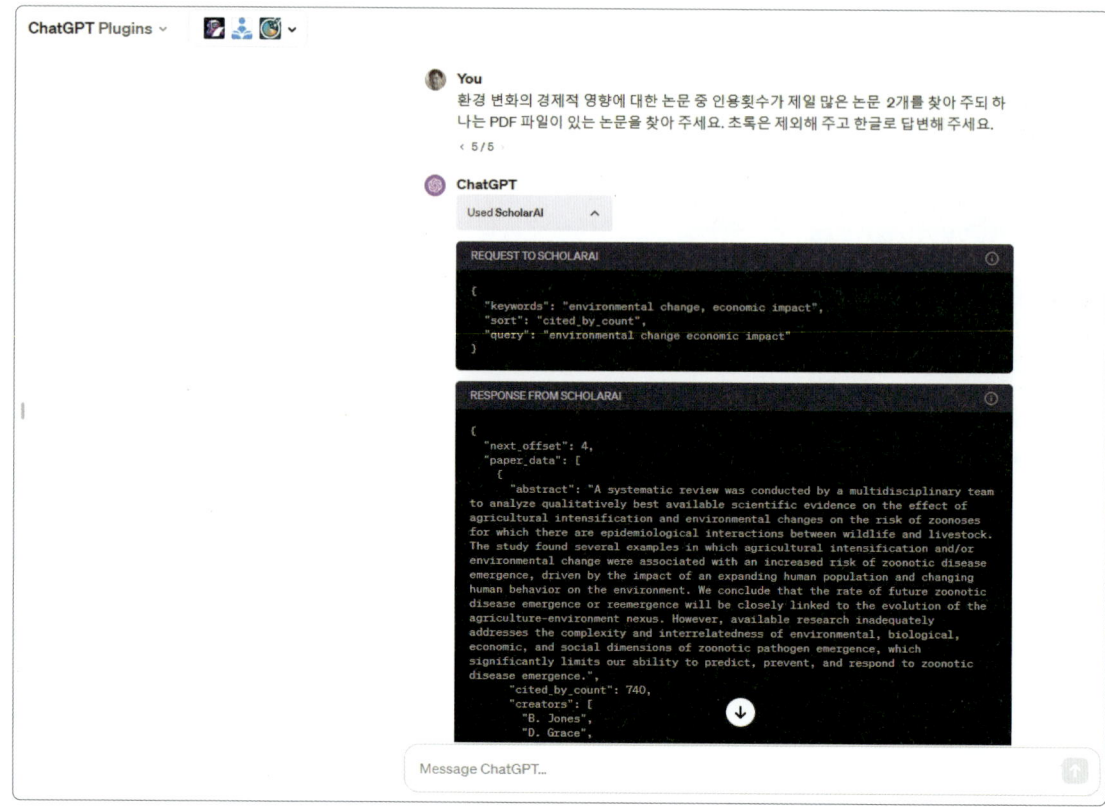

<그림 5-1> 플러그인 Scholar AI(<그림 5>의 (1))를 클릭하면 검색을 위해 사용한 코드를 보여 줍니다.

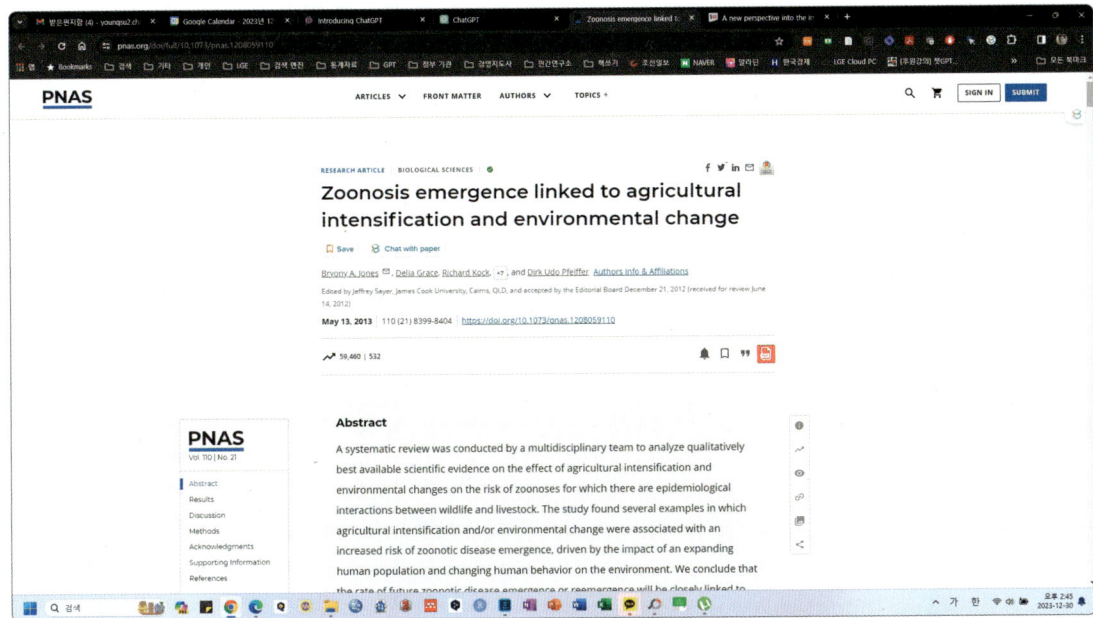

<그림 5-2> <그림 5>의 [DOI Link]를 클릭하면 해당 논문을 보여 줍니다

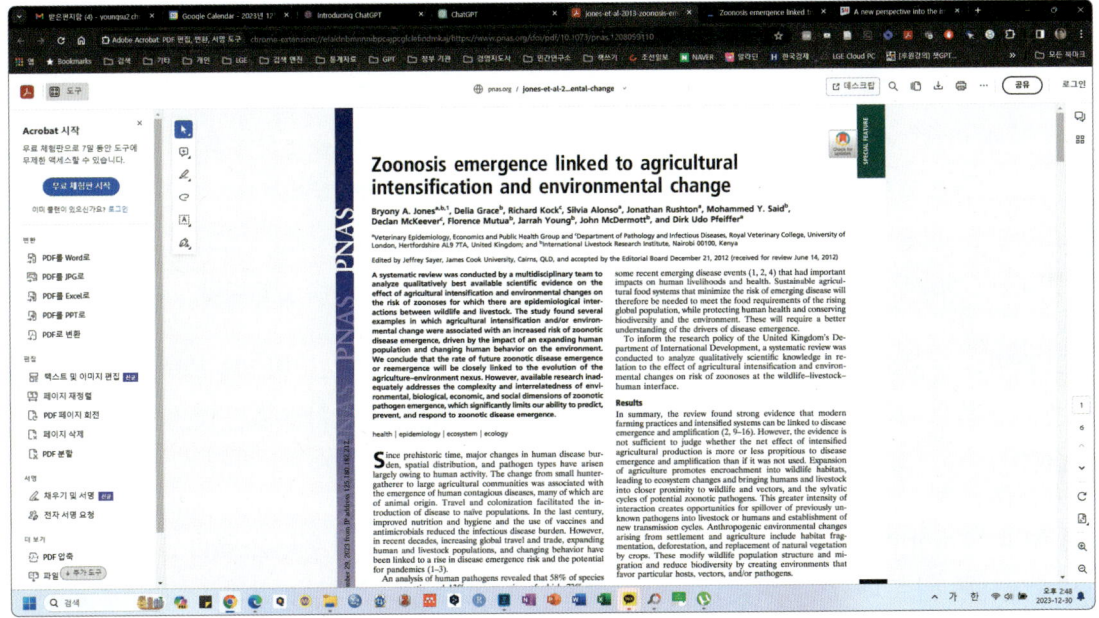

<그림 5-3> <그림 5>의 [PDF 다운로드]를 클릭하면 PDF 파일이 다운로드 됩니다

검색된 논문을 내가 작성한 논문의 참고목록으로 넣을 수 있도록 참고 목록을 만들어 볼까요?

You
위 검색된 논문을 APA 형태로 참고목록으로 만들어 줘

ChatGPT
알겠습니다. 여기 APA 형식으로 정리한 참고문헌 목록입니다:

1. Adebayo, T., & Rjoub, H. (2021). A new perspective into the impact of renewable and nonrenewable energy consumption on environmental degradation in Argentina: a time-frequency analysis. *Environmental Science and Pollution Research, 28*(45), 64428-64441. https://doi.org/10.1007/s11356-021-16897-6

2. Shabir, M., Ali, M., Hashmi, S. H., & Bakhsh, S. (2021). Heterogeneous effects of economic policy uncertainty and foreign direct investment on environmental quality: cross-country evidence. *Environmental Science and Pollution Research, 28*(38), 53453-53466. https://doi.org/10.1007/s11356-021-15715-3

3. Arabadzhyan, A., Figini, P., García, C., González, M. M., Lam-González, Y., & León, C. (2020). Climate change, coastal tourism, and impact chains – a literature review. *Current Issues in Tourism, 24*(19), 2715-2734. https://doi.org/10.1080/13683500.2020.1825351

4. Hoffmann, R., Dimitrova, A., Muttarak, R., Cuaresma, J. C., & Peisker, J. (2020). A meta-analysis of country-level studies on environmental change and migration. *Nature Climate Change, 10*(10), 904-912. https://doi.org/10.1038/s41558-020-0898-6

이 목록은 APA 스타일 가이드에 따라 작성되었습니다. 참고문헌을 논문에 포함시킬 때 이 형식을 사용하시면 됩니다. 추가적인 도움이 필요하시면 알려주세요.

위 목록을 Copy해서 아래한글에 붙여 놓으면 손쉽게 참고목록을 만들 수 있습니다.

참고로 학술 논문이나 연구 보고서를 작성할 때 사용되는 다양한 참고문헌 작성 형식이 있습니다. 각 형식은 특정 학문 분야나 출판사의 요구에 따라 다를 수 있습니다. 가장 일반적인 형식은 다음과 같습니다.

(1) APA (American Psychological Association) : 저자의 성과 이니셜, 출판 연도, 논문 제목, 저널 이름, 권호, 페이지 범위 및 DOI를 포함합니다. 이 형식은 사회과학 분야에서 널리 사용됩니다.

Adebayo, T., & Rjoub, H. (2021). A new perspective into the impact of renewable and nonrenewable energy consumption on environmental degradation in Argentina: a time-frequency analysis. Environmental Science and Pollution Research, 28(45), 64428-64441. https://doi.org/10.1007/s11356-021-16897-6

9강

참고문헌 관리프로그램 활용해서 선행논문 정리하기

(2) MLA (Modern Language Association) : 저자의 전체 (
연도, 페이지 범위 및 DOI를 포함합니다. 이 형식은 주로 문학

Adebayo, T., and Husam Rjoub. "A New Perspective i
Nonrenewable Energy Consumption on Environmental
Frequency Analysis." Environmental Science and Pollutic
64428-64441. https://doi.org/10.1007/s11356-021-16897-

(3) Chicago Style : Chicago 스타일의 저자-날짜 시스템
저널 이름, 권호, 페이지 범위 및 DOI를 포함합니다. 이 스티
특히 역사학에서 널리 채택됩니다.

Adebayo, T., and Husam Rjoub. 2021. "A New Perspectiv
Nonrenewable Energy Consumption on Environmental
Frequency Analysis." Environmental Science and Pollutic
https://doi.org/10.1007/s11356-021-16897-6

(4) Harvard Style : 저자의 성과 이니셜, 출판 연도, 논문 제5
링크 또는 DOI를 포함합니다. 이 형식은 다양한 학문 분야
과학 분야에서 널리 채택됩니다.

Adebayo, T. & Rjoub, H., 2021. A new perspective into the im
energy consumption on environmental degradation in Ar
Environmental Science and Pollution Research, 28(45), p
doi.org/10.1007/s11356-021-16897-6

(5) Vancouver Style : 숫자로 된 참조를 사용하며, 저자의 성과
권호, 페이지 범위 및 DOI를 포함합니다. 이 형식은 주로 의학

Adebayo T, Rjoub H. A new perspective into the impact of r
consumption on environmental degradation in Argentina
Sci Pollut Res. 2021;28(45):64428-41. doi: 10.1007/s1135

(6) IEEE (Institute of Electrical and Electronics Engine
숫자로 된 참조를 사용합니다. 이 형식은 저자의 이니셜과
범위, 출판 연도 및 DOI를 포함합니다.

[1] T. Adebayo and H. Rjoub, "A new perspective into the im
energy consumption on environmental degradation in Ar
Environ. Sci. Pollut. Res., vol. 28, no. 45, pp. 64428-64441, 20

9강 참고문헌 관리프로그램 활용해서 선행논문 정리하기

엔드노트(EndNote)

1 개요와 특징

엔드노트는 Microsoft Windows 및 Mac에서 실행되는 참고문헌 관리 소프트웨어입니다. 또한 참고문헌을 수집, 관리, 인용 및 형식화하는 데 사용됩니다. 엔드노트는 연구자, 학생 및 기타 전문가 논문, 보고서, 프레젠테이션 등을 작성할 때 참고문헌을 더욱 효율적으로 관리할 수 있도록 도와줍니다.

2 장점

❶ 참고문헌 관리가 쉽고 편리합니다.

엔드노트는 참고문헌을 입력하고 관리하는 기능이 매우 뛰어납니다. 참고문헌의 형식, 출처, 저자, 연도, 페이지 수 등을 손쉽게 입력할 수 있으며, 참고문헌 목록을 자동으로 생성할 수 있습니다. 또한, 참고문헌 목록을 다양한 스타일로 출력할 수 있습니다.

❷ 논문 작성에 유용합니다.

엔드노트는 논문 작성에 필요한 다양한 기능을 제공합니다. 예를 들어, 참고문헌을 인용하거나, 표와 그림을 삽입하거나, 머리말과 꼬리말을 작성하는 등의 작업을 쉽게 수행할 수 있습니다.

❸ 다양한 기능을 제공합니다.

엔드노트는 참고문헌 관리 외에도 다양한 기능을 제공합니다. 예를 들어, 문서를 편집하거나, 워터마크를 추가하거나, 암호를 설정하는 등의 작업을 수행할 수 있습니다.

2 단점

❶ 사용하기가 다소 어렵습니다.

엔드노트는 기능이 많기 때문에, 사용하기 위해서는 어느 정도의 학습 시간이 필요합니다.

❷ PC에만 설치할 수 있습니다.

엔드노트는 PC에서만 사용할 수 있습니다.

3 주요 기능

엔드노트는 연구자, 학생, 직장인 등 다양한 분야에서 참고문헌을 관리하는 데 유용하게 사용될 수 있습니다.

❶ 참고문헌 수집

엔드노트는 다양한 출처에서 참고문헌을 수집할 수 있는 기능을 제공합니다. PubMed, Web of Science, Google Scholar 등과 같은 학술 데이터베이스에서 참고문헌을 검색하고 가져올 수 있습니다. 또한, 직접 입력하여 참고문헌을 추가할 수도 있습니다.

❷ 참고문헌 관리

엔드노트는 참고문헌을 체계적으로 관리할 수 있는 기능을 제공합니다. 참고문헌을 분류하고, 태그를 지정하고, 검색할 수 있습니다. 또한, 참고문헌을 다른 사용자와 공유할 수도 있습니다.

❸ 인용

엔드노트는 다양한 형식의 문서에 참고문헌을 인용할 수 있는 기능을 제공합니다. Microsoft Word, Adobe In Design, OpenOffice 등과 같은 다양한 문서 편집 소프트웨어와 통합되어 있습니다. 또한, 엔드노트에서 제공하는 다양한 인용 스타일을 사용할 수 있습니다.

❹ 참고문헌 형식화

엔드노트는 참고문헌을 원하는 형식으로 형식화할 수 있는 기능을 제공합니다. IEEE, APA, MLA 등과 같은 다양한 참고문헌 형식을 지원합니다.

● **다양한 출처에서 참고문헌을 수집**

엔드노트는 많은 곳에서 참고문헌을 검색 할 수 있습니다.

▶ **온라인 검색:** 엔드노트는 Google Scholar, PubMed, IEEE Xplore 등 다양한 온라인 데이터베이스에 연결하여 참고문헌을 검색할 수 있습니다.

▶ **도서관 검색:** 엔드노트는 도서관 데이터베이스에 연결하여 참고문헌을 검색할 수 있습니다.

▶ **개인 컬렉션:** 엔드노트는 개인 컬렉션에 있는 참고문헌을 가져올 수 있습니다.

엔드노트에서 참고문헌을 수집하면 다음과 같은 정보를 입력할 수 있습니다.

- **작가:** 저자의 이름, 성, 이메일 주소, 직함 등을 입력할 수 있습니다.
- **제목:** 참고문헌의 제목을 입력할 수 있습니다.
- **출판사:** 참고문헌의 출판사를 입력할 수 있습니다.
- **발행일:** 참고문헌의 발행일을 입력할 수 있습니다.
- **페이지 번호:** 참고문헌의 페이지 번호를 입력할 수 있습니다.
- **DOI:** 참고문헌의 DOI를 입력할 수 있습니다.

실제 활용 방법

1 대학원 논문 작성 시 참고문헌 활용 예시

1. 엔드노트 온라인 사이트 [www.myendnoteweb.com]접속 후 회원가입을 합니다.

① 신규 회원가입은 [Register]를 클릭 후 입력 가입 합니다.
② 가입 후 이메일과 패스워드 입력하고 [Sign in]을 클릭 합니다.

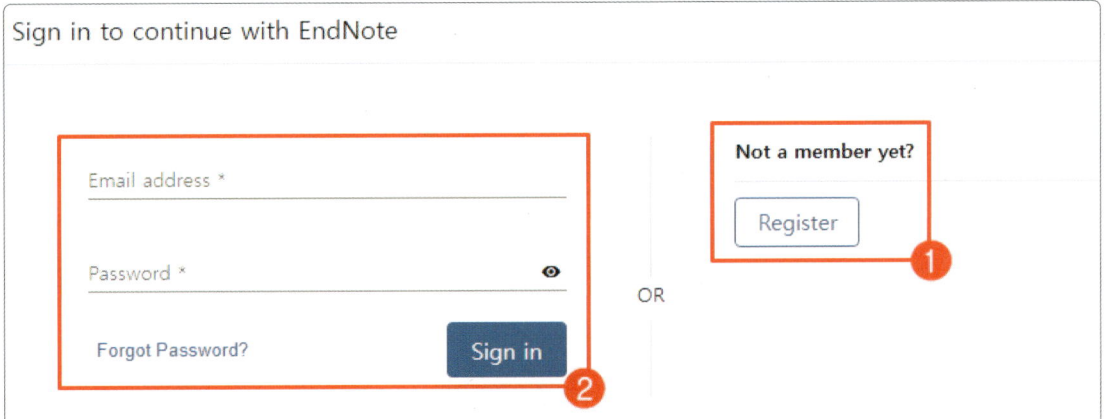

2. 로그인 후 [다운로드] 메뉴 탭 클릭 후 [Windows 다운로드] 설치를 합니다.

3. 내 컴퓨터에서 설치가 완료되면 "마이크로소프트 워드 프로그램"에 들어가서 상단 메뉴에 [EndNote21] 확장 프로그램이 설치되어있는 부분을 확인합니다.

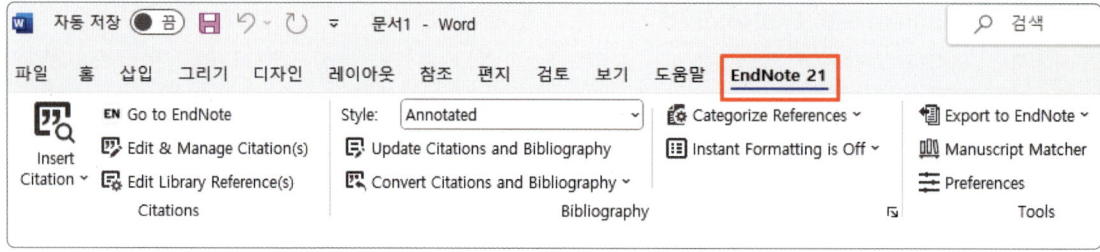

4. 다음으로 참고문헌 검색을 위해서 구글 스칼라 [www.scholar.google.com]에 접속합니다. 검색창에 내가 인용하고 싶은 논문 이름을 적어주고 검색 확인 시 논문 리스트가 나오는데, 찾고자 하는 참고논문 리스트 밑에 [저장]을 클릭합니다.

5. [저장]한 논문은 라이브러리에 저장되는데 상단 왼쪽 줄세개 바에 있는 [내 서재]에서 저장한 논문 리스트 확인 후 [모두 내보내기]를 클릭하고 확장자 [EndNote]로 내보내기 하면 [enw] 확장자 파일로 저장이 됩니다.

6. 다시 "엔드노트 홈페이지"로 돌아와서 상단 메뉴 ① [수집]탭을 클릭 ② [문헌 가져오기] 클릭 ③ [파일선택] 클릭하고 내보내기 한 [enw] 확장자 파일을 선택합니다.
가져오기 옵션에서 [EndNote Import] 선택하고 받는 사람을 원하는 [새 그룹]으로 신규 이름 폴더 선정하고 아래에 있는 [가져오기] 버튼을 클릭합니다.

6. 최종적으로 엔드노트 홈페이지로 돌아와서 상단 메뉴 ① [내 문헌] 탭을 클릭하고 새 그룹 지정한 ② [내 그룹]에 폴더 이름을 클릭하면 저장한 참고문헌 리스트를 확인할 수 있습니다.

7. 이제 참고논문 작성을 위해서 마이크로소프트 워드 프로그램에 들어가서 상단의 [EndNote] 메뉴 클릭 후 [Preferences]을 클릭합니다.

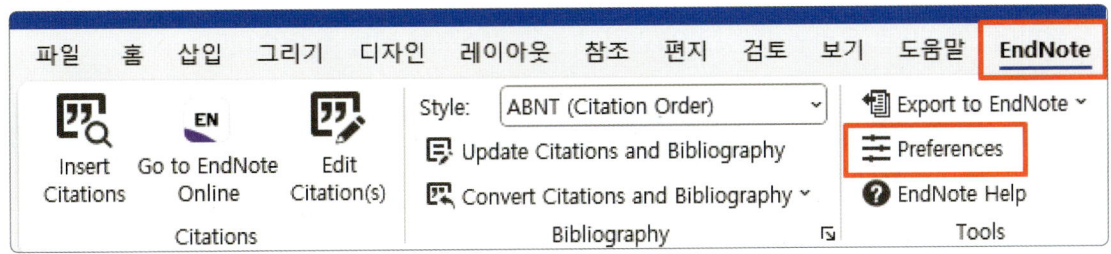

8. "엔드노트 사이트"에 있는 참고논문 리스트와 연결을 하기 위해서 ① [Application] 메뉴 탭 클릭 후 Application 옵션에서 ② [EndNote online] 선택하고 ③ [엔드노트 가입한] 이메일과 비밀번호 입력 후 확인 버튼을 클릭합니다.

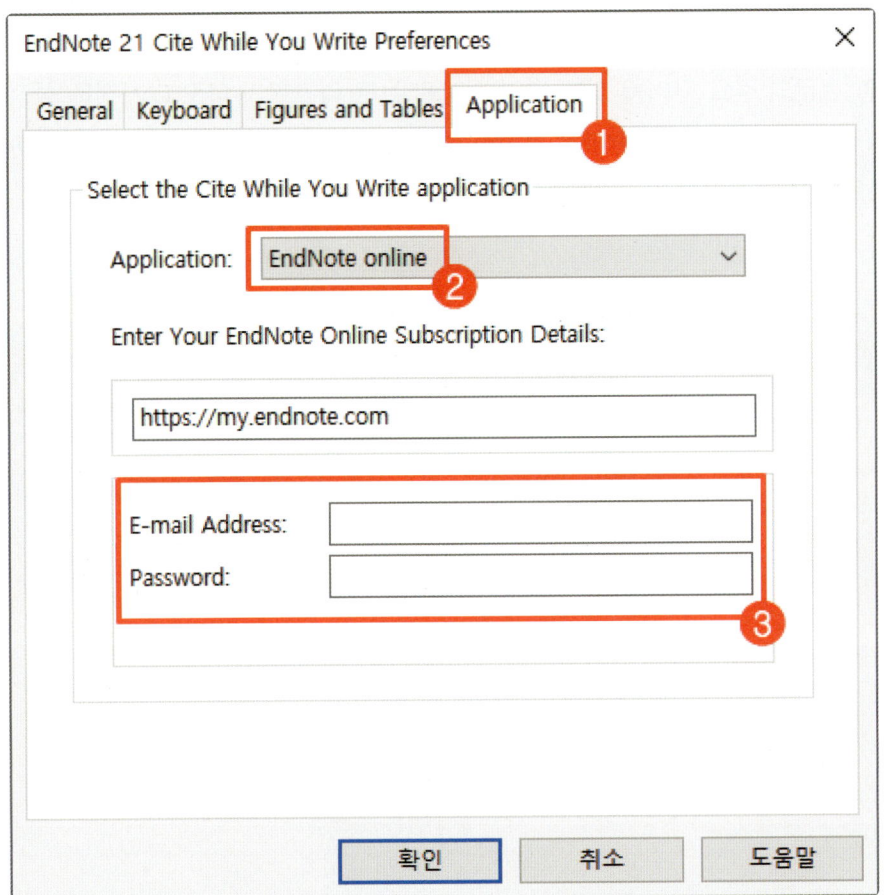

9. "엔드노트 온라인 사이트"와 "마이크로소프트 워드 프로그램"과 로그인 연동이 되었으면 ① [Style] 옵션 클릭 후 내가 원하는 논문 작성 스타일을 설정합니다. 그리고 아래에 [Update Citations and Bibliography] 클릭 후 업데이트를 하고 ② [Insert Citations] 클릭하면 "엔드노트 온라인 사이트"와 연결된 논문 리스트를 넣을 수 있습니다.

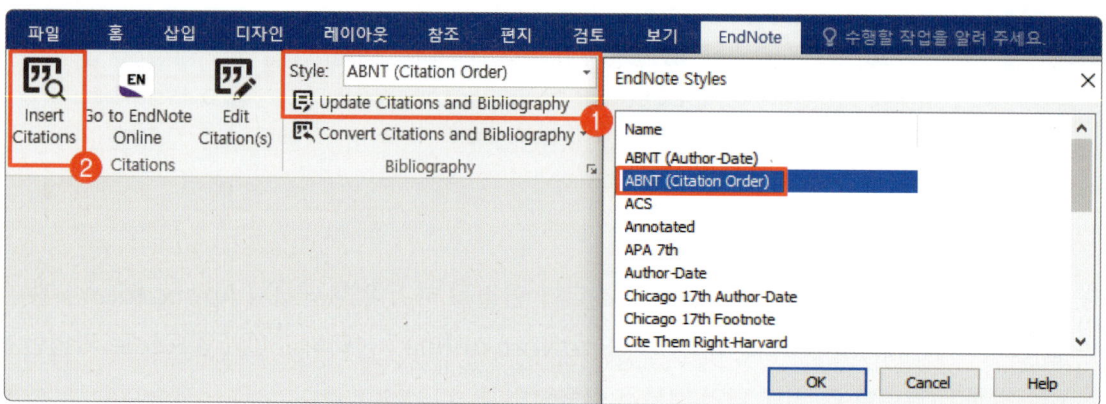

10. 마지막으로 인용할 논문의 주요 단어를 찾게 되면 저장된 논문 리스트가 나오고 사전에 설정한 스타일에 맞게 리스트가 나옵니다. 원하는 논문을 클릭 후 하단에 [Insert] 버튼을 클릭하면 "마이크로소프트 워드 프로그램"에 그대로 작성이 되어 정리할 수 있습니다.

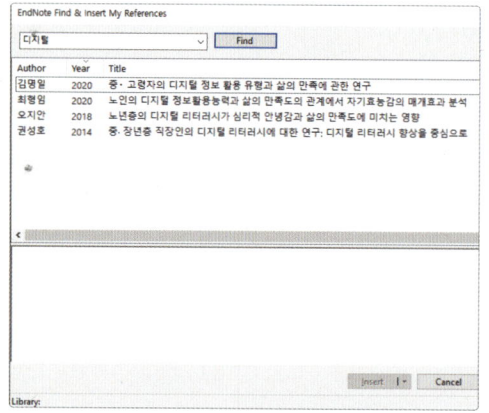

김명일; 김영선; 엄사랑. 중·고령자의 디지털 정보 활용 유형과 삶의 만족에 관한 연구. **한국지역정보화학회지**, v. 23, n. 1, p. 51-74, 2020. ISSN 1229-134X.

최형임; 송인욱. 노인의 디지털 정보활용능력과 삶의 만족도의 관계에서 자기효능감의 매개효과 분석. **한국산학기술학회 논문지**, v. 21, n. 6, p. 246-255, 2020. ISSN 1975-4701.

오지안; 유재원. 노년층의 디지털 리터러시가 심리적 안녕감과 삶의 만족도에 미치는 영향. **한국공공관리학보**, v. 32, n. 2, p. 319-344, 2018. ISSN 2733-4244.

권성호; 현승혜. 중·장년층 직장인의 디지털 리터러시에 대한 연구: 디지털 리터러시 향상을 중심으로. **학습과학연구**, v. 8, n. 1, p. 120-140, 2014. ISSN 1976-684X.

10강

다이내믹하고 임팩트한 동적 그래프를 활용한 청중의 시선 모으기

10강 다이내믹하고 임팩트한 동적 그래프를 활용한 청중의 시선 모으기

Flourish.studio

1 개요와 특징

Flourish.studio는 아트디렉터, 디자이너, 개발자 및 기타 창의적인 마케팅 전문가를 위한 온라인 플랫폼입니다. 웹사이트, 앱, 프레젠테이션, 그래픽 디자인 등 다양한 프로젝트를 위한 템플릿, 리소스 및 도구를 제공합니다.

▶ **다양한 데이터 시각화 유형**
  막대그래프, 선 그래프, 원형 차트, 지도, 테이블 등 다양한 데이터 시각화 유형을 지원합니다.

▶ **직관적인 인터페이스**
  직관적인 인터페이스를 제공하여 데이터 시각화를 쉽게 만들 수 있습니다.

▶ **다양한 기능**
  다양한 기능을 제공하여 데이터 시각화를 더욱 효과적으로 만들 수 있습니다. 예를 들어, 데이터 시각화에 애니메이션, 스크롤링, 탐색 등을 추가할 수 있습니다.

2 장점

장점 중에서도 특히 눈에 띄는 것은 다양한 데이터 포맷을 지원한다는 것입니다. Excel, CSV, JSON, Google Sheets 등 다양한 데이터 포맷을 불러와 시각화할 수 있습니다. 또한, 온라인으로 작업할 수 있어 언제 어디서나 작업할 수 있다는 점도 장점입니다.

- 다양한 데이터 시각화 도구와 기능을 제공합니다.
- 다양한 데이터 포맷을 지원합니다.
- 직관적인 인터페이스로 사용하기 쉽습니다.
- 다양한 테마와 스타일을 제공합니다.
- 온라인으로 작업할 수 있습니다.

2 단점

단점 중에서는 유료 서비스라는 점과 일부 기능은 사용하기 어려울 수 있다는 점이 아쉬운 부분입니다. 또한, 데이터 시각화의 전문 지식이 필요할 수 있으므로 초보자에게는 다소 어려울 수 있습니다.

- 무료 버전의 기능이 제한적이고, 일부 유료 서비스입니다.
- 무료 버전은 별도로 추출하거나 저장하는 기능이 없고, 만든 것은 모두 공개된다.
- 일부 기능은 사용하기 어려울 수 있습니다.
- 데이터 시각화의 전문 지식이 필요할 수 있습니다.

3 주요 기능

❶ 다양한 데이터 유형 지원

Flourish.studio는 다양한 데이터 유형을 원활하게 처리할 수 있습니다. 데이터를 불러오는 과정이 간단하고, 데이터를 시각화하는 과정에서도 데이터 유형에 맞는 적절한 시각화 유형을 제공합니다.

- **테이블 데이터:** 행과 열로 구성된 데이터로, 가장 기본적인 데이터 유형입니다.
- **시계열 데이터:** 시간에 따른 데이터로, 데이터의 변화를 추적하는 데 유용합니다.
- **공간 데이터:** 지리적 위치를 나타내는 데이터로, 지리적 정보를 시각화하는 데 유용합니다.
- **텍스트 데이터:** 텍스트 형식의 데이터로, 텍스트를 분석하는 데 유용합니다.
- **이미지 데이터:** 이미지 형식의 데이터로, 이미지를 분석하는 데 유용합니다.

❷ 다양한 시각화 유형 제공

Flourish.studio는 다양한 시각화 유형을 제공하여 데이터를 다양한 방식으로 표현할 수 있습니다. 시각화 유형을 선택할 때는 데이터의 특성을 고려하여 적절한 시각화 유형을 선택하는 것이 중요 합니다.

- **기본 시각화 유형:** 막대그래프, 선 그래프, 파이 차트, 산점도, 히스토그램 등이 있습니다.
- **고급 시각화 유형:** 지도, 지도 히스토그램, 버블 차트, 트리맵 등이 있습니다.
- **사용자 지정 시각화 유형:** 사용자가 직접 원하는 시각화 유형을 만들 수 있습니다.

❸ 직관적인 인터페이스

Flourish.studio의 인터페이스는 누구나 쉽게 데이터 시각화를 만들 수 있도록 설계되었습니다. 드래그 앤 드롭 방식을 사용하여 간편하게 작업할 수 있으며, 위젯을 사용하여 데이터를 시각화하는 데 필요한 요소들을 쉽게 구성할 수 있습니다.

- **드래그 앤 드롭 방식:** 데이터를 불러오거나, 시각화 유형을 선택하거나, 데이터를 시각화하는 과정에서 모두 드래그 앤 드롭 방식을 사용하여 간편하게 작업할 수 있습니다.
- **위젯 기반:** 데이터 시각화는 위젯을 사용하여 이루어집니다. 위젯은 데이터를 시각화하는데 필요한 요소들을 모아 놓은 것으로, 원하는 위젯을 선택하여 데이터 시각화를 만들 수 있습니다.
- **라이브러리 제공:** Flourish.studio는 다양한 위젯을 제공합니다. 기본 위젯뿐만 아니라, 사용자가 직접 위젯을 만들 수도 있습니다.

❹ 협업 기능 제공

Flourish.studio의 협업 기능을 사용하면, 여러 사람이 함께 데이터 시각화를 만들고, 변경 사항을 추적하고, 의견을 공유할 수 있습니다.

- **실시간 공동 작업:** 여러 사람이 동시에 같은 데이터 시각화를 작업할 수 있습니다.
- **버전 관리:** 데이터 시각화의 변경 사항을 추적할 수 있습니다.
- **댓글 기능:** 데이터 시각화에 대한 의견을 댓글로 남길 수 있습니다.

● 활용 분야

Flourish.studio는 다양한 분야에서 데이터 시각화를 효과적으로 만들 수 있는 강력한 도구입니다. Flourish.studio를 사용하면 데이터 시각화를 빠르고 쉽게 만들 수 있으며, 다양한 기능을 사용하여 데이터 시각화를 더욱 효과적으로 만들 수 있습니다.

- ▶ **연구:** 연구 논문, 학술 보고서, 연구 프로젝트 등에서 데이터 시각화를 사용하여 연구 결과를 효과적으로 전달할 수 있습니다.
- ▶ **교육:** 수업 자료, 프레젠테이션, 보고서 등에서 데이터 시각화를 사용하여 정보를 효과적으로 전달할 수 있습니다.
- ▶ **직장:** 업무 보고서, 프로젝트 문서, 기획서 등에서 데이터 시각화를 사용하여 정보를 효과적으로 전달할 수 있습니다.

실제 활용 방법

1 회원가입 하기

Flourish를 사용하려면 먼저 Flourish 웹사이트 [www.flourish.studio]에서 가입해야 합니다. 우측 상단에 [SIGN IN] 클릭합니다.

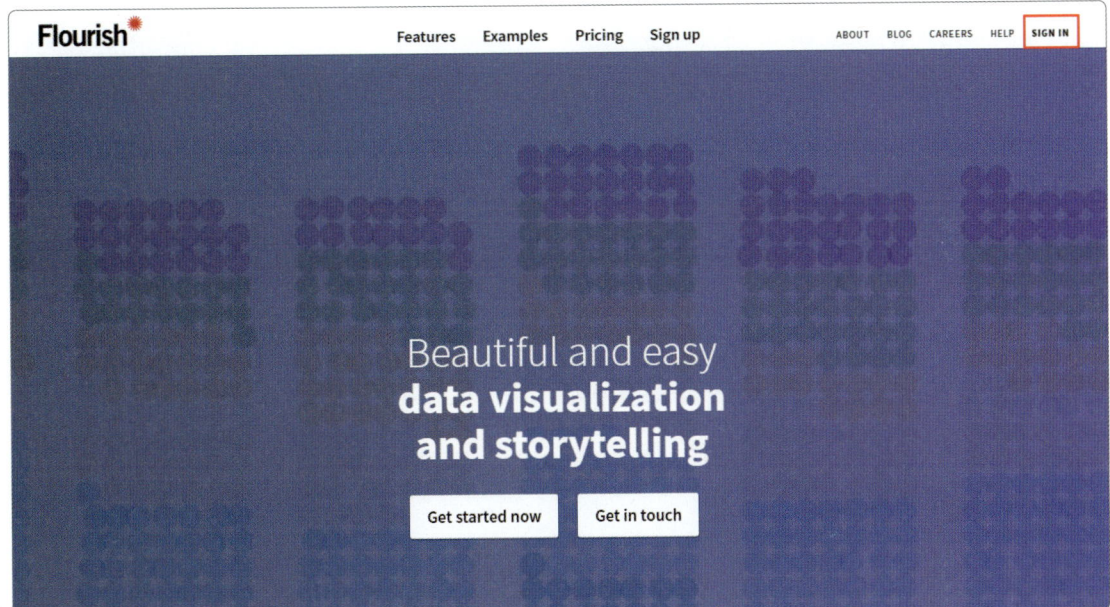

클릭 후 나오는 화면에서 구글로 연동하여 편리하게 가입할 수 있습니다.

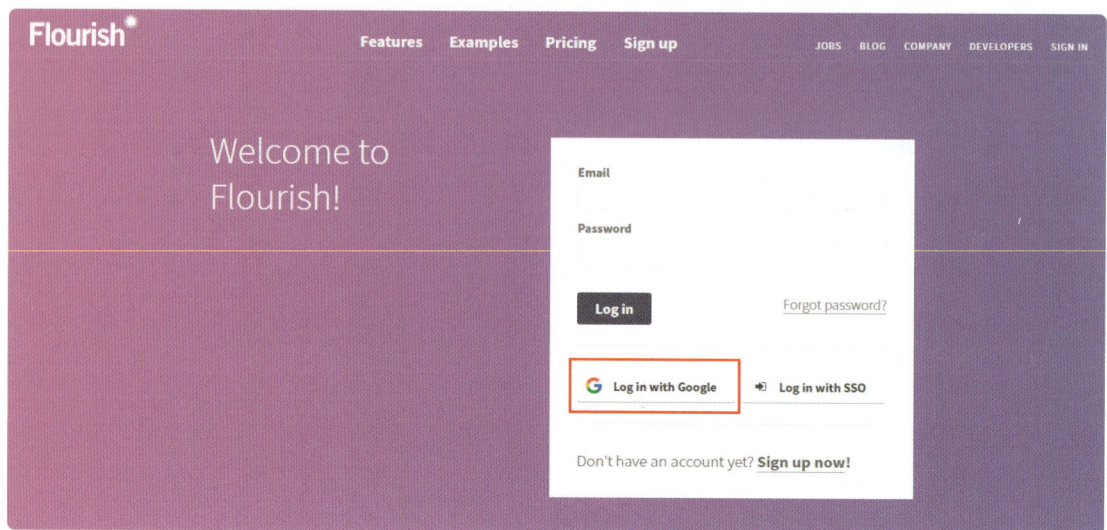

▶ 국가통계데이터를 활용한 시각화 차트 만들기

1. 시각화 차트를 만들기 위한 기초 데이터를 위해서 국가통계포털 사이트 [www.kosis.kr]에 접속해서 [경제성장률]을 검색합니다.

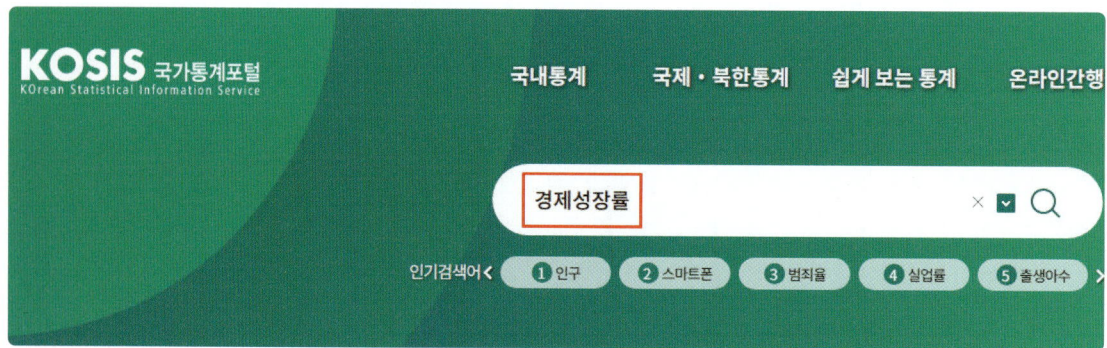

2. 예시로 "경제성장률 OECD 회원국 대상 연도별 성장률"에 대한 통계표를 기준으로 시각화 차트를 만들기 위해서 첫 화면 오른쪽 위에 있는 ① [다운로드] 버튼을 클릭 후 나온 다운로드 화면에서 파일 형태를 ② [EXCEL] 선택하고 아래에 있는 ③ [다운로드] 버튼 클릭하고 기초 데이터를 저장하고 준비합니다.

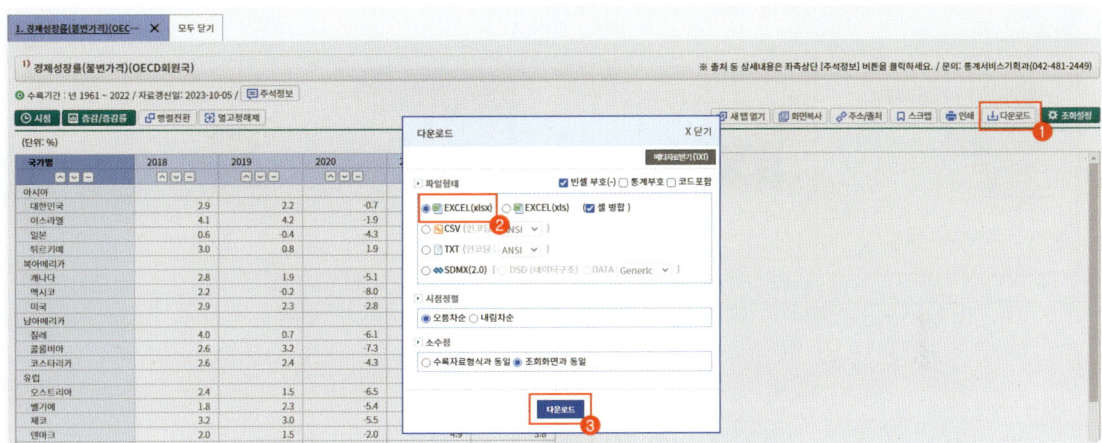

3. 다음으로 flourish.studio 사이트에 접속하여 로그인하게 되면 첫 화면 상단 왼쪽에 있는 [New visualization]을 클릭하여 원하는 시각화 차트를 검색합니다.

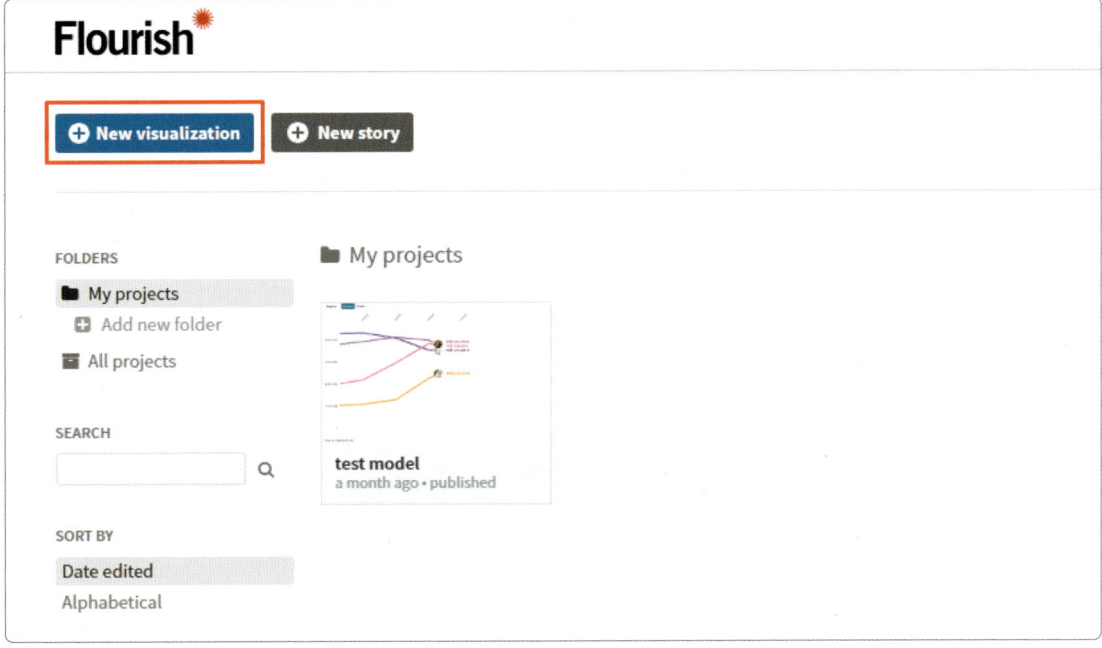

4. 검색 시 많은 차트가 나오는데 국가통계표에 가장 많이 사용되는 [Bar Chart race]을 선택합니다.

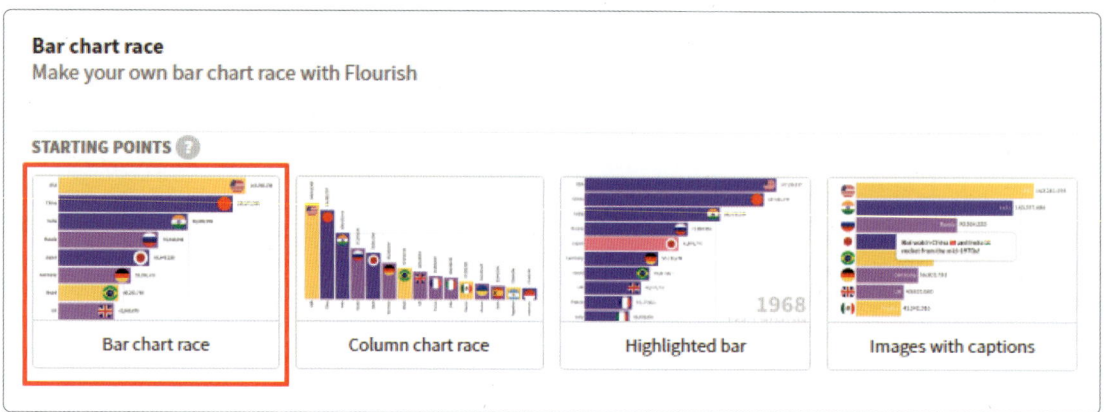

5. 선택한 [Bar Chart race] 첫 화면은 데모차트 기초 데이터가 이미 설정이 되어 있습니다. 사전에 준비한 국가통계데이터를 적용하기 위해서는 상단에 [Data]을 클릭하여 데이터를 변경해야 합니다.

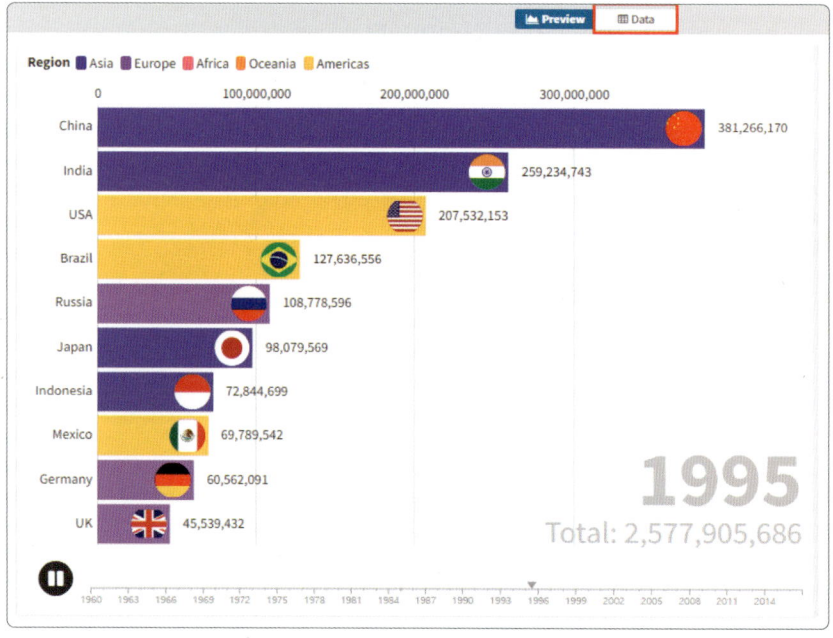

6. 클릭한 [Date] 화면입니다. 데모차트에 적용된 상세 데이터가 화면에서 확인 할 수 있는데 기존 데이터가 아닌 준비한 국가통계데이터를 사용하여 차트를 만들기 위해서는 오른쪽에 있는 [Upload data]를 클릭하여 사전 준비한 [EXCEL] 형식 파일을 업로드 합니다.

7. 국가통계데이터 OECD 성장률 기초자료를 업로드한 화면입니다. ① [Data]에 있는 변수를 입력하여 차트를 꾸밀수 있습니다.

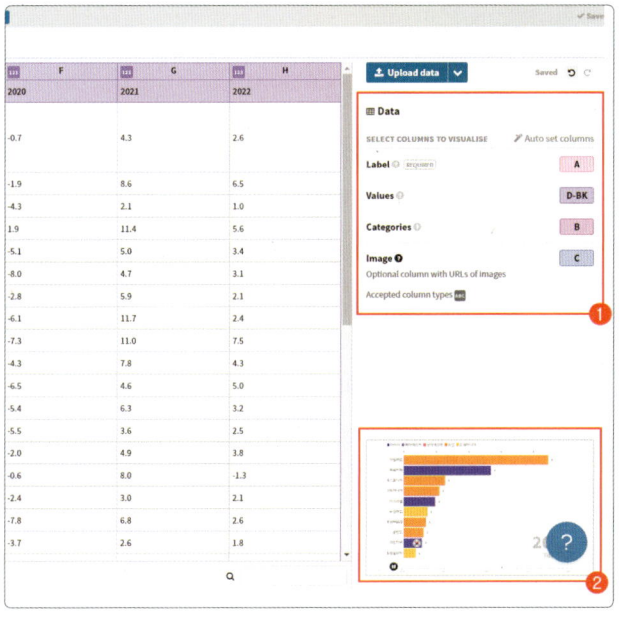

▶ [Label]
변수 이름에 해당하는 열

▶ [Value]
차트에 적용될 값에 해당하는 열

▶ [Categories]
변수에 해당하는 범주에 해당하는 열로 색상으로 구분된다.

▶ [Image]
차트에 해당하는 열에 이미지가 있는 URL 주소를 넣으면 해당 차트에 적용된다.

② 변수가 적용된 차트 미리보기

10강 동적 그래프를 활용한 청중의 시선 모으기

8. 국가통계데이터 변수가 적용된 차트 화면입니다. 해당 차트는 다이나믹한 효과를 세부적으로 오른쪽에 있는 설정에서 변경할 수 있습니다. 먼저 [Setup] 항목 설명해 드리면 전반적으로 차트 스타일을 변경할 수 있습니다. [Chart style]에 Horizontal은 가로형, Vertical은 세로형으로 변경할 수 있으며 [Sorting]은 "On" 버튼을 누르면 차트의 순서를 오름차순으로 할지 내림차순으로 할지 결정할 수 있고, "Off" 버튼을 누르면 기초 데이터의 순서대로 보여준다.

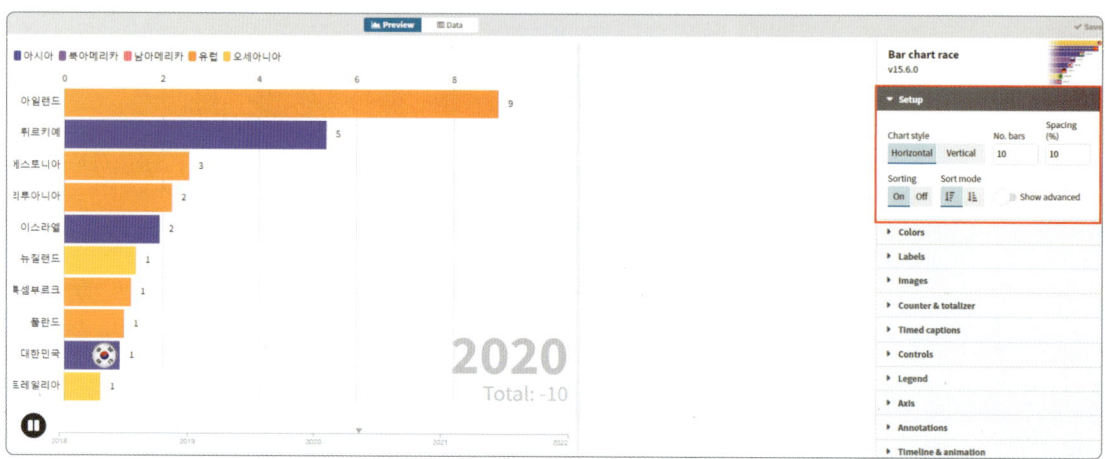

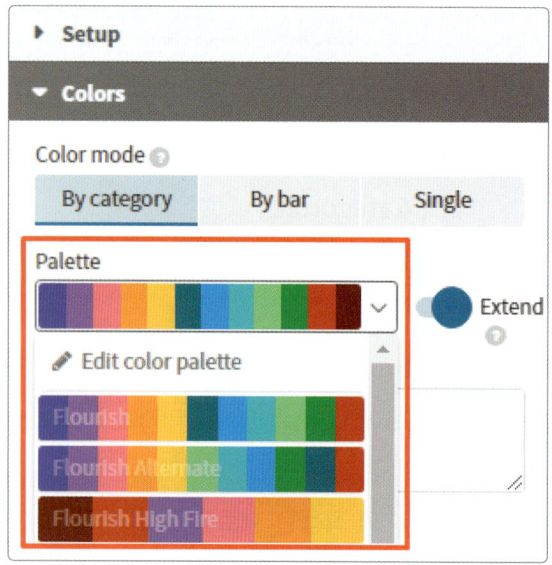

9. 다음으로 차트의 색상을 변경할 수 있습니다.

[Colors] 항목 설명해 드리면 "By category"는 카테고리에 해당하는 색상을 변경, "By bar"는 차트 바에 해당하는 색상을 [Palette] 버튼 옵션을 클릭해서 색상 지정을 할 수 있습니다.

마지막으로 "Single"은 단색으로 색상을 지정할 수 있습니다.

10. 차트에 포함된 이미지를 변경할 수 있습니다.

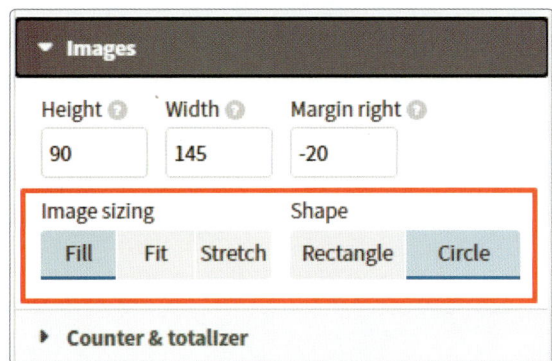

[Images] 항목 설명해 드리면 "Image sizing"는 차트에 있는 이미지를 가득 채우는 "Fill", 차트에 맞게 이미지를 적당히 채우는 "Fit" 옵션으로 변경이 가능합니다. 그리고 "Shape"는 차트에 있는 이미지를 사각형으로 표현하는 "Rectangle, 원형으로 표현하는 "Circle"로 구분할 수 있습니다.

11. 차트 속도를 변경할 수 있습니다.

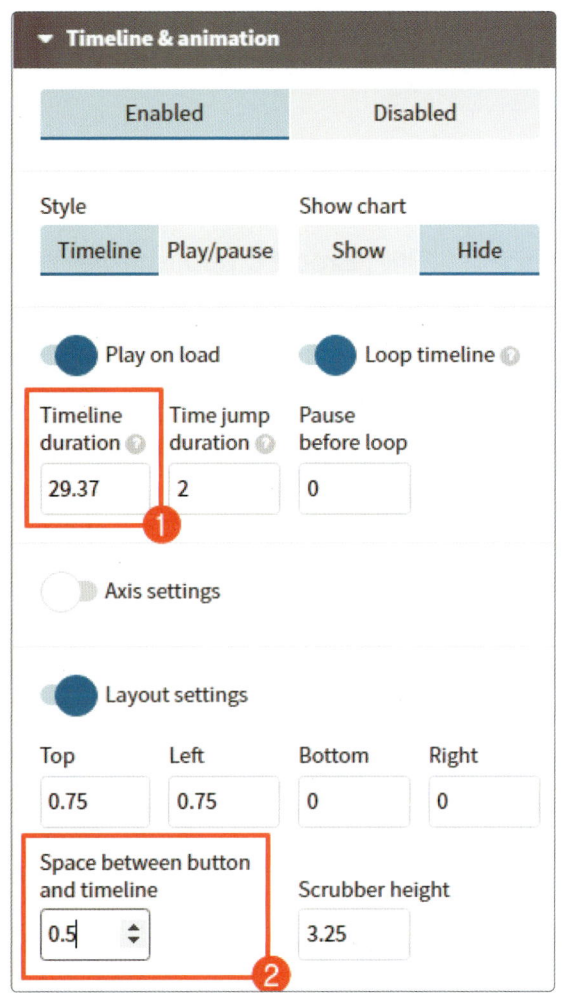

[Timeline & animation] 항목 설명해 드리면 "Timeline duration"은 차트의 속도를 조절할 수 있습니다.
숫자가 올라갈수록 차트의 속도는 감소되고, 숫자가 낮아질수록 차트의 속도는 증가 됩니다.

"Space between button and timeline"은 차트의 순위가 변경될 때 속도를 조절할 수 있습니다.
숫자가 올라갈수록 순위의 변경 속도는 감소하고, 숫자가 낮아질수록 순위의 속도는 증가 됩니다.

12. 차트의 제목을 작성할 수 있습니다.

[Header] 항목 설명해 드리면 "TITLE"은 차트의 왼쪽 상단에 제목으로 표시할 수 있습니다.

차트의 제목은 정렬할 수 있으며 "Alignment" 옵션을 통해 왼쪽, 가운데, 오른쪽 정렬이 있습니다.

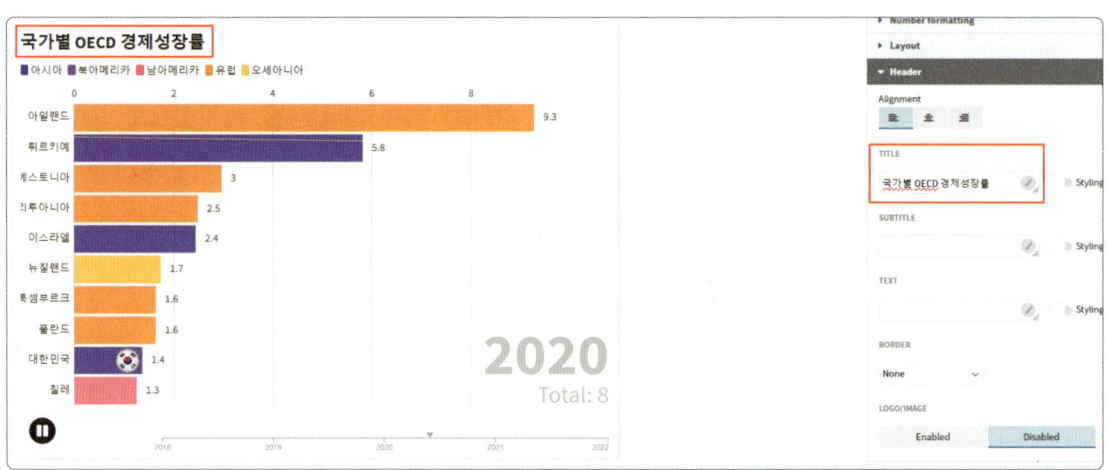

13. 차트를 외부로 출력할 수 있습니다.

오른쪽 상단에 [Export & publish] 버튼을 클릭 하면 해당 차트를 외부로 출력할 수 있습니다. 버튼클릭 후 최종 출력화면이 나오면 ① [링크]를 통해서 주소를 복사하고 web에서 볼 수 있습니다. web에서 나오는 차트를 녹화프로그램을 통해서 저장하고 다양한 곳에 활용할 수 있습니다.

그리고 외부 프로그램인 ② [Canva]를 연동하여 디자인 템플릿화 하여 사용 및 활용이 가능합니다.

(사전에 Canva 회원가입이 되어 있어야 합니다.)

▶ GPT로 데이터 생성하고 시각화 차트 만들기

1. 시각화 차트를 만들기 위한 기초 데이터를 위해서 구글바드 [www.bard.google.com/chat] GPT를 활용하여 기초 데이터를 생성합니다 바드를 이용하기 위해서는 구글 ID가 필요합니다. 바드 접속 후 프롬프트 질문 ① [**과거 10년 동안 연령대 40대,50대, 60대, 70대 인구변화를 엑셀표로 알려줘!**]라고 질문을 합니다. 답변받은 엑셀 표를 ② [**Sheets로 내보내기**] 클릭하고 "구글 스프레드시트"로 복사합니다.

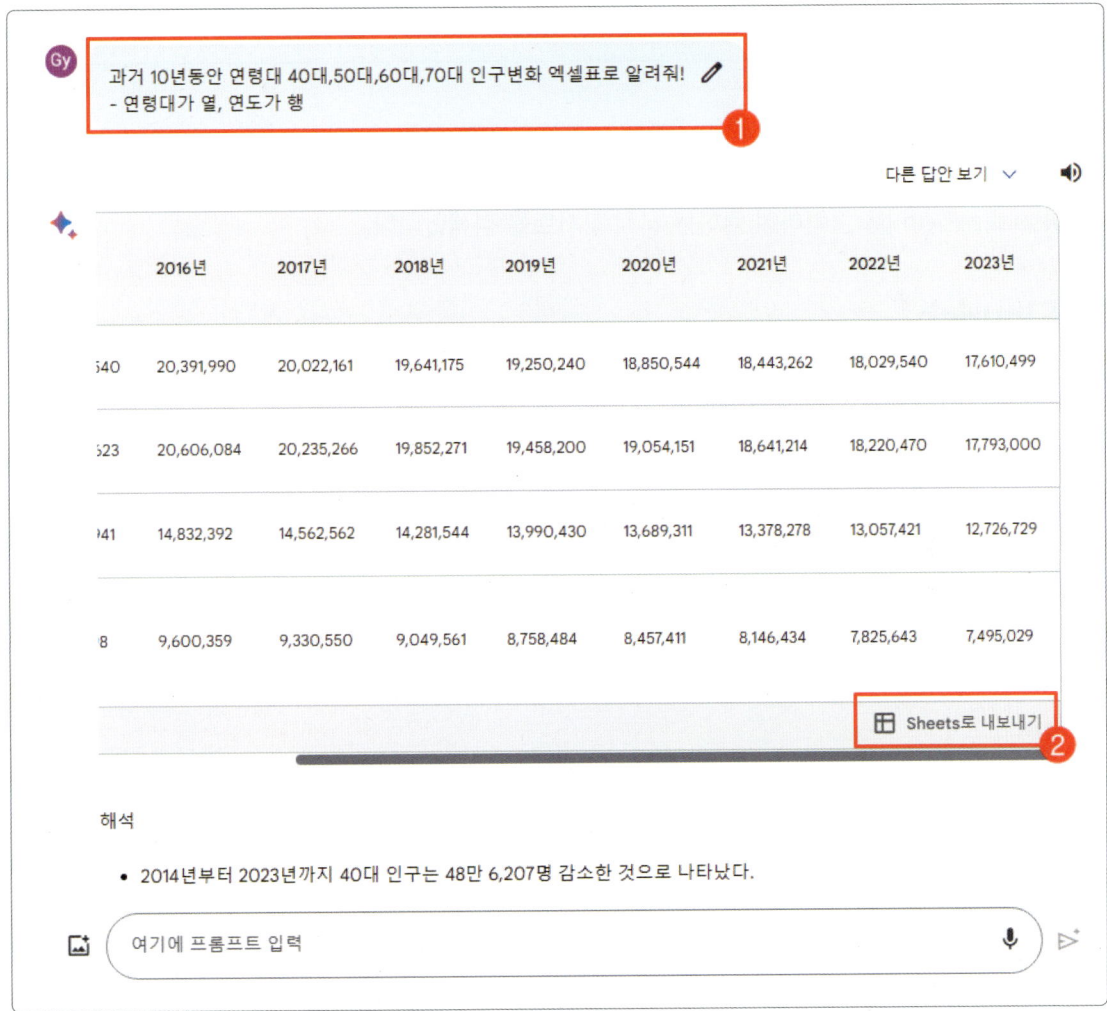

2. [구글 스프레드시트]로 복사한 데이터를 확인합니다. 연령대가 열, 년도가 행으로 표시된 "과거 10년 동안 연령대별 인구변화" 데이터를 다운로드 하여 EXCEL 파일로 저장을 합니다

3. 다음으로 flourish.studio 사이트에 접속하여 로그인하게 되면 첫 화면 상단 왼쪽에 있는 [New visualization]을 클릭하여 원하는 시각화 차트를 검색합니다.

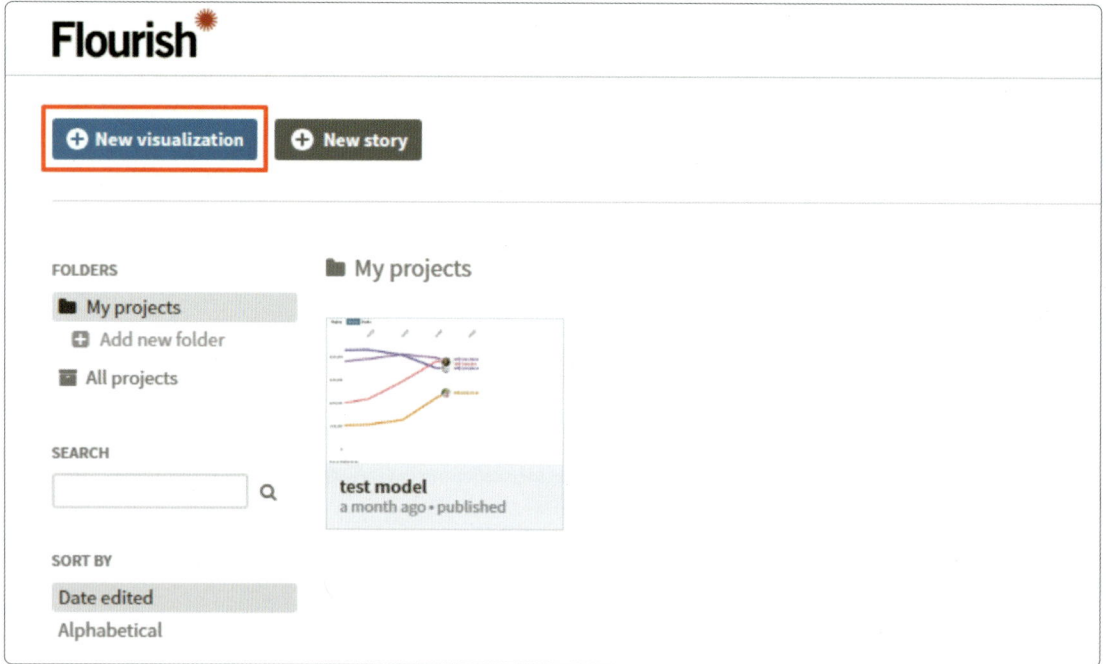

4. 검색시 많은 차트가 나오는데 인구통계에 많이 사용되는 [Line Chart race]을 선택합니다

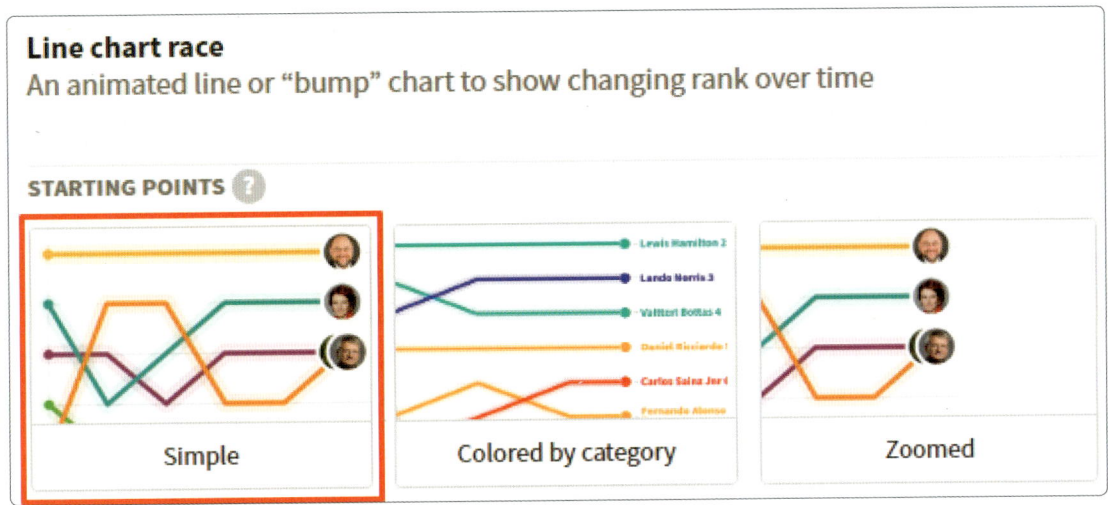

5. 선택한 [Line Chart race] 첫 화면은 데모 차트 기초 데이터가 이미 설정이 되어 있습니다. 사전에 준비한 GPT 기초 데이터를 적용하기 위해서는 상단에 [Data]을 클릭하여 데이터를 변경 해야 합니다.

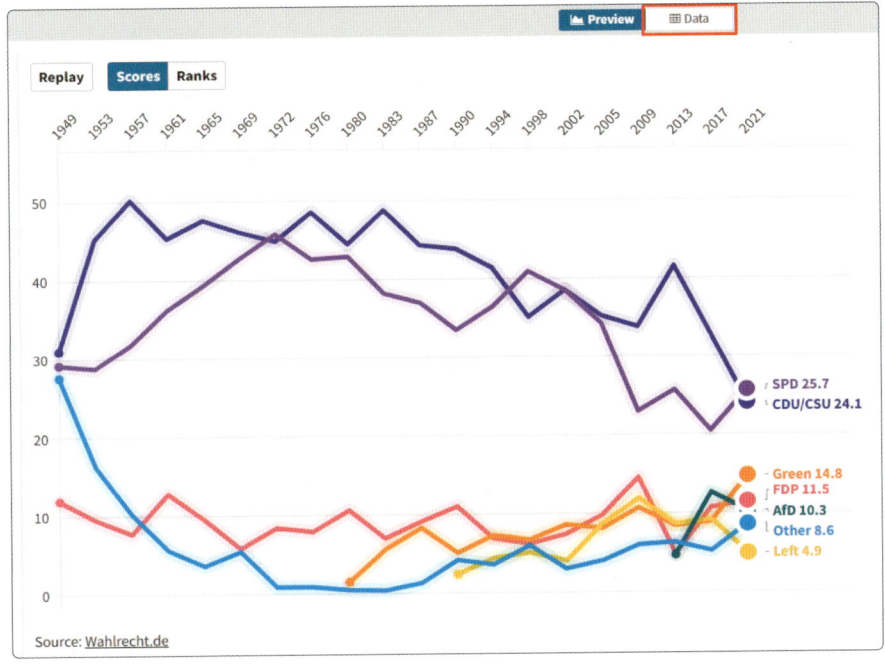

6. 클릭한 [Date] 화면입니다. 데모 차트에 적용된 상세 데이터가 화면에서 확인 할 수 있는데 기존 데이터가 아닌 준비한 국가통계데이터를 사용하여 차트를 만들기 위해서는 오른쪽에 있는 [Upload data]를 클릭하여 사전 준비한 [EXCEL] 형식 파일을 업로드 합니다.

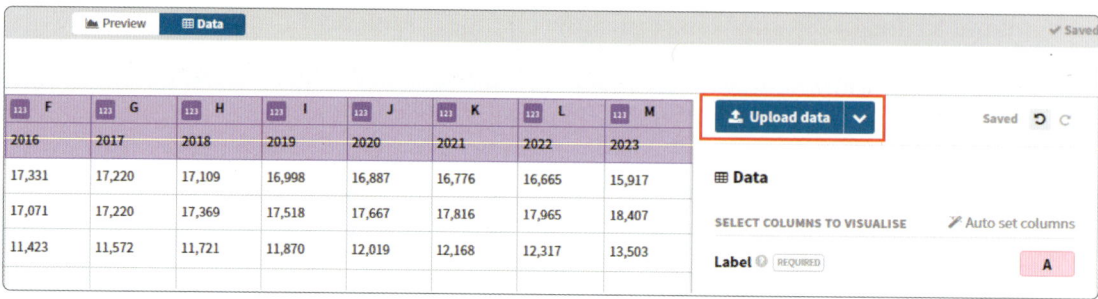

7. GPT 생성 데이터 업로드한 화면입니다. [Data]에 있는 변수를 입력하여 차트를 꾸밀 수 있습니다.

▶ [Label]
변수 이름에 해당하는 열

▶ [Value]
차트에 적용될 값에 해당하는 열

▶ [Image]
차트에 해당하는 열에 이미지가 있는 URL 주소를 넣으면 해당 차트에 적용된다.

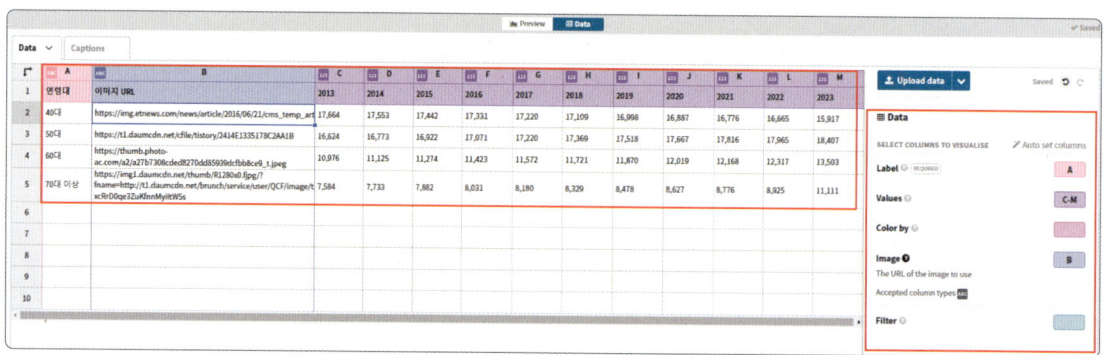

8. 마지막으로 GPT 생성 데이터가 적용된 [과거 10년 동안 연령대 40대,50대, 60대, 70대 인구변화를 엑셀 표로 알려줘!] 차트 화면으로 시각화된 차트를 만들 수 있습니다.

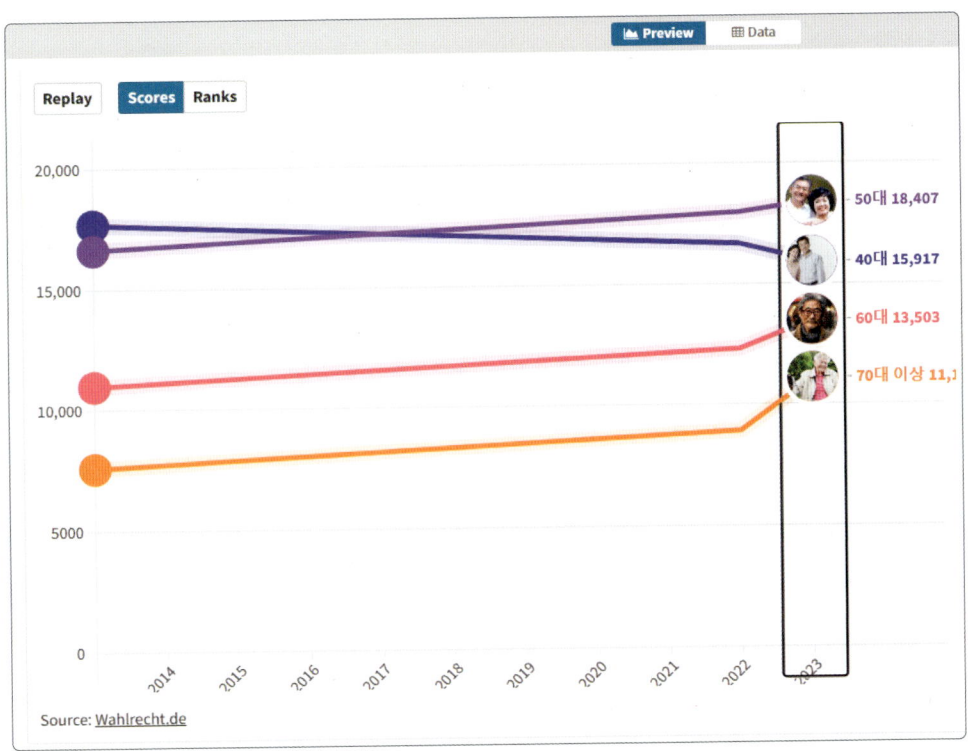

● **사용 시 주의사항**

Flourish.studio는 멋진 프레젠테이션을 만들 수 있는 강력한 도구이지만 사용 시 몇 가지 주의사항을 염두에 두는 것이 중요합니다.

▶ **저작권 준수**

Flourish.studio에서 제공하는 콘텐츠는 모두 저작권으로 보호되므로, 다른 사람의 콘텐츠를 사용하려면 반드시 허가를 받아야 합니다. 허가를 받지 않고 다른 사람의 콘텐츠를 사용하면 저작권 침해로 간주하여 법적 처벌을 받을 수 있습니다.

▶ **무분별한 사용**

Flourish.studio는 다양한 효과와 기능을 제공하지만, 무분별하게 사용하면 오히려 프레젠테이션의 가독성을 떨어뜨릴 수 있습니다. 효과와 기능을 적절하게 사용하여 프레젠테이션의 목적을 달성할 수 있도록 하세요.

10강 동적 그래프를 활용한 청중의 시선 모으기

▶ 목적에 맞게 사용

Flourish.studio는 다양한 프레젠테이션을 만들 수 있는 도구이지만, 모든 프레젠테이션에 적합한 것은 아닙니다. 프레젠테이션의 목적과 청중을 고려하여 적합한 도구를 선택하세요.

프레젠테이션 활용하기

Flourish.studio는 다양한 프레젠테이션을 만들 수 있는 도구이지만, 모든 프레젠테이션에 적합한 것은 아닙니다. 프레젠테이션의 목적과 청중을 고려하여 적합한 도구를 선택해야 합니다.

예를 들어, 비즈니스 프레젠테이션의 경우, 간결하고 명확한 디자인이 적합합니다. 반면, 교육용 프레젠테이션의 경우, 이해하기 쉬운 디자인이 적합합니다.

Flourish.studio를 사용할 때에는 다음과 같은 사항을 고려하여 적합한 도구인지 판단하세요.

- 프레젠테이션의 목적은 무엇입니까?
- 프레젠테이션의 청중은 누구입니까?
- 프레젠테이션의 내용은 무엇입니까?

Flourish.studio를 올바르게 사용하면 멋진 프레젠테이션을 만들 수 있습니다. 위의 주의사항을 염두에 두고 Flourish.studio를 활용하세요.

▶ 프레젠테이션을 시작하기 전에 목적과 청중을 명확히 하세요.

목적과 청중이 명확하면 프레젠테이션의 방향을 설정하고 적절한 콘텐츠를 선택할 수 있습니다.

▶ 프레젠테이션의 흐름을 고려하세요.

프레젠테이션의 내용이 논리적으로 흘러가도록 구성하세요.

▶ 청중의 이해를 돕기 위한 적절한 디자인을 사용하세요.

글자 크기, 색상, 배경 등을 적절하게 사용하여 청중이 프레젠테이션을 쉽게 이해할 수 있도록 하세요.

▶ 프레젠테이션을 연습하세요.

프레젠테이션을 연습하면 발표를 더 자신감 있게 할 수 있습니다.

11강

Ai프로그램을 활용하여 제안서에 필요한 이미지 쉽고 빠르게 만들기

11강 Ai프로그램을 활용하여 제안서에 필요한 이미지 쉽고 빠르게 만들기

캔바(Canva)

캔바 활용법

1 개요와 특징

캔바의 AISMS(AI 기반 이미지 검색 및 추천 시스템)를 이용하여 원하는 이미지를 검색하고 검색어를 입력하면 캔바 내의 다양한 이미지 중에서 해당 검색어와 관련된 이미지를 찾아줍니다. 또한 이미지를 추천해주고 이미지를 편집하고 다양한 언어간의 텍스트를 변환하여 주는 인공지능 기술을 활용하여 사용자의 디자인 작업을 더욱 쉽고 효율적으로 만들어줍니다.

Canva는 그래픽 디자인 도구 및 플랫폼으로, 사용자가 로고, 포스터, 프레젠테이션, 카드, 배너 등 다양한 디자인 작업을 할 수 있도록 도와줍니다.

2 장점

- 다양한 디자인 템플릿을 제공하여 사용자가 빠르게 디자인 작업을 시작할 수 있습니다.
- 디자인 요소를 드래그 앤 드롭 방식으로 배치하여 쉽게 디자인을 구성할 수 있습니다.
- 텍스트, 이미지, 도형, 차트, 아이콘 등 다양한 디자인 요소를 제공합니다.
- 클라우드 기반으로 작동하여 사용자가 언제 어디서나 디자인 작업을 할 수 있습니다.
- 무료 버전과 유료 버전을 제공합니다. 무료 버전은 일부 기능이 제한되지만, 유료 버전은 더 많은 기능과 혜택을 제공합니다.
- 다양한 파일 형식을 지원하여 사용자가 만든 디자인을 다양한 형식으로 저장하고 공유할 수 있습니다.

2 단점

- 무료 버전은 일부 기능이 제한되어 있어, 고급 디자인 작업을 하기에는 한계가 있습니다.
- Canva에서 제공하는 디자인 요소의 품질이 다소 떨어질 수 있습니다.
- 색상 옵션이 제한적이며, 사용자가 원하는 색상을 자유롭게 선택하기 어렵습니다.

PC에서 캔바(Canva)를 검색하여 사이트로 들어가 로그인 합니다. ① [**추천카테고리**]를 볼 수 있습니다. ② [**디자인만들기**]로 해당 콘텐츠를 클릭하여 만들 수 있습니다. ③ 다양한 세부편집 요소들을 볼 수 있습니다. ④ [**검색어**]를 넣어 디자인을 검색합니다. ⑤ [**아이콘**]을 클릭하여 추천 디자인을 만들 수 있습니다.

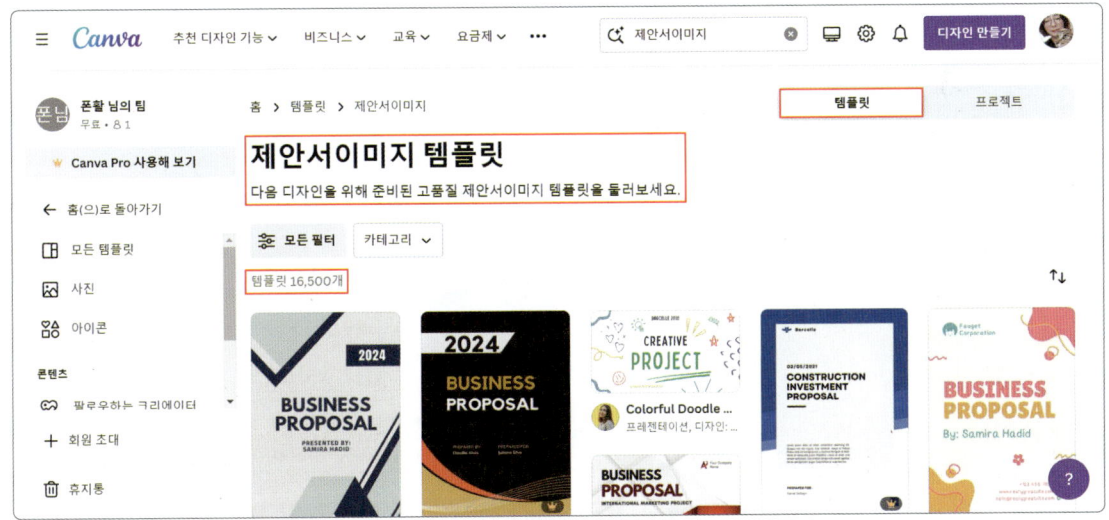

[**검색어**]를 제안서 이미지 라고 검색했더니 고품질 제안서를 16,500개의 템플릿을 추천해 줍니다. 필요한 항목에 알맞은 디자인을 선택합니다. 이어서 이 템플릿 맞춤 편집하기를 누릅니다.

11강 Ai 프로그램을 활용한 이미지 만들기(제안서)

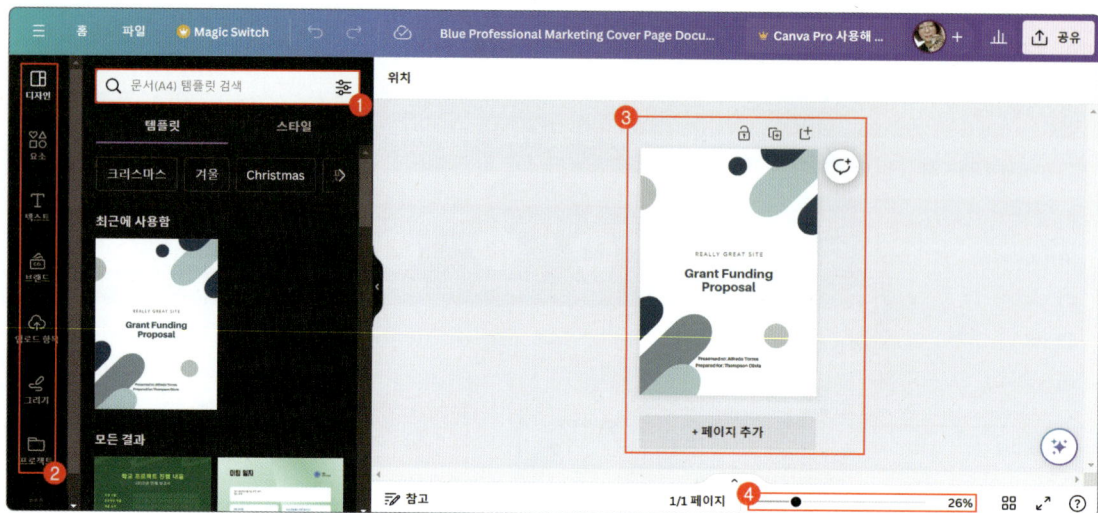

① [돋보기]를 클릭하고 디자인 검색어를 입력합니다. ② [아이콘]을 선택하고 편집합니다.
③ 디자인을 편집하고 작업하는 공간입니다. 요소를 지우고 추가하거나 텍스트 스타일을 교체하고 폰트를 바꾸고 폰트 크기를 수정합니다. ④ 작업화면을 [확대 또는 축소]할 수 있습니다.

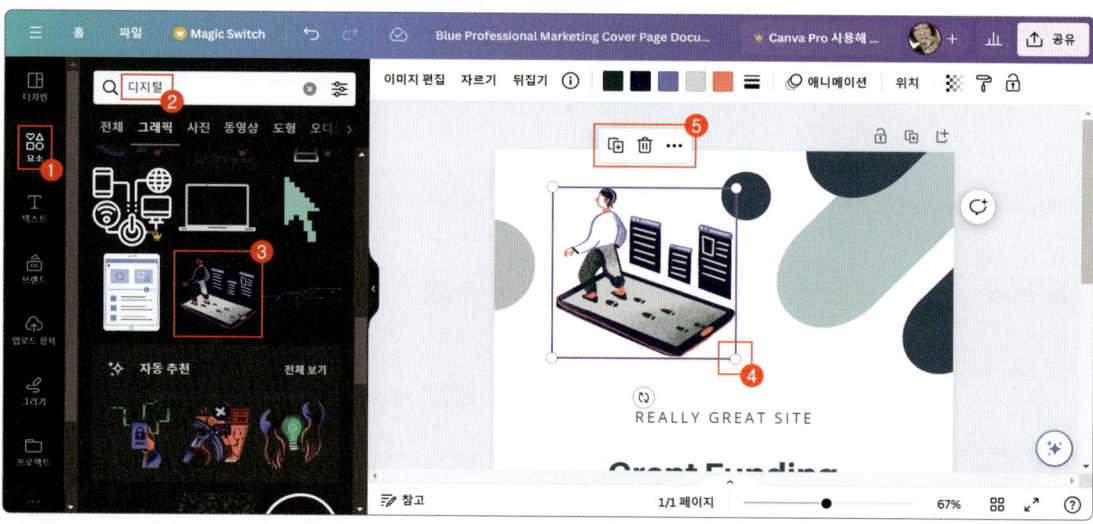

왼쪽 항목에서 ① [요소]를 선택합니다. ② 검색창에 [디지털]을 검색하면 디지털과 관련된 이미지들이 보입니다. ③ 마음에 드는 [디자인]으로 선택합니다. ④ [모서리점]을 선택한 상태에서 늘리면 크기를 변경할 수 있습니다. ⑤ 이미지를 복사 또는 삭제하고 더보기를 눌러 상세 편집을 합니다.

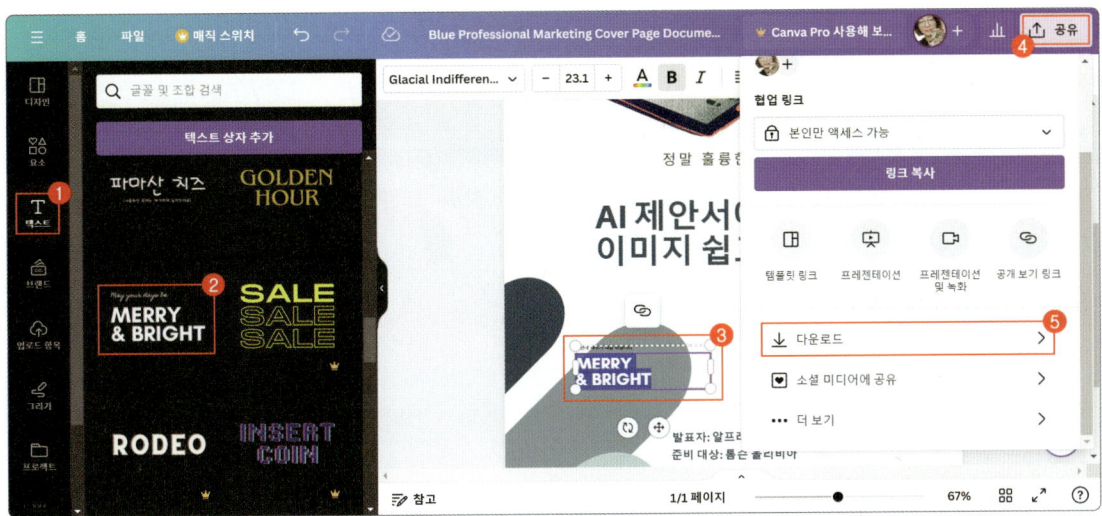

왼쪽 항목에서 ① [텍스트]를 선택합니다. ② 마음에 드는 텍스트 [디자인]을 선택합니다.
③ 오른쪽에 삽입된 [텍스트]를 수정 또는 상세편집을 합니다. ④ [공유]를 선택합니다.
⑤ [다운로드]를 선택하고 필요한 파일유형으로 다운로드 합니다.

1 스마트폰에서 [캔바앱]을 설치하고 앱 터치 후 로그인 합니다.
2 검색창에 [제안서 이미지]라고 입력합니다. 마음에 드는 제안서 [이미지]를 선택합니다.
3 하단의 [+]를 터치합니다.

11강 Ai 프로그램을 활용한 이미지 만들기(제안서)

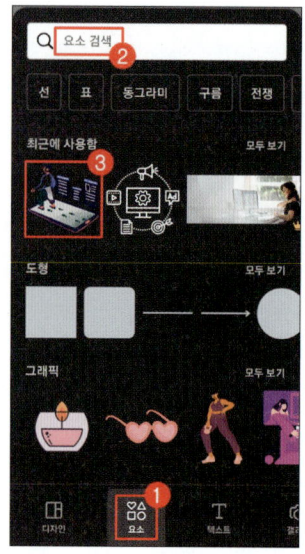  

1 ① 하단의 [요소] 아이콘을 터치합니다. ② [검색어]를 디지털로 검색합니다.
　　③ [디자인]을 선택합니다.
2 ① [모서리점]을 선택한 상태에서 움직여 크기를 조정합니다.
　　② 이미지를 복사 또는 삭제하고 더보기를 눌러 상세편집을 할 수 있습니다.
3 ① 업로드 [아이콘]을 누릅니다. ② [다운로드] 합니다.

수백만원짜리 UCC콘텐츠 무료로 사용하기

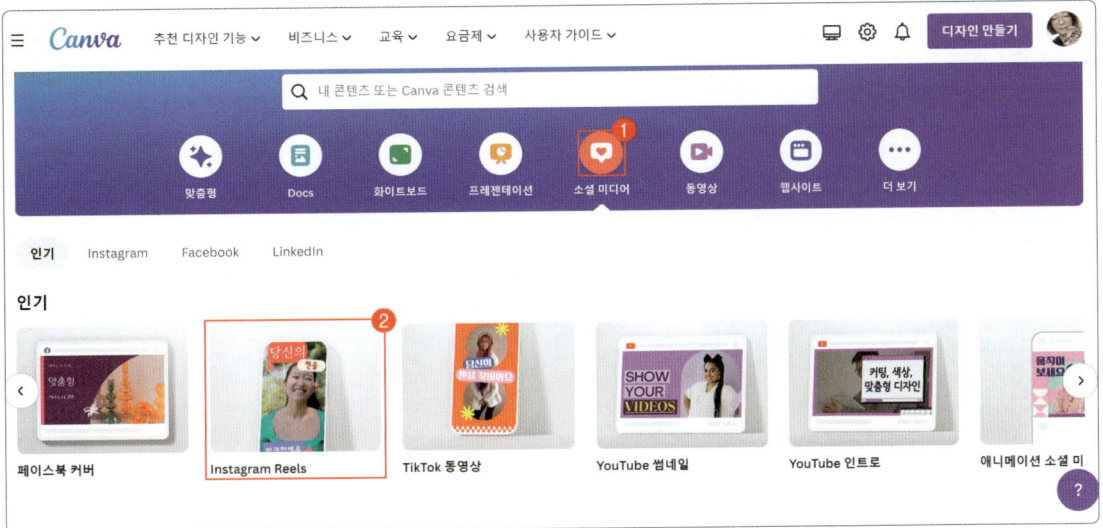

PC에서 캔바 사이트를 열어 ① 소셜 미디어 [아이콘]을 누릅니다. 아래 추천 카테고리가 보입니다. ② 마음에 드는 [카테고리]를 선택합니다.

왼쪽에 [템플릿]들이 보입니다. ① 마음에 드는 [템플릿]을 선택합니다. ② [애니메이션]아이콘이 보입니다. ③ 플레이 버튼을 누르면 [동영상]이 움직이면서 보입니다. ④ 동영상 [타임라인]이 보입니다. ⑤ 최종 [플레이] 되는 영상을 볼 수 있습니다.

11강 Ai 프로그램을 활용한 이미지 만들기(제안서)

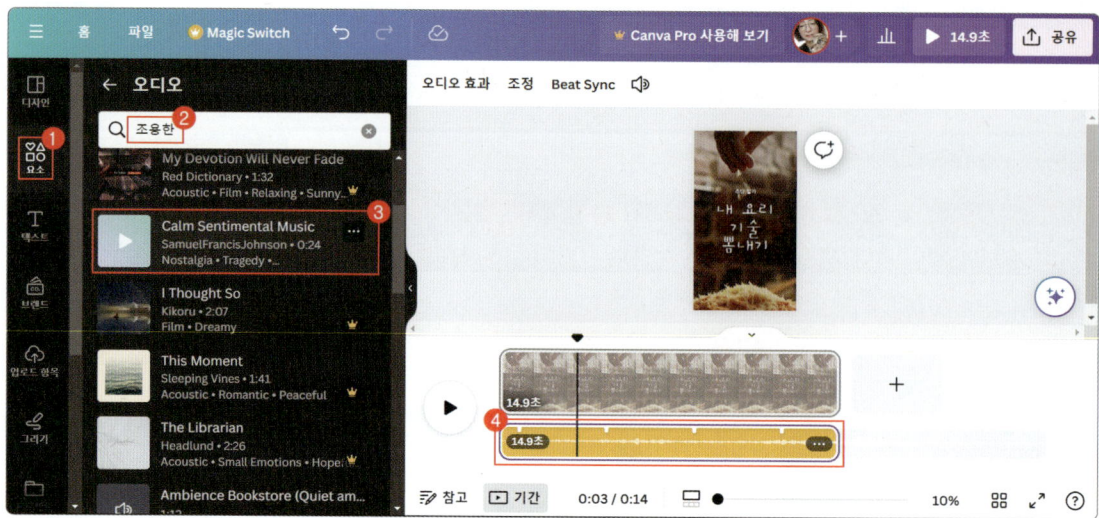

① [요소]을 선택합니다. ② 오디오 중에서 [조용한]으로 검색해 봅니다. ③ 마음에 드는 [오디오]를 선택합니다. ④ 오디오가 [타임라인]으로 들어갑니다. 오른쪽 3점을 눌러 세부편집을 합니다. 오디오 부분을 클릭하여 늘였다 줄였다 하면서 편집할 수도 있습니다.

편집을 마무리 했다면 ① [다운로드]를 누릅니다. ② 다운로드 [파일형식]을 선택하고 다운로드 합니다.

Ai 이미지편집 프로그램 활용하기

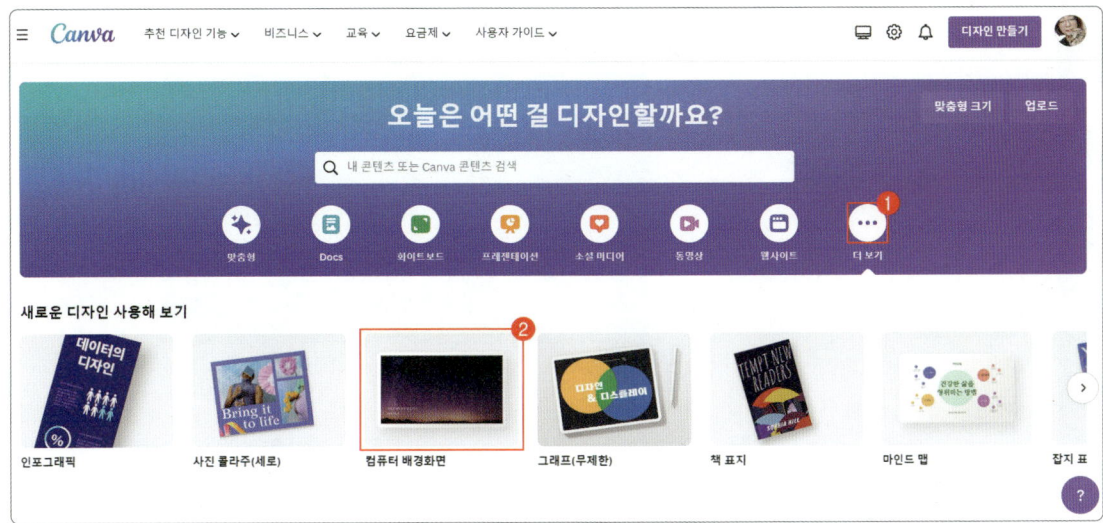

캔바 사이트를 열어 ① [더보기] 아이콘을 누릅니다. 아래 추천 카테고리가 보입니다.
② 마음에 드는 [카테고리]를 선택합니다.

선택한 템플릿으로 이동한 화면입니다. ① [디자인] 카테고리에 선택되어진 것을 확인할수 있습니다.
② 선택한 디자인에 대한 상세 안내입니다. 작가의 콘텐츠를 더 볼수도 있고 템플릿 스타일도 보입니다.
③ 선택한 디자인을 편집하는 곳이며 이미지가 보입니다. ④ [페이지]를 추가하여 다른 이미지를 추가
할 수 있습니다. 몇장의 이미지를 함께 작업하여 한번에 다운로드 할 수 있습니다.
⑤ 다음 작업을 위해 상단의 [애니메이션]을 클릭합니다.

11강 Ai 프로그램을 활용한 이미지 만들기(제안서)

[애니메이션]으로 이동한 화면입니다. 왼쪽에 [페이지 애니메이션]에서 효과들에 마우스를 가까이 가져가면서 적용해 봅니다. 오른쪽 작업창에 움직이는 효과들이 보입니다. 효과들을 적용해 보면서 마음에 드는 효과를 선택합니다.

[페이지 애니메이션] 효과를 선택한 화면입니다. ① 효과에 효과를 더하는 작업창 입니다. 왕관 표시가 있는 것은 유료이므로 프리미엄 가입을 하신 후에 사용할 수 있습니다. ② 선택한 [효과]를 표시합니다. 흐르기, 올라오기, 축소하기 효과가 있습니다. ③ 오른쪽 상단에 [플레이]를 누르면 동영상이 바로 보입니다. 다운로드도 할 수 있습니다. ④ 공유를 하기위한 [업로드] 아이콘입니다. 다양한 방법으로 업로드 또는 SNS 공유등을 할 수 있습니다.

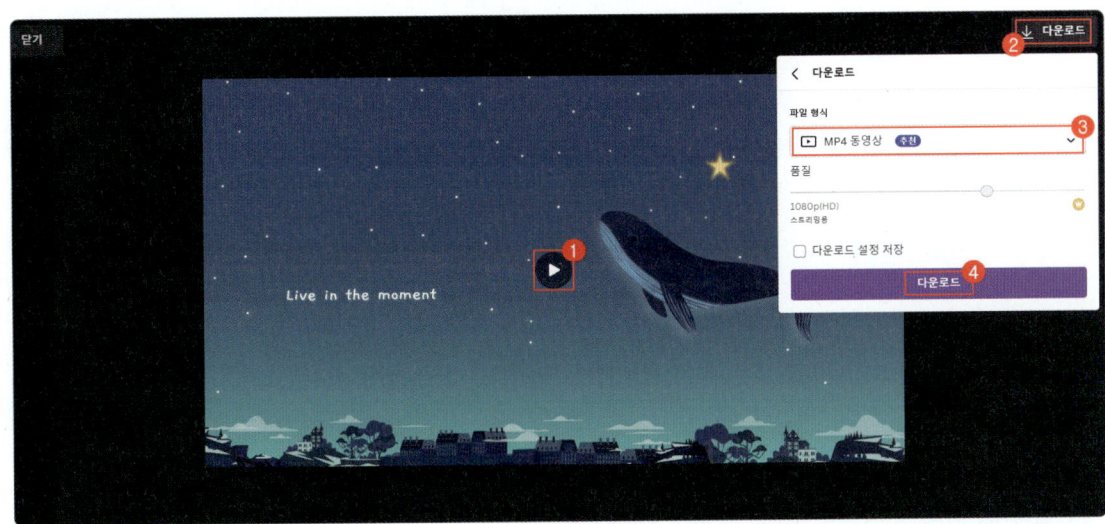

[플레이]를 선택한 화면입니다. ① 동영상이 재생됩니다. ② 바로 [다운로드] 저장할 수 있습니다.
③ [파일 형식]을 변경할 수 있습니다. ④ 선택한 파일형식으로 [다운로드] 합니다.

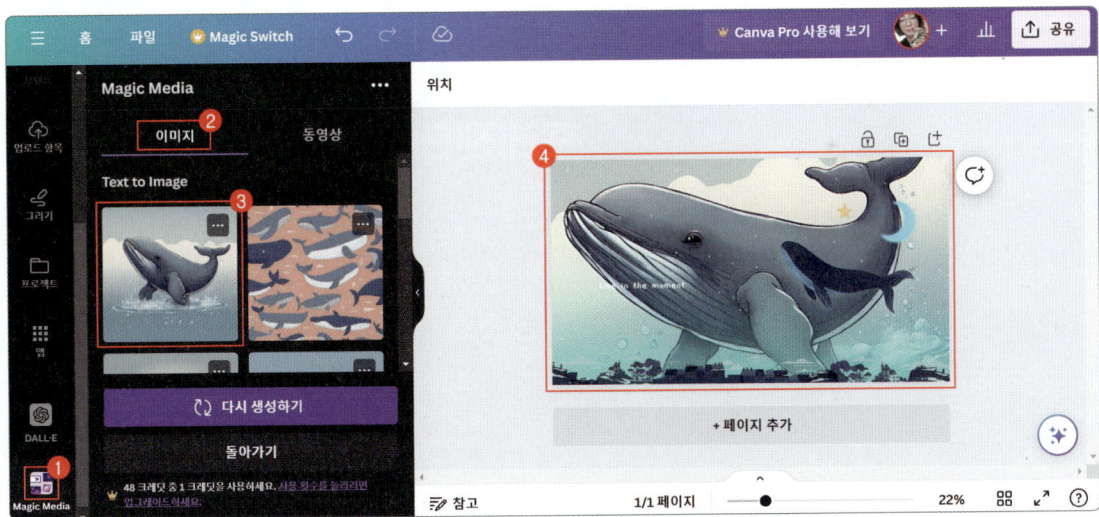

매직미디어 기능을 사용하기 위해서는 좌측에 있는 앱(점9개) 아이콘을 클릭하고 상단 검색창에 "rnagic media"를 입력합니다. 하단에 보이는 ① [Magic Media] 아이콘을 클릭합니다. 다음 화면에 나오는 [Text to Image] 입력창에 원하는 이미지를 텍스트로 입력하고 하단에 [이미지 생성] 버튼을 클릭 합니다.
② 4개의 이미지가 추천되는데 ③ ④ 원하는 이미지를 클릭하면 왼쪽 슬라이드에 삽입이 되고 원하는 이미지가 없으면 [다시 생성하기]를 클릭합니다.
※ P158 상단의 QR코드를 스캔하시면 자세한 캔바활용법을 시청하실 수 있습니다.

12강

Ai 프로그램을 활용한 전문가 부럽지 않은 프레젠테이션 자료 만들기

 **12강** Ai 프로그램을 활용한 전문가 부럽지 않은 프레젠테이션 자료 만들기

캔바(Canva)

Canva는 그래픽 디자인 도구 및 플랫폼으로, 사용자가 로고, 포스터, 프레젠테이션, 카드, 배너 등 다양한 디자인 작업을 할 수 있도록 도와줍니다.

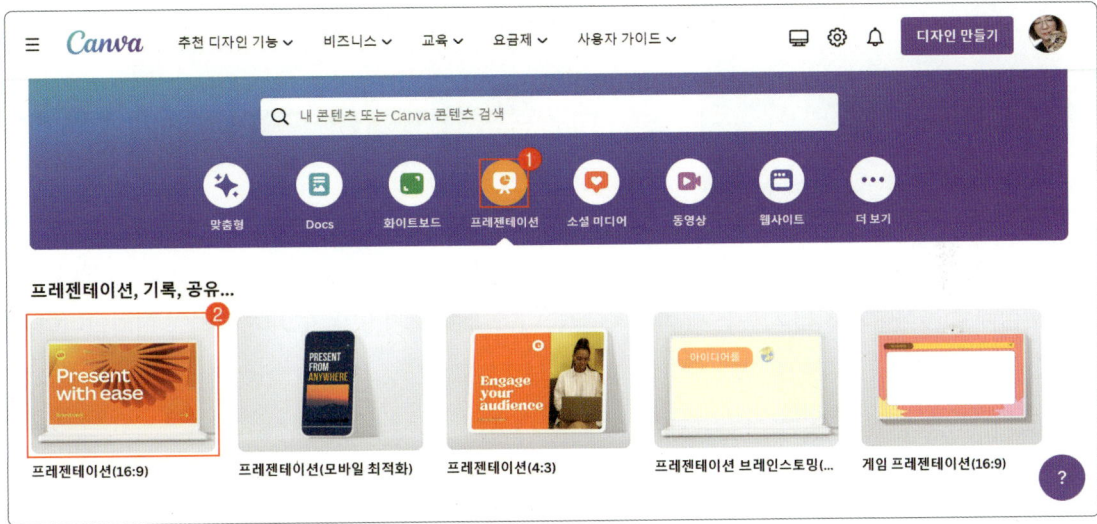

PC에서 캔바(Canva)를 검색하여 사이트로 들어가 로그인 합니다.

① 카테고리 아이콘 중에서 프레젠테이션 아이콘을 선택합니다. ② 프레젠테이션(16:9)를 선택합니다.

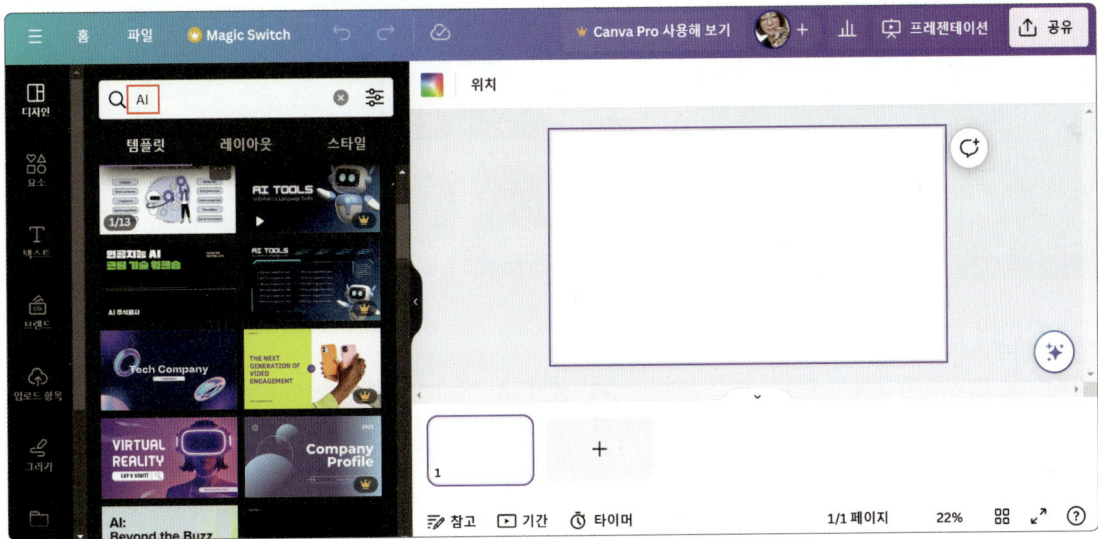

왼쪽 템플릿 검색어를 [AI]라고 검색하고 마음에 드는 프레젠테이션 템플릿을 선택합니다.

12강 Ai 프로그램을 활용한 프레젠테이션 자료 만들기

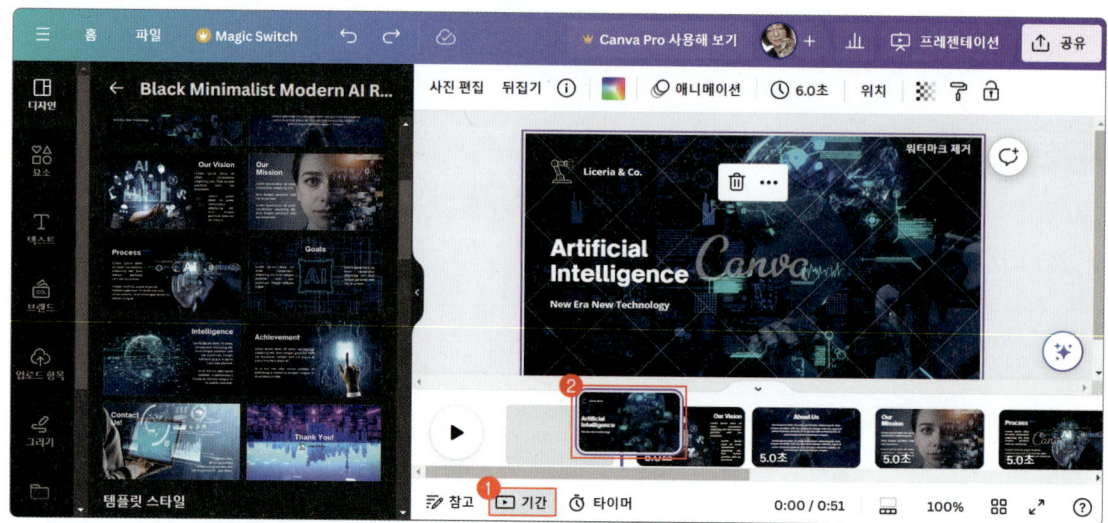

선택한 템플릿을 페이지에 적용한 화면입니다. ① [기간]을 클릭하고 ② 프레젠테이션 페이지를 선택한 상태로 움직여 순서를 자유롭게 바꿀 수 있습니다. 페이지가 모두 보이며 작업이 편리합니다.

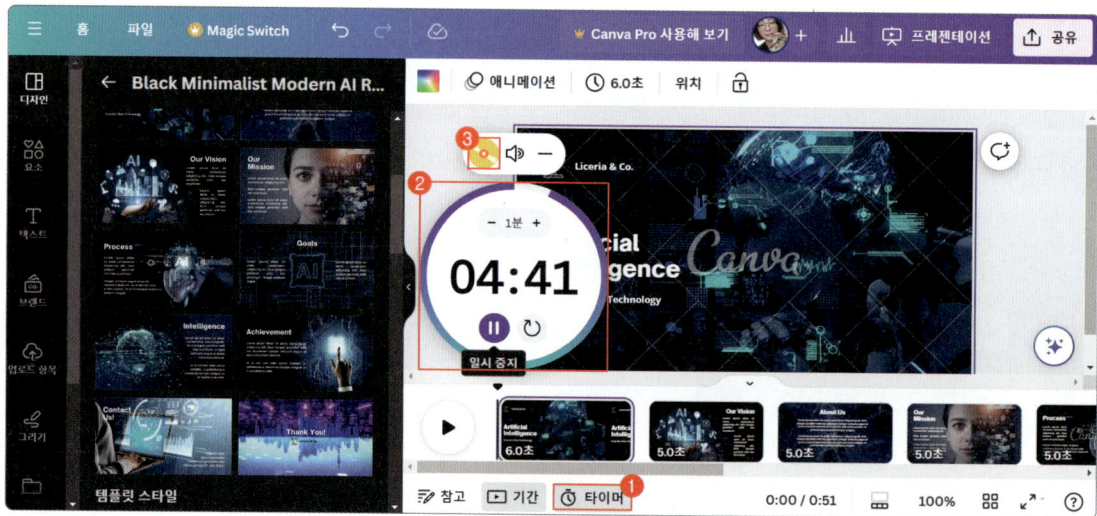

① [타이머]를 선택합니다.
② 타이머는 Canva에서 작업 중인 문서나 화이트보드에서 협업 세션 동안 카운트다운 타이머를 설정하는 기능입니다. 보고서 작업에 집중하거나 브레인스토밍 세션에 대한 카운트다운 타이머를 설정합니다.
③ 타이머를 사용하면서 음악을 재생합니다. 음악을 골라서 삽입할 수 있습니다.

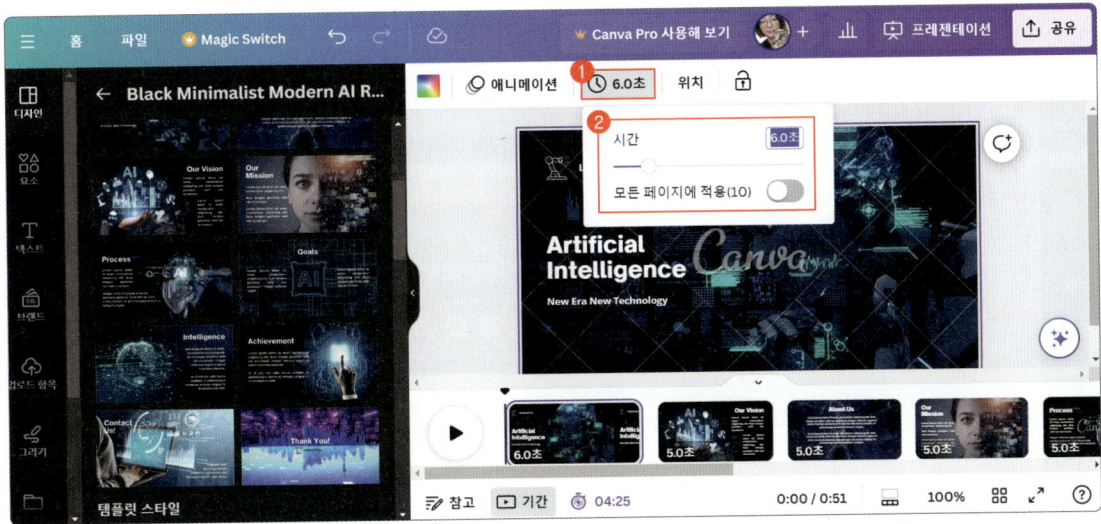

① 프레젠테이션 페이지마다 시간을 선택합니다.
② 페이지마다 시간을 조정할 수 있고 모든 페이지에 적용할 수도 있습니다.

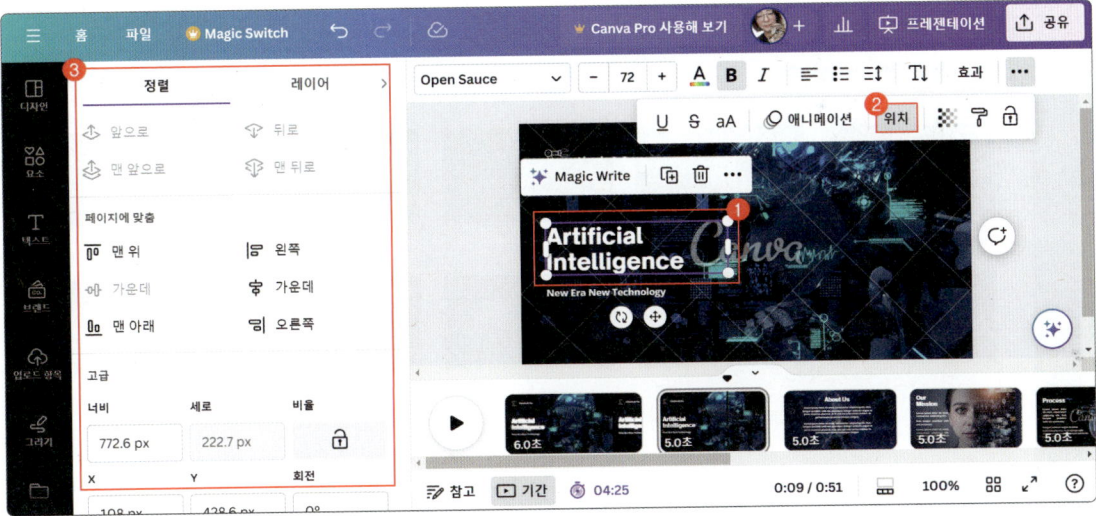

① 프레젠테이션 페이지 안에 삽입된 [텍스트]를 선택합니다. 텍스트를 둘러싼 편집상자가 나타납니다.
② [위치]를 클릭합니다. 레이어를 수정할 수 있는 창이 나옵니다.
③ 편집상자 순서를 정렬하거나 맞춤 또는 텍스트의 크기를 수정할 수 있습니다. 레이어의 순서를 변경할 수 있습니다.

12강 Ai 프로그램을 활용한 프레젠테이션 자료 만들기

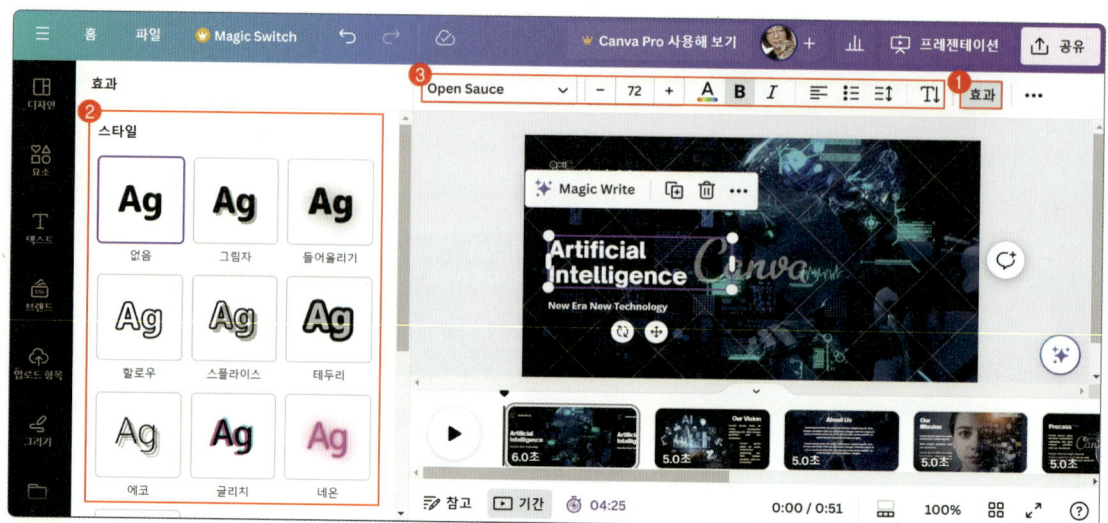

편집상자 안에 텍스트 스타일을 수정하기 위해서 ① [효과]를 터치합니다.
② [스타일]을 선택하여 다양하게 텍스트를 꾸밀 수 있습니다.
③ 폰트를 수정하고 크기를 조정하고 여러 가지 텍스트 스타일을 바꿀 수 있습니다.

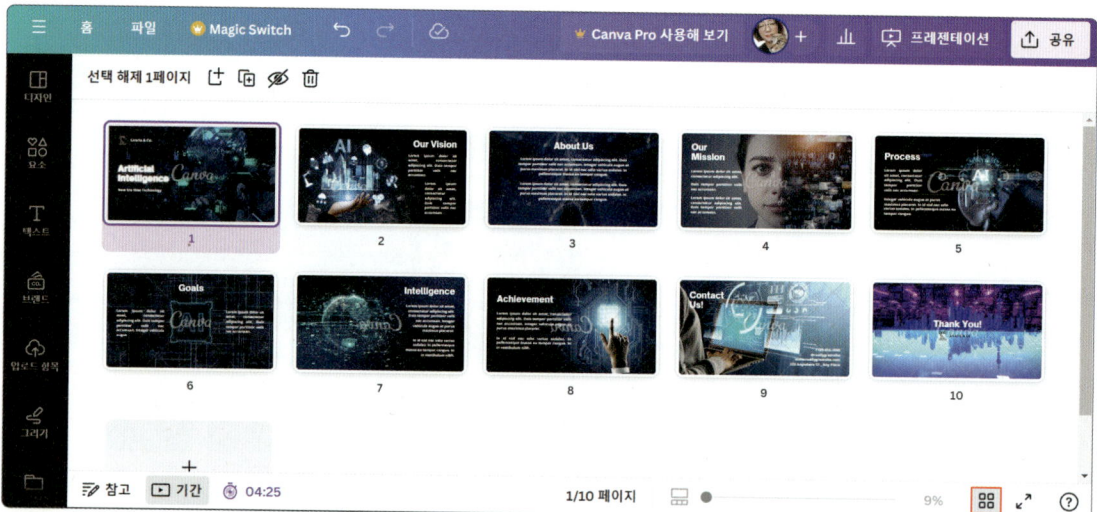

하단에 그리드뷰를 누르면 전체 페이지를 볼 수 있고 복사 또는 삭제 할수 있습니다. 페이지 추가와 이동도 가능합니다. 프레젠테이션 전체 페이지를 볼수 있어 페이지 수가 많을 때 사용하기 유용합니다.

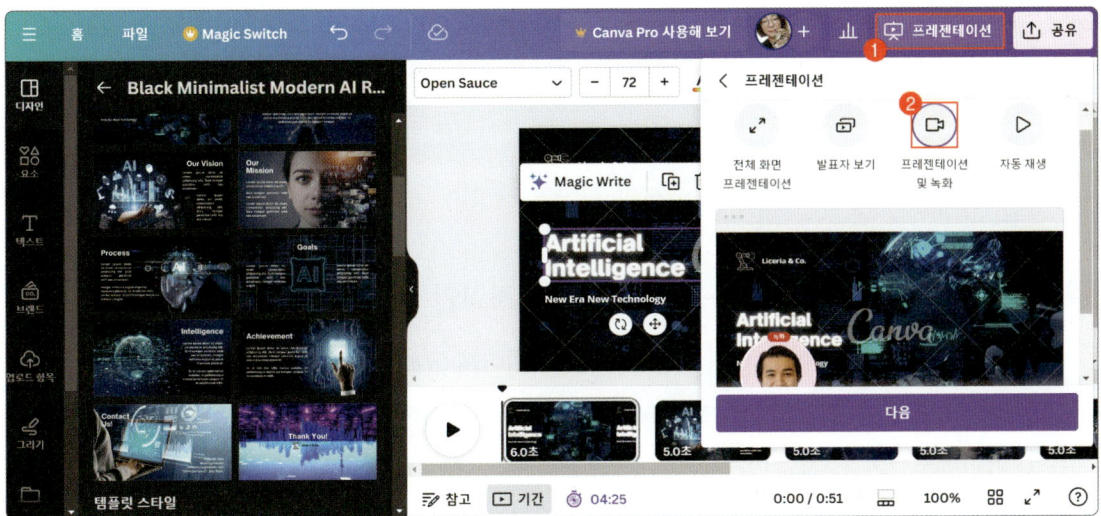

프레젠테이션 작업이 다 끝나면 ① [프레젠테이션]을 누릅니다. 아래 추천 아이콘들이 보입니다.
② 프레젠테이션 및 녹화를 누르면 내 모습을 발표하면서 녹화할 수 있습니다.

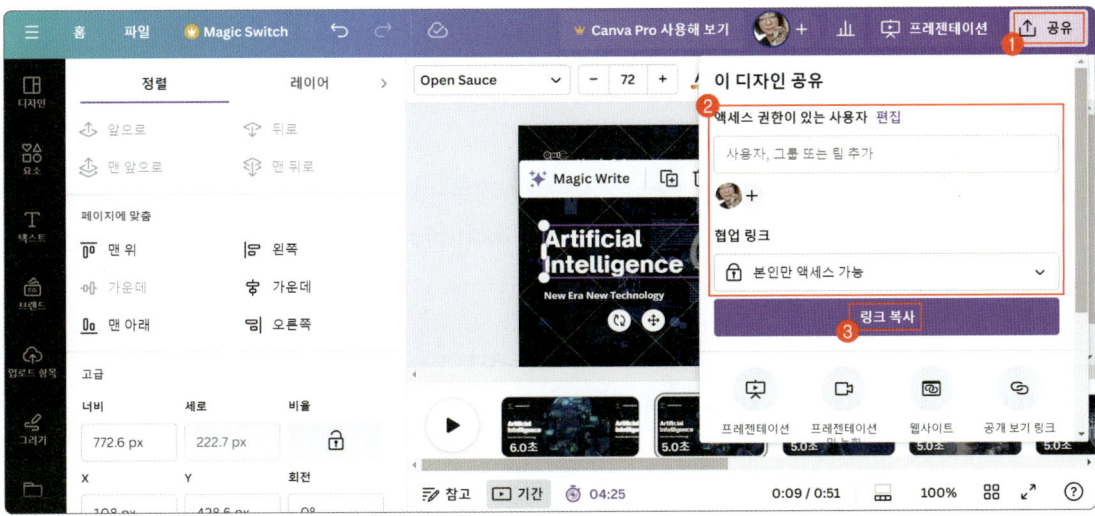

프레젠테이션 작업이 다 끝나면 다운로드 할 때 ① [공유]를 선택합니다.
② 엑세스 권한이 있는 사용자, 그룹 또는 팀을 추가할수 있고 협업할 수 있는 사용자를 추가하고 링크를 통해 프레젠테이션을 협업할 수 있습니다.
③ [링크복사]하여 외부로 공유할 수 있습니다.

연구와 교육에 도움이 되는 Ai 서비스

1 elicit (https://elicit.com) - AI 연구기반의 조교인 엘리싯

미국의 비영리 AI 개발 단체인 아웃(Ought)가 지난해 2022년 4월 공개한 논문 검색 AI 엘리싯(Elicit)은 참고 논문 정보를 정확하게 알려주는 기능을 탑재하고 있다. 네이처는 이달 2023년 2월 6일 기사에서 "챗GPT를 비롯한 자연어 모델의 단점을 해결할 도구"라며 엘리싯을 소개했다.

엘리시는 GPT 3와 같은 언어 모델을 사용해서 연구자의 워크플로우 일부를 자동화하고 검증된 출처와 함께 지능적인 대화를 지원합니다. 키워드가 완벽하게 일치하지 않아도 관련 논문을 찾아 요약하고 핵심 정보를 추출할 수 있습니다. 또한, 사용자가 질문하면 관련 논문과 해당 논문에 대한 주요 정보 요약을 알기 쉬운 표로 보여줍니다.
이외에도 무작위 대조, 임상시험, 메타 분석, 문헌 고찰 또는 기타 유형의 리뷰만 필터링할 수 있고, 필터와 별표를 함께 사용해서 체계적인 문화 고찰에서 인용된 논문이나 특정 논문을 인용한 최신 문헌을 찾아볼 수도 있습니다.

elicit의 가장 큰 장점 중에 하나는 Chatgpt에서는 때로는 허위 논문이 검색되기 때문에 Google scholar에서 추가검색을 해야했다면, 이 사이트는 doi링크가 있고 또는 pdf가 첨부되어 있다.

2 퍼플렉시티 AI (https://www.perplexity.ai)
정확도가 높고 신뢰할 수 있는 답변 제공하는 혁신적인 검색 엔진

퍼플렉시티 AI(Perplexity AI)는 대규모 언어 모델(LLM)을 활용하여 최신정보와 출처까지 알려주는 혁신적인 검색 엔진입니다. OpenAI의 GPT-3.5 모델과 마이크로소프트의 Bing 검색 엔진을 결합하여 검색 결과를 요약하고 사용자의 쿼리에 대한 답변을 인용표시와 함께 제공합니다. 논문 주제를 서치하거나 정할 때 사용하면 좋습니다.

PDF 파일을 올려서 해당 내용을 정리해달라고 하면 펄플렉시티가 PDF 파일의 내부 내용을 인식하고 바로 정리해서 논리적으로 요약, 석하여 정보를 제공할 수 있습니다.

퍼플렉시티 AI의 가장 큰 장점중에 하나는 높은 정확도를 제공하며 파인튜닝이 가능합니다. '파인튜닝'은 말 그대로 '미세 조정'을 의미합니다. 인공지능 분야에서는 이미 학습된 모델을 특정 작업이나 데이터셋에 더 적합하도록 조정하는 과정을 가리킵니다. 예를 들어, 새로운 요리 레시피를 배운 후, 그 요리를 자신의 입맛에 맞게 약간 변형하는 것과 비슷합니다.

3 SciSpace(typeset.io) : 연구 논문을 통한 확실한 답변을 얻자!

싸이스페이스 (SciSpace)는 펄플렉시티와는 확연히 다른 '목적'과 '데이터베이스'를 가지고 있는 또 다른 검색 보조형 AI 툴입니다.

펄플랙시티가 인터넷에 있는 다양한 정보들을 재구성하여 원하는 내용을 알려준다면 싸이스페이스는 철저하게 '논문'에 기재되어 있는 내용들을 토대로 질문자가 원하는 답변을 구성해서 알려줍니다.

SciSpace는 모든 연구 논문을 찾고, 이해하고, 배우는 가장 쉬운 방법입니다.
또한, 바로 한국어 답변 받아보기가 가능해서 영어 답변을 이중으로 번역할 필요가 없습니다.

SciSpace의 가장 메인 기능 3가지를 소개할 수 있는데 첫 번째, 영어 논문을 편하게 읽게 해주는 것입니다. 두 번째, 자신이 글을 쓸때도 '문장 명확하게 고쳐쓰기(Paraphraser)' 기능을 사용하면 학술적으로, 유창하게, 공식적으로, 창의적으로 글 고쳐쓰기 가능하고 길이변화, 내용 변화정도를 선택할 수 있습니다. 세 번째, AI 글쓰기 탐지기(AI Detector) 기능을 사용하면 해당 문장이 AI가 생성한 글인지, 사람이 직접 쓴 글인지 알아볼 수 있으며 섞여 있다면 어떤 비중으로 섞여 있는지 탐지가 가능합니다.

자신이 가지고 있는 논문의 PDF 파일을 직접 SciSpace에 올리고 해당 논문에 대해 질문을 하면 알기 쉽고, 알고 싶은 내용만 정리해서 빠르게 알려주기도 하고, 크롬 확장 프로그램으로 사용도 가능합니다.

13강 Ai 추천 사이트

4 Consensus AI search engine (https://consensus.app/)
과학 연구용 AI 검색 엔진

컨센서스는 과학 분야에서 2억 개가 넘는 논문을 제공하는 스맨틱 스칼라 데이터베이스에서 데이터 소스를 가져와서 컨센서스는 과학 및 연구 논문에서 전문 지식을 제공함으로써 기존 ChatGPT의 단점으로 지적된 편향되고 부정확한 검색 결과의 문제를 해결하는 것을 목표로 하고 있습니다.

현재는 경제, 사회, 정책, 의학, 정신, 건강 등 6개 주제에 대해서 응답할 수 있습니다.
보스톤에 본사를 둔 AI 기반 검색 엔진인 컨센서스는 현재 20만 명의 사용자를 확보했으며, 시드 펀딩 라운드에서 약 300만 달러의 자금을 확보한 바 있습니다.

업계에서는 "만약 ChatGPT와 구글 스칼라가 결혼한다면 그들의 자녀는 컨센서스가 될 것이다"라고 말하고 있습니다.

5 scite.ai - 스마트 인용을 통해 연구자를 돕는 똑똑한 헬퍼인 사이트

ChatGPT는 종종 사실에 기반하지 않은 텍스트를 생성하고 존재하지도 않는 논문에 대한 가짜 인용을 제시하지만 사이트는 답변에 인용된 모든 논문에 자세한 목록과 함께 정확한 답변을 제공하고 있습니다.

사이트는 브루클린의 본사를 둔 스타트업으로 스마트 인용을 통해서 연구자들이 연구 논문을 더 잘 발견하고 이해할 수 있도록 지원합니다.

사이트는 1억 8,100만 개의 논문과 책, 챕터 프린트 및 데이터 세트와 같은 실제로 출판된 논문에 대한 실제 인용을 제공합니다.

6 researchrabbit.ai - 아카데미 분야의 스포티파이로 불리는 리서치 래빗

리서치 레빗은 빠르게 연구를 진행할 수 있도록 도움을 주는 무료 AI 서비스로 아카데미 분야의 스포티파이로 불리고 있습니다. 리서치 레빗은 스포트 파일처럼 컬렉션에 논문을 추가할 수 있으며 사용자가 좋아하는 자료를 학습하여 추천 정확성을 개선시킵니다.

연구자가 리서치 레빗을 사용하면 학습 논문을 컬렉션에 추가할 수 있는데, 이러한 컬렉션을 통해서 소프트웨어는 사용자의 관심사를 학습해서 새로운 관련 추천을 표시해줍니다.

또한 논문과 공동 저술의 학술적 네트워크를 그래프로 시각화하여 사용자가 단일 주제 또는 저자의 연구를 추적하고 해당 연구에 대해서 더 자세히 알아볼 수 있도록 지원합니다.

7 트링카 (https://www.trinka.ai/kr)
학술 및 기술 글쓰기에 적합한 문법 검사

트링카는 AI 기반으로 만들어진 글쓰기 보조 툴로서 글에서 문법, 철자, 스타일, 일관성 오류를 체크하여 수정과 실행 가능한 피드백을 제시합니다. 단순한 수정 차원을 넘어 가장 적절한 어조와 스타일 개선점을 제안합니다. 또한 트링카는 편향적이고 민감한 언어 를 체크하고 간결한 글이 되도록 팁을 제공하여 중복된 표현을 줄이고 전문분야에 맞는 표현과 용어를 사용합니다. 그 외에도 학술적으로 애매모호한 단어(hedge words), 축약, 격식체 영어 등과 같은 학술 글의 특징을 살려 논문이 출판 준비가 잘 되어있는지 검토합니다.

▶ **트링카는 글을 검사할 때 다른 온라인 문법 툴과 어떻게 다른가요?**
일반 영문에 대해서는 여러 문법 검사기가 있지만 학술적 영어, 용어, 과학적 스타일, 출판 준비에 특화된 것은 극히 드뭅니다. 트링카는 학술적으로 영문 작성 경험이 부족한 저자들을 위해 맞춤 설계되었습니다.

▶ **트링카는 저자의 글을 어떻게 검토하나요?**
트링카는 다양한 학술 전문 분야의 논문을 수백만 편으로 테스트하며 개발된 프로그램으로, 자연어 처리(NLP) 알고리즘과 문법 규칙을 조합하여 활용할수 있게 개발된 툴 입니다. 트링카는 최신 트렌드에 맞게 정기적으로 업데이트되고 엄격한 테스트를 거칩니다.

▶ **트링카의 문법 검사기의 정확도는 어느 정도인가요?**
트링카는 학술 컨텐츠에 맞게 설계되어 있어 학술적/기술적 컨텐츠에 가장 큰 효과를 발휘합니다. 이나고가 관련 데이터 그룹을 평가한 결과, 일반적으로 90% 이상의 정밀도(precision)와 80% 이상의 재현율(recall)을 발휘합니다. 이 균형은 이나고가 유지하는 가장 중요한 척도이며, 학술적/기술적 컨텐츠에서 뛰어난 결과를 얻을 수 있게 가장 중요한 역할을 합니다. 그 결과는 학술 전문분야에 따라 달라질 수 있습니다. 트링카는 고객이 주는 모든 피드백을 반영하여 지속적으로 툴의 퀄리티가 최상으로 유지할수 있도록 합니다.

▶ **트링카는 무료로 사용할 수 있는 문법 검사기인가요?**
네, 트링카의 베이직 레벨은 무료로 사용할 수 있습니다. 하지만 몇 가지 툴은 제한적일 수 있습니다. 유료 섹션에 대한 자세한 사항을 여기(https://www.trinka.ai/kr/pricing)를 클릭해서 확인해 보세요.

13강 Ai 추천 사이트

인공지능(Ai) 번역 앱

1 딥엘 (https://www.deepl.com) - AI 번역 앱

독일 AI 번역 프로그램 '딥엘(DeepL)은 2017년 서비스를 처음 시작했고 2023년 8월 한국어 버전을 발표했다.

탁월한 파일 번역기능을 자랑하는 딥엘은 영문으로 적힌 PDF·워드문서·파워포인트(PPT) 파일을 올리니 한글 파일로 순식간에 번역이 이뤄졌다. 원본 문서의 폰트와 디자인을 그대로 유지해주고 AI 교정 기능은 매우 뛰어났다. 영어 문장을 입력하면 문법을 정확하게 교정해주고 더 적합한 단어로 교체해 준다.

딥엘은 비즈니스 영어 번역에 강점을 보이지만 구어체나 한국어 문화를 반영한 번역에는 다소 미흡한 부분이 많았다. 한국어 번역에는 아무래도 네이버 파파고가 우위에 있다.

딥엘은 기본은 무료이지만 무제한 텍스트 번역과 월 최대 20개 파일 번역을 이용할 경우 매달 3만 8000원(28.74달러)을 내야한다. 매일 수십개의 영어 레퍼런스를 찾아야 하는 대학원생에게는 부담스러울 수 있다.

프리젠테이션(Presentations)에 도움이 되는 Ai 사이트

1 Simplified (https://simplified.com)

Simplified는 현대 마케팅 팀이 협업에 사용할 수 있는 시간 절약형 올인원 앱입니다. 이 앱은 수백만 개의 무료 이미지, 비디오 및 오디오 클립과 수천 개의 디자이너 템플릿을 제공합니다. 콘텐츠 캘린더를 통해 소셜 미디어에 게시물을 예약하고 게시할 수 있습니다. Simplified는 무료로 제공됩니다.

2 SlideGo (https://slidesgo.com)
정확도가 높고 신뢰할 수 있는 답변 제공하는 혁신적인 검색 엔진

Slidesgo는 무료 구글 슬라이드 템플릿 및 파워포인트 템플릿을 제공하는 웹사이트 입니다. Slidesgo는 다양한 주제에 대한 전문적인 디자인을 제공하며, 사용자는 이를 기반으로 자신만의 프레젠테이션을 만들 수 있습니다.
Slidesgo는 비즈니스, 교육 등 다양한 분야에 대한 템플릿을 제공합니다.

연구조사(Research)에 도움이 되는 AI 사이트

1 PaperPal (https://paperpal.com)

Paperpal은 고급 AI 문법 검사기 및 온라인 학술 글쓰기 도구입니다. Paperpal은 언어 오류를 식별하고 깊이 있는 제안을 제공하여 원고를 다듬을 수 있도록 도와줍니다. 지금 바로 시작하세요! 무료입니다. 또한 Paperpal Preflight를 사용하여 원고의 모든 문제를 검사할 수 있습니다.

이력서(Resume) 작성에 도움이 되는 AI 사이트

1 Kickresume (https://www.kickresume.com/en)

Kickresume은 최고의 온라인 이력서 및 자기소개서 빌더입니다. Kickresume의 AI 이력서 빌더는 OpenAI의 GPT-3를 기반으로 하며, 이는 세계에서 가장 강력한 언어 모델입니다. Kickresume의 AI 이력서 빌더는 작성자와 구분할 수 없는 텍스트를 자동으로 생성할 수 있습니다. Kickresume은 1600개 이상의 이력서 샘플을 제공하여 사용자가 영감을 얻을 수 있도록 도와줍니다.

2 Rezi AI (https://www.rezi.ai)

Rezi는 이력서 작성의 모든 측면을 자동화하기 위해 최첨단 AI를 사용하는 유일한 이력서 플랫폼입니다. Rezi는 OpenAI의 GPT-3 신경망을 사용하여 전문적인 품질의 이력서 작성을 거의 무료로 제공할 수 있습니다. Rezi는 300개 이상의 무료 ATS 이력서 예제를 제공합니다.

3 Resume AI (https://www.resumai.com)

resumA.I는 다음 세대의 지능형 이력서 빌더로, 더 효과적인 지원을 위해 모든 측면을 자동화합니다. ResumAI는 Wonsulting 이력서 템플릿을 사용하여 이력서를 작성합니다. Resume.io는 고급 생성 도구를 사용하여 전문적인 이야기를 통해 채용 담당자와 심지어 CEO까지 참여시키는 이력서를 작성할 수 있도록 도와줍니다.

13강 Ai 추천 사이트

1 음성 생성 인공지능 프로그램

- **일레븐랩스(https://elevenlabs.io)** : 일레븐랩스는 사용자의 목소리를 학습하여, 그 목소리와 유사한 목소리를 생성할 수 있습니다. 이 기술은 음성합성 분야에서 매우 유용하며, 다양한 분야에서 활용될 수 있습니다.

- **타입캐스트(https://typecast.ai)** : 타입캐스트는 AI 목소리를 만드는 데 사용되는 TTS 기술을 활용하여, 사용자의 목소리를 학습하고, 그 목소리와 유사한 목소리를 생성할 수 있습니다. 이 기술은 음성합성 분야에서 매우 유용하며, 다양한 분야에서 활용될 수 있습니다. 또한, 타입캐스트는 다양한 언어를 지원하므로, 다국적인 환경에서도 활용할 수 있습니다.

- **레플리카** : 레플리카는 사용자와 대화하는 AI 챗봇입니다. 이 기술은 자연어 처리 분야에서 매우 유용하며, 다양한 분야에서 활용될 수 있습니다.
  2024년 1월 11일 미국 배우 방송인 노동조합(SAG-AFTRA)이 AI 성우 사용을 공식적으로 승인하였고, SAG-AFTRA는 레플리카 스튜디오와 협력해 '조합원의 목소리를 사용한 디지털 복제물'을 제작하기로 합의했습니다. 이는 조합원의 목소리를 본뜬 생성형 AI 음성 사용을 승인한 것으로, 비디오 게임 개발 및 기타 대화형 미디어 프로젝트에서 사용할 수 있습니다.

- **Lalal.al(https://www.lalal.ai)**: Lalal.ai는 음악 파일에서 보컬을 제거하거나, 보컬을 추출하는 기술을 제공합니다. 이 기술은 음악 제작 분야에서 매우 유용하며, 다양한 분야에서 활용될 수 있습니다.

2 이미지 생성 인공지능 프로그램

- **달리(https://labs.openai.com)**: 달리는 **OpenAI에서 개발한 이미지 생성 AI**로, 미드저니나 스테이블 디퓨전과 함께 이미지 생성 AI Top3를 차지하고 있습니다. 프롬프트 따르기에서 달리는 153.3점으로 미드저니 5.2(-104.8점)나 스테이블 디퓨전 XL(-189.5점)을 크게 앞질렀습니다. 하지만, 이미지 퀄리티가 미드저니나 스테이블 디퓨전에 비해 조금 떨어지는 면이 있습니다.

- **미드저니(https://www.midjourney.com):** 미드저니는 **AI 그림 생성 도구**로, 기본 모델 퀄리티가 매우 높아서, 단순한 프롬프트를 입력해도 상당히 그럴싸한 이미지를 그려줍니다. 또한, 프롬프팅에 익숙해지면 원하는 느낌에 가까운 그림을 빠르게 뽑아낼 수 있습니다. 미드저니는 기본적으로 유료입니다.

- **스테이블 디퓨전(https://stablediffusionweb.com):** 스테이블 디퓨전은 AI 그림 생성 도구로, 무료로 사용할 수 있기 때문에, 가격부담은 전혀 없습니다. 하지만, 로컬에서 구동할 시 내 컴퓨터 자원을 소모하기 때문에, 사양이 낮은 경우 원활한 이용은 힘들 수 있습니다.

- **아이디오그램(https://ideogram.ai) :** 아이디오그램은 AI 그림 생성 도구로, 다양한 스타일의 그림을 생성할 수 있습니다. 하지만, 아이디오그램은 대부분의 생성형 AI가 그런 것처럼 무료, 유료 버전이 있으며, 일반인들이 사용하기에 편리성이 많은 프로그램입니다.

3 동영상 생성 인공지능 프로그램

- **Gen-2(https://research.runwayml.com/gen2) :** 글자만 입력해도 동영상을 만들어주는 Text-to-Video 기능을 지원하는 생성 AI입니다. 이 기술은 사용자가 원하는 키워드를 입력하면 영상을 바로 만들어줍니다. 하지만, 이미지 퀄리티가 다른 AI에 비해 떨어지는 면이 있습니다.

- **픽토리(https://pictory.ai) :** 픽토리는 사용자가 원하는 이미지와 음악을 업로드하면, 이를 바탕으로 자동으로 동영상을 생성해 주는 서비스입니다. 또한, 픽토리는 다양한 템플릿을 제공하여, 사용자가 원하는 스타일의 동영상을 쉽게 만들 수 있습니다. Pictory는 AI를 사용하여 블로그, 웨비나 및 팟캐스트와 같은 긴 형식의 콘텐츠를 소셜 미디어에서 관심을 끌어 낼 수 있는 매력적인 하이라이트 영상으로 변환하여 콘텐츠 마케팅 전략을 구축하는 많은 도움이 될 것입니다.

- **비디오스튜(https://videostew.com) :** 비디오스튜는 숏폼 제작에 최적화가 된 온라인 영상 제작 사이트입니다. 중요한건 이 비디오스튜는 필모라나 모바비, 어도비 프리미어 프로 같은 프로그램이 아닌 온라인 기반 서비스라는 점입니다. 따라서 PC나 노트북에서 프로그램을 설치하는 것이 아닌 온라인 접속이 가능하면 노트북이나 PC에서 접속해서 사용할 수 있습니다.

- **D-ID(https://www.d-id.com) :** D-ID는 인물 이미지와 음성 혹은 음성화된 스크립트를 활용해서 말하는 아바타 동영상을 생성해 주는 서비스입니다. 인물이 아닌 이미지도 다양한 동영상 생성을 해 줍니다. 배경 이미지를 넣으면 간단한 쇼츠처럼 연출해 주기도 합니다.

13강 Ai 추천 사이트

💬 쉽고 간편한, 업무시간을 90% 이상 줄여주는 웹사이트

샌드애니웨어
send-anywhere.com

샌드애니웨어는 **쉽고 빠른 무제한 파일 전송 서비스**입니다. 모바일, PC 어떤 플랫폼에서도 간편하게 파일을 전송할 수 있습니다. 샌드애니웨어는 파일의 종류, 개수, 용량 제한 없이 사용할 수 있습니다.

웜홀
wormhole.app

웜홀(Wormhole.app) 서비스는 **10GB 이상의 대용량도 빠른 속도로 전송이 가능한 무료 서비스**입니다. 별도의 설치가 필요하지 않은 웹 서비스로 아이폰(iOS), 안드로이드 스마트폰, 윈도우, 맥 등 구분이 없이 자유롭게 파일 전송이 가능합니다.

투컬러컴비네이션
2colors.colorion.co

파워포인트에서 슬라이드 화면에 사용할 이미지나 폰트 및 도형의 색채, 배색 생각만 해도 고민이라고 하시는 분들은, 간편하게 투컬러 컴비네이션을 사용해 보시면 좋습니다.

리무브
remove.bg

Remove는 **개인이 무료로 사용할 수 있는 배경제거 사이트**입니다. 인공지능 기술을 활용하여 피사체를 인식하고, 배경을 깔끔하게 지워줍니다. 안드로이드폰은 구글 플레이스토어에서도 다운받아 사용할 수 있습니다. 캔바 CANVA 에디터를 활용해서 디자인 만들 수도 있습니다.

클린업픽쳐스
cleanup.pictures

모두 사용 가능한 **인공지능 배경 제거 사이트**입니다. 클린업 픽쳐스는 **[인페인팅]이라는 인공지능 기술을 이용**하는 사이트로, '인페인팅'이란 이미지에서 손상된 부분을 채우거나, 누락된 부분을 복원하고 사진에서 원하지 않는 사물이나 인물 및 개체를 제거하는 기술입니다. '인페인팅'은 딥러닝 알고리즘을 활용하여 이미지의 특정 부분을 새로운 이미지로 변경도 가능한 기술입니다.

플레이스잇
placeit.net

실제 제품을 만들기 전, 디자인 검토를 위해 **실물과 비슷하게 시제품을 제작하는 작업의 과정을 '목업(Mockup)'**이라고 합니다. 머릿속으로 상상하는 것과 눈에 보이는 형태의 시제품으로 만들어서 작업을 진행하는 것은 정말 큰 차이가 있습니다. 디자이너가 아닌 이상(혹은 우리 팀에 디자이너가 없다면) 목업을 하는 과정이 너무 어렵습니다. 그럴 때 강력 추천하는 것이 **무료 목업 사이트를 활용하는 방법**입니다. 실제로 전자책을 만들 때 썸네일, 상세 페이지에 들어갈 입체적인 전자책 이미지를 만들기 위해 플레이스잇을 사용하면 쉽고 빠르게 만들 수 있습니다.

셀프
xelf.io

xelf은 전 세계 수많은 유저들과 함께 **무료 ppt 탬플릿을 제작하고, 공유할 수 있는 커뮤니티 기능을 포함**하고 있습니다. 일단, xelf는 한국어를 지원하기에 영어 울렁증이 있는 당신이라면 보다 편하게 사용해볼 수 있습니다. xelf는 미리캔버스처럼 ppt 탬플릿뿐만 아니라 카드 뉴스, HTML5를 이용한 게임 소스까지 당신만의 개성을 뽐낼 수 있는 다양한 콘텐츠를 제작하고 웹을 통해 유저들과 공유할 수 있습니다.

직장인을 위한 Ai 프로그램

이번에는 직장인이 활용하면 일의 효율성과 효과성을 극대화 할 수 있는 프로그램을 알려드리고자 합니다.

1 Morse Toss - AI가 작성해주는 영문 이메일 (https://morsetoss.com)

한글로 이유, 목적 등 필수요건만 작성하면 유려하게 영문 이메일을 작성해줍니다.

2 Askup - 카카오톡 검색기능 끝판왕

Askup은 아숙업이라는 친숙한 채널명으로 잘 알려져 있습니다. 많은 분들이 심심풀이 대화창이라 생각하시는데, 검색창으로서의 기능도 충실히 수행하고 있습니다. 특히 대화창에 ?를 먼저 붙이고 질문하는 '물음표 검색'은 주위 맛집검색, 주요행사, 채널검색 등에 유용하며, !를 붙이고 질문하는 '느낌표 검색'은 최신버전의 AI시스템을 활용한 폭넓은 지식검색에 유용합니다.

- [?] 검색 예시 :
    ?서울 근교 리조트 추천 / ?여의도 맛집 / ?비오는날 점심추천

- [!] 검색 예시 :
    !라디오에 소개될만한 사연 좀 알려줘
    ! 냉장고에 토마토, 소고기, 양파가 있는데 무슨 음식을 해야하는지 알려줘

3 프리젠테이션 만드는게 힘들었던 분들을 위한 사이트

감마(Gamma-https://gamma.appp)와 톰(Tome-https://tome.app) app은 프리젠테이션을 보다 쉽게 만들어주는 AI툴로 이미 많은 분들이 실무에 사용하고 있습니다. 두 사이트 모두 느낌 있는 디자인을 보여주고 있습니다만, 결과물에 차이가 있으므로 두 개 모두 사용해 본 후, 선택하는 것을 추천드립니다.

13강 Ai 추천 사이트

● **Character.ai** (https://beta.character.ai)
직장인 멘탈관리를 위한 세계 유명인과의 대화시간을 갖을 수 있는 프로그램

심리학자와 심리상담 어떠세요? 아니면 소크라테스와 논리대결을 하실 수도 있고, 까칠한 일론 머스크와 대화에서 비즈니스 인사이트를 얻는 것은요? 물론 실제 인물과의 대화가 아니라 그들의 패턴과 말, 지식들을 학습한 AI와의 대화를 통해 때로는 생각하지 못했던 부분을 얻을 수 있습니다.

● **PDF 요약하여 문서만들기 어려웠던 분들을 위한 프로그램**

이제 더 이상 PDF파일 보면서 타자를 치거나 편집을 하는 모습을 찾아보기는 힘들게 되었습니다. 가장 많은 앱들이 출시되고 있고 그 성능도 매우 높은 수준에 올라와 있습니다. PDF를 편집 가능한 문서로 만드는 것도 가능하고, 내용만 요약하여 정리하는 것도 가능한 시대입니다.

Chat with any PDF (https://www.chatpdf.com)

AskyourPDF (https://askyourpdf.com/ko)

DocLime (https://doclime.com)